藍のおもかげ

澁谷繁樹遺稿集

装丁——デザイン　岡田哲也
構成　前原正広

ありし日の澁谷繁樹

藍のおもかげ❖目次

第Ⅰ部　薩摩あちこち

第Ⅱ部　日々あれこれ

◉宮之城支局時代

◉川内支社（薩摩川内総局）時代

第Ⅲ部　偲

第Ⅰ部　薩摩あちこち

薩摩義士たどり語り
宝暦治水二百五十年

とべ青春

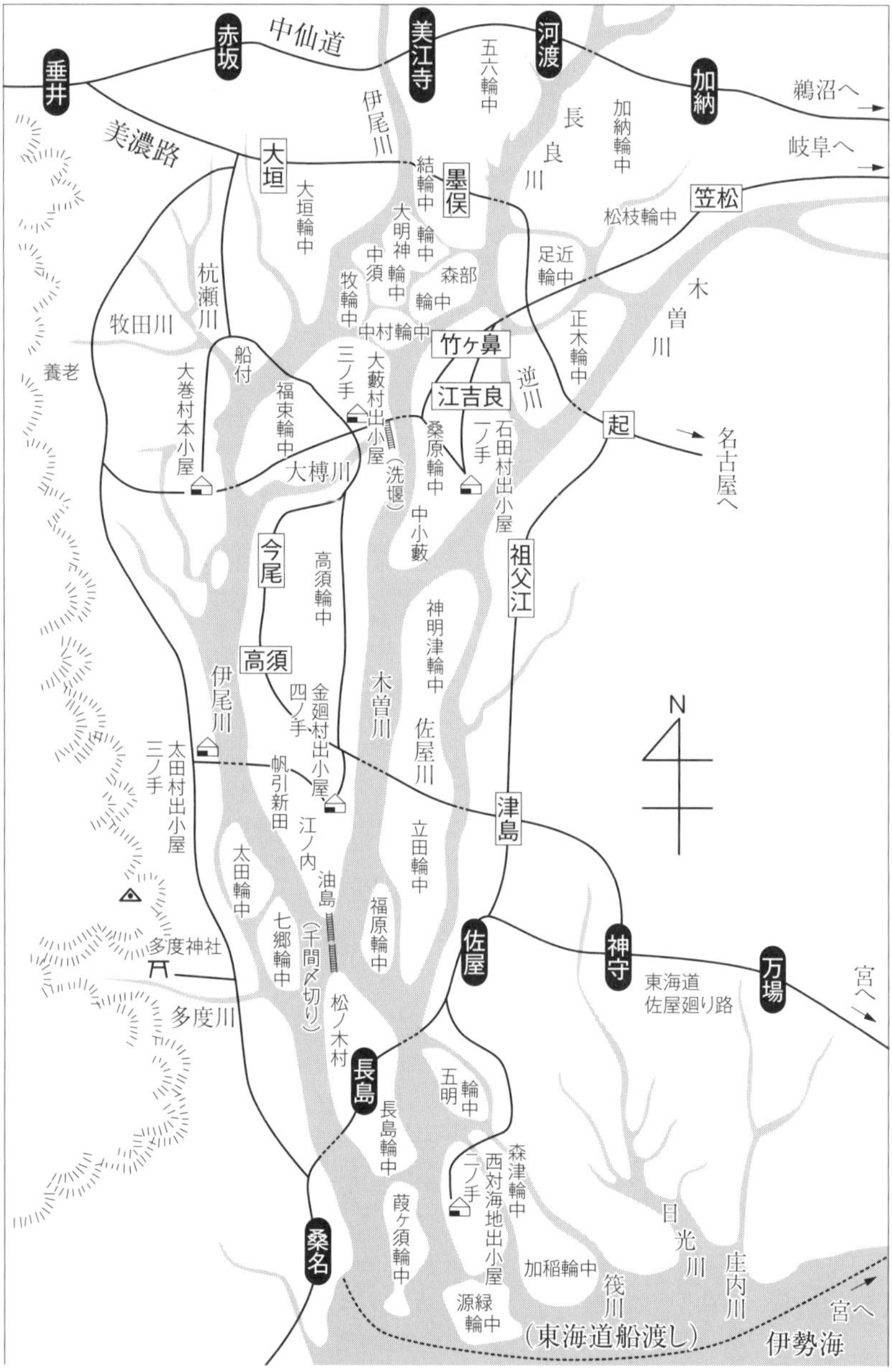

宝暦当時における濃尾平野河相略図
『薩摩義士』第９号（鹿児島県薩摩義士顕彰会，平成14年）より

薩摩義士たどり語り　宝暦治水二百五十年

辛苦の治水犠牲　八十人以上

2004.1.1

二百五十年前の一七五四年、ヨーロッパでは、神聖ローマ帝国が女帝マリア・テレジアをかつぎ、ロシア帝国も女帝エリザベータ、フランス王国はポンパドール夫人、三女性が手練手管を尽くしていた。やりたい放題の国に成長してしまうアメリカ合衆国はまだ生まれていない。ヨーロッパの権謀術数から距離と鎖国で遠く離れた日本は、宝暦四年、徳川九代目、家重の時代になる。外には門を閉ざし、内は武家諸法度などの諸政策で固めた江戸幕府は、前年の宝暦三年十二月、外様の油断ならない薩摩藩に対し、揖斐《いび》、長良、木曽、三河川の治水工事を命じていた。現在の岐阜県南部を中心とした工事には千人近い薩摩藩の人間が携わり、汗だけでなく、切腹や病気で八十人以上は血も流した。元号にちなみ「宝暦治水」と呼ばれるようになる工事を、三川からはるかに隔たる薩摩藩が担当し腹まで切った。二百五十年を機に歴史をたどってみよう。

宝暦治水工事は一期と二期に分かれる。

一期工事は宝暦四年二月二十七日に始まり、約二カ月かけて、百九十三村の水害で壊れた堤を復旧した。

二期工事は、同じ年の九月二十四日に着手、現在の輪之内町の大榑《おおぐれ》川（長良川の支流）に長さ二〇〇メートル近い堰《せき》をつくり、海津町の油島には一キロ近い堤を築き、揖斐と長良川を分断した。工事期間は約半年に及んだ。

工事に当たった薩摩藩の人間は、江戸から赴任した担当者も合わせて九百四十七人になる（人員数は輪之内町資料から）。末端の労働者を含めればもっと多かったはず、と考える研究者もいる。

工事に使った木材は、十二万七百四十三本、俵が十六万二千八百七十俵、竹が百七十二万八千七百九本になる。

幕府は当初、町方請負（現在のゼネコン的な専門業者への工事委託）を認めず、慣れない大河での土木工事に、薩摩の人間たちは四苦八苦したと伝えられている。

三川の工事は薩摩藩だけが担当したわけではない。

明和三年の「明和治水」も長州毛利家など三藩が担当し、工事個所は三百を超えた。宝暦治水の工事個所は二百七十だから、ほぼ同じ規模の工事になる。

同程度の工事なのに明和治水は、宝暦治水に見られる犠牲者がいない。明和治水だけではない。

他の工事を見ても腹を切った例は見あたらない。

総奉行平田靱負《ゆきえ》をはじめ五十二人（切腹人数は輪之内町資料から）の切腹の理由は、幕府側役人との確執、地元住民とのあつれき、工事の遅れ、工事費の増大など、さまざまに推測されている。海津町の治水歴史に詳しい関係者は、明和までの三工事は難工事だったと話す。明和五年以降の工事は、実質的に費用を分担するだけで済んだ。

「上意下達が徹底していた薩摩藩の侍たちにとって、一揆も起こすヘイコラしない木曽三川地方の農民を使った工事は、確かに大変だったでしょう。切腹の理由は歴史のなかに埋もれていますが、他の藩では考えられないくらい、薩摩の責任の取り方は厳しかったのかもしれません」

木曽三川の治水工事は、明治に入っても続く。一八八六（明治十九）年、オランダから呼んだヨハネス・デ・レーケが監督し、二十六年をかけて三つの川は完全に分流された。三川分流工事により、宝暦治水をはじめとする江戸期の工事は原形をとどめていない。

工事自体は歴史になったが、海津町をはじめとする地元の宝暦治水に対する敬意はとぎれない。同じ義士でも赤穂浪士（一七〇二〔元禄十五〕年）と違い薩摩義士は、江戸期は人の口にのぼっていない。土木工事の地味さ、犠牲の大きさなどから歴史の裏に秘されたといわれる。

日を当てたのは、海津町に隣接する現多度町で庄屋の家柄だった西田喜兵衛になる。油島に治水碑を建立（一九〇〇年）、「濃尾勢三大川　宝暦治水誌」を出版（一九〇七年）し、顕彰に努めた。

幕府と薩摩　絶対権力からの命令

2004.1.18

二百五十年前の一月十六日、薩摩藩は幕府から命じられた揖斐、長良、木曽三川の工事にあたる総奉行と副奉行の人事を発令する。元号から「宝暦治水」と名づけられるようになる工事には、多数の犠牲者を出す道が待っていた。刻まれた薩摩義士の歴史をたどる。

江戸時代は徳川家康が江戸に幕府を置いた一六〇三年に始まり、慶喜が朝廷に日本を治める権利を返した一八六七年の大政奉還で幕を閉じる。

二百六十年以上に及ぶ時代の背骨は、「幕藩体制」と呼ばれる制度で、全国の大名には等級がつけられた。

家柄で分ければ四つになる。（1）御三家（家康時代に分家した尾張、紀伊、水戸の徳川家）、（2）御家門（家康以降の分家の松平家）、（3）譜代（徳川家祖先から仕えた大名）、（4）外様（徳川家と主従関係がなかった大名）。

薩摩藩は外様になる。徳川と権力を争った豊臣方についたため、幕府政治の中心部からは遠ざけられた外様大名だったが、格式は高かった。朝廷式にいうと、従四位上中将になる。御三家、有力譜代数藩に次ぐ地位にいた。

長く日本を治めようと幕府はいろいろ考える。大名をしばった政策の一つは「武家諸法度」で、「してはいけないあれやこれや」を並べたてた。

一六一五（元和一）年に初めて出た法度で、大名は自由な結婚ができなくなる。幕府で最高位の役人になる老中（老中の上に大老がいる時期もあった）に願い出て、許可をもらわなければならない。

幕府に対抗できるだけの力をもたせないよう仕組まれた法度に、大名は抵抗できない。三代将軍家光が一六三五（寛永十二）年に出した法度は、あれもするなこれもするなの後、幕府の命令にはなんでも従え、と念まで押している。

絶大な力を持った幕府は、一七五三（宝暦三）年十二月二十五日付で、薩摩藩に、美濃（現在の岐阜）、伊勢（三重）、尾張（愛知）の河川工事を手伝えと申し渡した。宝暦治水が動きだす。

命令受け入れ　年明け早々の大決断

2004.1.20

広い川といえば川内川《せんだい》しか知らない鹿児島育ちが、岐阜県の南部で川にあうと、でかいなあと声が出てしまう。鹿児島に近いほうからいくと、揖斐、長良、木曽の順で三つの大きな川が流れる。

揖斐は油島、長良は長良川、木曽は立田と大橋がまたぎ、三重、岐阜、愛知を結ぶ。三橋を合わせた長さは陸地部分を含め三キロになる。トラック、クレーンを見慣れた二十一世紀の目にも三河川は広い。

十八世紀、江戸時代の土木工事は、馬や牛をのぞけば人の力が頼りだった。三河川改修の手伝いを命令された薩摩藩の担当者たちは、故郷にはない規模の川のほとりに立ち、当初は、息をのむしかなかっただろう。

幕府の命令「御手伝普請」は、一七五三（宝暦三）年十二月二十五日付で出た。命令書には、西尾隠岐守忠尚をはじめ五人の老中が連名ではんこを押している。

「濃州（岐阜）、勢州（三重）、尾州（愛知）のいくつかの川の工事の手伝いをさせるので、受け入れなさい。命令を受け取りに江戸城まで来るにはおよばない」

命令は、薩摩藩の当時の藩主だった島津重年を指す「松平薩摩守殿」に対して出た。薩摩は外様なのに御家門格の「松平」の姓になっている。

幕府と薩摩は、一七二九（享保十四）年に親戚関係を結んだ。藩主が徳川一族の女性と結婚してできた縁で、一七三九（元文四）年には、将軍吉宗から「徳川の分家格の松平を名乗ってかまわない」と許しが出ていた。

大名同士が結婚を通じて結びつき、力を持つと困る。「武家諸法度」で大名の私的な結婚を禁じた幕府は、血縁に敏感だった。外様の有力大名・島津を親戚にしておけば、刃向かいはしないだろう。計算したうえでの一族への取り込みだったかもしれない。

命令は、一七五四（宝暦四）年一月、薩摩に届く。

正月十六日、薩摩藩は手伝い工事の最高責任者の総奉行に家老の平田靭負、副奉行に伊集院十蔵をあてる人事を発令した。

薩摩は、金ばかりか命まで失う結末が待ち構える大工事に乗り出していかなければならない。

水害地帯　宿命づけられた治水

2004.1.22

岐阜県海津町の揖斐川の土手を、流れに沿って歩く。右を下る川の水面に比べ、左に並ぶ家並みが低い。屋根より高く川が行く。昔、一帯は海だった。いくつもの川が上流から運んでくる砂が積もっていき、伊勢湾の周辺に濃尾平野ができあがる。

平野には海面より低い土地「ゼロメートル地帯」が広がる。面積は四〇二平方キロで日本最大になる。二番目は九州の筑後・佐賀平野の二五三平方キロだから、二倍近い。

江戸時代のころ、濃尾平野の揖斐、長良、木曽は下流で合流していた。揖斐が増水すれば長良、木曽も、逆流で水は増える。一つが洪水を起こすと残る二つも洪水になる。海より低い土地で、大きな川が三つもつながっていると、水害からは逃れられない。

三川を分流した明治以降も水害がなくなったわけではない。昭和の年代に入っても、一九七六（昭和五十一）年には、豪雨がもたらした増水で長良の堤防が壊れ、住宅一万九千戸が浸水している。

水を治める必要が地形的に宿命づけられた濃尾平野の美濃（今の岐阜）には、幕府の役人・郡代がいた。老中に仕える勘定奉行の部下になる郡代は、関東、飛騨、美濃、西国（今の大分県日田市で九州担当）に置かれ、幕府領地の一切を取り仕切った。

郡代の主な仕事は税金の取り立てだった。江戸で税金といえば米になる。洪水で田んぼがだめになれば、米がとれない、税金もとれない。

農民が水害に苦しむ姿を見かねたか、税金も確実に入ればいいと考えたか、一七三五（享保二十）年、美濃郡代は幕府に「洪水は合流が原因になっている。川を分ける工事はいかがか」と提案する。

幕府も、住民に苦労をかけ経済に悪影響を与える水害をほうっていたわけではない。一六一二（慶長十七）年、美濃郡代の下に、堤防工事や管理など川に関係した業務を担当する「堤方役（今なら土木部長）」を発足させていた。一七〇五（宝永二）年になると、大名並みの格式だった地元領主を、河川管理役の「水行奉行」に任命している。

大名にも三つの川の工事を手伝わせる「御手伝普請」は、一七四七（延享四年）年に、初めての命令が出る。

お手伝い普請　ほとんどすべて負担

2004.1.25

揖斐、長良、木曽の三川を治める江戸時代の工事を、だれが費用や労力を出すのかで分けると、五つになる。

（1）公儀普請《ふしん》（幕府が工事費用を出す。普請は建築・土木工事の意味）、（2）御手伝普請（幕府の工事を大名にさせる）、（3）国役《くにやく》普請（国役は税金の一種で、農民や労働者が労力を提供する。幕府も費用の一部を負担）、（4）領主普請（国役の義務はない領主が、自分でする。領主は城を持たない小さな大名で「無城」ともいう）、（5）百姓自普請（農民が自分たちだけで工事をする）

（2）のお手伝普請は、字面だけだと、ちょっとしたお手伝いに見える。実態は、命令された藩が費用から労力までほぼ全部を負担した。今で言うなら、岐阜県の治水工事を「全額そちらでもってやりなさい」と、政府が鹿児島県に命令する図式になる。

自分の県を切り盛りしていくだけで精いっぱいなのに、遠い県の工事を命令される。友情とか連帯感を別にすれば迷惑な話になる。江戸のころも、幕府から命令を受けた藩は困ったと頭を抱えただろう。

岐阜で旅をする。鹿児島出身とわかると大切にされる。海津町に近い大垣市の飲食店のおかみさんは、勘定をまけてくれたうえに夜食まで持たせてくれた。「大変でしたもんねえ、薩摩さんは」

　迷惑な話でも引き受けた先人の苦労のおかげで、風は冷たくても人が温かい。寒風のなか宿へ帰りながら、二百五十年前の同郷者たちに「お疲れでした」と手を合わせた。

　一七四七（延享四）年、三つの川のお手伝い普請が、初めて出る。一番手に指名されたのは、福島の二本松藩、十万石の外様大名だった。せめて十万石は米がとれる藩でないと無理かもなあと、幕府は考えていたのかもしれない。

　一七五三（宝暦三）年、幕府から美濃（今の岐阜）に出張してきた役人が、郡代や水行奉行と「水を治めるには、三川を分ける根本的な工事がやはり必要」と話し合う。同じ年の八月には大雨で堤防が破れ復旧工事も課題になる。

　幕府がお手伝いの二番目に選んだのも、外様の七十七万石の藩、薩摩だった。

2004.1.27

七十七万石　全国二位の大きな藩

「薩摩七十七万石」、今でもよく耳にする。「石」は、米に換算したらどれだけとれそうか、土地の生産能力を表す石高からきている。

　江戸の石高制度は、豊臣秀吉が全国の土地を調べた太閤検地《たいこうけんち》を基礎とする。一五〇〇年代後半の二十年間にわたる太閤検地で決められた土地の生産能力は、年貢（農民が納める税金）や大名の格式などの重要な基準だった。

一石の体積は二・五俵（一俵四斗）、重さは一五〇キロ。薩摩の七十七万石は、一一万五五〇〇トンになる。

鹿児島県では去年、一二万一〇〇〇トン（予想）の米がとれた。生産能力と生産量は別の話になるのをはじめ、単純には江戸と今を比較できないにしても、米離れで減反の現代と新田開発に苦労した昔の数字がほぼ同じになる偶然に、「七十七万石の土地柄なんだなあ」と感心してしまう。

五十万石を超える大名は六人しかいなかった。

（1）加賀（国名）金沢（藩名）・前田（初代藩主の姓）、百二万二千石、（2）薩摩大隅鹿児島・島津、七十七万石、（3）尾張名古屋・徳川、六十一万九千石、（4）陸奥仙台・伊達、五十九万五千石、（5）紀伊和歌山・徳川、五十五万五千石、（6）肥後熊本・細川五十四万石。

時代によって石高、順位に多少の変動はあるけれども、鹿児島の二位は変わらない。

宝暦治水の時期を含む一七〇〇年代、日本全体では二千八百万石、四分の一の六百八十万石は幕府が持っていた。

揖斐、長良、木曽の三つの流れを根本的に変える分流治水は大工事で費用もかかる。日本最高の金持ちとはいえ自分の懐は痛めたくない、大規模な工事が十分できそうな大きな藩にさせるか、と幕府が考えたとしよう。

「石高六位までを候補にした場合、名古屋と和歌山は御三家で苦労はさせられない、仙台は同じ陸奥の二本松藩に第一回目の工事を任せたので外す、残る三藩はどれも外様、今度は九州からとすると、そうか、鹿児島は松平の姓を与えた戦略上の親類だから押しつけてもいいわな」

実際どうだったのかは歴史に隠れ、いろいろな文書からは、借金だらけなのに工事を命令されてさらに燃える火の車七十七万石が見えてくる。

節約将軍　幕府は財政改革途上

2004.1.29

治水工事を命令された薩摩七十七万石が借金漬けなら、命じた幕府六百八十万石の方も、懐に余裕はなかった。

一国を治めていくためには治めるだけの役人がいる。将軍を首相とするなら、閣僚には、大老、老中、側用人《そばようにん》、若年寄、寺社奉行、京都所司代、大坂城代などがいた。

局長級には側衆、高家《こうけ》、町奉行、勘定奉行らが並ぶ。部長級には具足奉行たち、課長級には勘定衆、係長級、ヒラと続く役人たちには、給料を払わなければならない。

六百八十万石には税金を納める農民が食べる分も入る。人件費や農民分を引くと、百六十万石が、幕府の実際的な収入だったらしい。役人の機構は、仕事が仕事を生み複雑化、人数も増えるのはいつの世も変わらない。幕府の財政は、綱渡りが続いていく。

仕事と役人を増やしながら一七〇三年、幕府は開府（江戸に幕府を開く）百年を迎える。一七一六年、八代将軍に徳川吉宗が就任する。

一七四五年まで将軍をつとめる吉宗は苦労人だった。御三家の一つ・紀伊和歌山の出で、越前（福井）の三万石の藩主時代につつましやかな生活を体験、紀伊和歌山藩主になっても苦労を重ねる。

五十五万石紀伊和歌山は、初代が幕府から十万両借金して返済に困るなど真っ赤な赤字だった。苦労から節約が身についた吉宗は、農業振興、経費節減、質素倹約、給料削減、人員解雇と手を打つ。

将軍になってからも、同じ手法で財政改善に乗り出す。「享保《きょうほう》の改革」と呼ばれる政策で、倹約を徹底し、新田開発を進め、税率は、四公六民（幕府四割農民六割）から五公五民にする。老中たちとの情報交換を密にする側面も大きいけれど、側用人（将軍と老中の取り次ぎ役）は廃止と、閣僚級のいすも一つ減らす。

吉宗が目を閉じるのは一七五一年、三年もしたら始まる宝暦治水に、節約吉宗の改革でなんとか息をつきながら財政改革途上だった幕府が、自分で手をつけるはずはないだろう。

一七五三（宝暦三）年の薩摩大隅鹿児島七十七万石の借金は六十万両を超えているのに、工事を命じられ、また借りないとならない。

六十六万両　巨額借金のしかかる

2004.2.1

薩摩大隅鹿児島七十七万石が一七五三（宝暦三）年当時に抱えていた借金は、六十六万七千両だった。今ならいくらくらいになるのだろう。

江戸時代は一六〇三年から一八六七年まで二百六十五年も続いたから、物価も貨幣価値も変わる。団子と米の値段を基準にして考えてみた。

宝暦年間（一七五一―六四年）、団子は一本で五文。現代、当方が買う団子は一本八十円、米は「ごはんくらいはうまいのを」と五キロに二千五百円払っている。

一七五三年に暮らしていた庶民は、百文《もん》（一文は江戸時代の金の最小単位）出せば、三升（四・五キロ）の米が買えた。団子なら二十本、今はまあいい米で三十本と多くはなるにしても、百文と二千五百円は、買える米の量も団子の数もだいたい同じとみた。

一文を二十五円として一両は四千文で十万円、六十六万両は六百六十億円にのぼる。宝暦のころの薩摩の人口は約五十万人で、一人当たり十三万二千円の借金になる。

花のお江戸に住むのでさえ一両あれば普通の四人家族が一月はしのいでいけた時代、薩摩の借財は、住民が一人残らず一カ月もの間ずっと飲み食いをしなくても払えないくらいの額になっていた。

一七五三年の米相場（取引の目安となる数字）は、豊作が原因で安値をつける。一石（一五〇キロ）が銀四十匁五分二厘と、一両（銀六十匁）を下回っていた。

端数を捨てると、一石は三分の二両にしかならない。七十七万石は五十万両をやっと超える勘定で、藩をまるごと売り払っても埋められない大きな赤字だった。

人口二千六百万人前後だった日本全体をみれば、値段が安いため貧しい家庭でも白米を食べていたと伝えられている時期、薩摩の指導者たちは「せめて米が値上がりしてくれないかなあ」と、額にしわを寄せながらやりくり算段に追われる。

願いはむなしく宝暦年間中の米価は安値が続く。幹部たちのしわは増え続ける。どうして巨額の借金がのしかかっていたのか、原因を探しに時間をもっとさかのぼるか。

物入り「上米」は四万両支出

2004.2.3

一七〇〇年代、時代は、商人の力の方へかじを切っている。八代将軍・徳川吉宗の新田開発も、多くは民間の資本を頼りに進められた。吉宗は商人の力量を認めながら、赤字財政の薩摩大隅鹿児島七十七万石はじめ全国の大名の懐も忘れてはいない。

一七二二（享保七）年七月に、「上米《あげまい》」の命令が出る。一万石以上の大名に全員集合がかかり、江戸城で内容が読みあげられた。

「幕府の役人が増え続け、収入増に追いつかず、毎年赤字が出ている。予備費や備えの米を取り崩してきたが、今年は幕府の仕事にも支障が出てきたので、万石以上の大名に幕府へ米を納めさせる。さもなくば役人の首を数百人も切らないとならない。恥ずかしさもかまわずに命じる」

一万石につき百石が幕府の要求だった。薩摩七十七万石なら七千七百石、たいした額ではないと言いたいけれど。

薩摩大隅国の石高には、日向（宮崎）諸県郡《もろかた》も琉球（沖縄）王国も入った。日向まで合わせて六十万五千、琉球が十二万三千、七十七万石と耳に調子よくひびく数字の実質は七十三万に届かなかった。加賀金沢の百二万に次ぐ全国二位の地位に変わりはないけれど、内情がまだある。

薩摩の一石は米の一五〇キロではなく、からがついたモミの一四四キロだった。精米すれば重さは減る。半分として三十から四十万の間が、米でみた実力になる。

一六〇九（慶長十四）年に征服した琉球王国への支配を強めたいと考えたのかもしれない。幕府は薩摩大隅日向の石数分だけ命じたのに、薩摩は自分から琉球王国の分もと頼み、年に七千二百石あまりの上米を米や金で納めた。

一七三〇（享保十五）年に制度が廃止されるまで、薩摩が支出した上米は、金にして四万両に近い。

一七〇二年、江戸にあった藩の二つの屋敷が燃え、翌年はおひざ元の鹿児島が大火に見舞われる。復興にも金は出ていく。

宝暦治水の後の一七六二（宝暦十二）年に、江戸の藩屋敷が燃えた際は、幕府から二万両を借りて再建した。金策に走り回る薩摩表向き七十七万石の幹部たちに同情したくなるくらい物入りは続く。

五百万両　とめどない借金漬け

2004.2.5

幕府は、なにかにつけ大名に金を出させた。建築・土木が担当の役人「普請奉行」を置いて、水が出た、家が焼けた、道路が壊れた、さまざまな理由で「御手伝普請」を大名に請け負わせた。大名は江戸、京都、大坂の藩屋敷（藩邸）に「御留守居役」と肩書がついた役人を常駐させ、工事がありそうか、どこが手伝わされそうか、手伝いを逃れる手はないか、情報収集と対策に当たらせる。

江戸時代の首都だった江戸、御所（天皇が住む場所）があった京都、経済の中心地だった大坂、三地の留守居役たちは、幕府の役人とつきあいながら、情報を仕入れた。京都、大坂留守居役は、金のやりくりも役目のうちだった。

薩摩大隅鹿児島表向き七十七万石は、一七五三（宝暦三）年の宝暦治水命令までに、江戸城、大坂城、寺、京都御所の改築工事などを手伝わされている。借金が増えない方が不思議といっていい。

貸してくれる人がいないと借金は成り立たない。

伊予（愛媛）小松藩一万石は、一七〇〇年代、さまざまな人から金や米を借りて返済をさいそくされている。大坂の商人、公家《くげ》（天皇に仕える身分）、農民からも借りた。六両で勘弁してほしい、八両返してもらわないと合わない、ささやかながら切実なやりとりが記録に残っている。

小松と同じ構図でケタを多くすれば薩摩の借金になる。農民からこそ借りはしなかっただろうが、一七五三年に六十六万両だった借金は、八十年後の一八二〇年代末期、五百万両にふくれあがった。

六十六万両を六百六十億円とした感覚でみると五千億円にもなるか。返済には、調所広郷《ずしょひろさと》に登場してもらおう。

薩摩の財政改革の責任者だった調所は、一八三五（天保六）年、利息なしで年千両につき四両ずつで二万両、二百五十年かけて払うと、貸した大坂の商人たちに言い渡す。

最終期限二〇八五年は、二十一世紀の現在でもまだ来ていない。十万両単位をはじめ貸した方が怒るのもむりはないうえに、二百五十年払いは幕末のどさくさでうやむやの歴史を歩くけれども、とりあえずは宝暦治水の工事費をひねりださなければならない。

冬の命令　どんな工事なんだ？

2004.2.8

一七五三（宝暦三）年十二月も押しつまって出た薩摩大隅鹿児島への治水工事命令には、工事費用をはじめ具体的な内容は、なにも書かれていなかった。幕府と大名とは主従関係だから仕方ないにしても、一言にしてしまえば「川の工事をしろ」に尽きる。

時は二十六日、場所は江戸城、言い渡したのは、二十五日付の命令書にはんこを押した五人の老中のなかで最初に名前が出てくる西尾隠岐守忠尚、言い渡されたのは、芝にあった薩摩の江戸屋敷から呼びだされた留守居役だった。

屋敷に戻った留守居役は、江戸勤めの役人で一番偉い江戸家老から、怒られたかもしれない。

「交際費を使いながら、工事情報の一つも取れなかったのか、バカモノめ」

二十七日、幕府は勘定奉行《かんじょうぶぎょう》（高い地位の財政担当役人）一色周防守《すおうのかみ》を呼び、治水工事の最高責任者に任命する。

同じ日、薩摩の留守居役がまた江戸城に呼ばれた。「責任者は周防守にする、工事内容については一切を周防守と話し合う、工事は業者任せにしない、人手は農民を使う、工事現場へ薩摩の役人を多数派遣するには及ばない」

いろいろ命じられるけれども、工事内容はまるっきりわからない。同じ日の夜、周防守の屋敷まで出向いてもなにがなにやらはっきりしない。
「まあ来年の正月の末からとりかかりましょうか。四月に入ると山の雪どけ水で増水するから三月末には休むとして、九、十月あたりに再開でしょうかね。工事の絵図面（設計書）やなんかは後で渡します。そちらもいろいろ大変でしょうから、そんなにいっぱい現場へ人をやらなくてもいいんじゃないかな」（周防守）
二十七日は、周防守の下の監督役に任命された四人の幕府役人の屋敷も訪れている。「よろしくご指導いただきたいと思います」とあいさつはしたものの、どんな工事かは霧がかかり見えてこない。
工事の具体的内容を知ろうと、薩摩の役人たちは冬の江戸を走り回る。もうすぐ正月なんて頭になかったろう。

2004.2.10

十万両　幕府が「見積額」示す

冬の江戸は寒かった。東京の冬の平均気温は過去三十年平均で五—六度、地球温暖化の百四十年の記録をもとに一七〇〇年代はざっと一度は低いとみると、四—五度になる。
寒いうえに服装自体がブルッと来そうなかっこうだった。江戸時代の武士は、幕府が法律で決めた服を着た。

幕府の一般的な役人を例にすると、（1）上下役《かみしもやく》、（2）役上下《やくかみしも》、（3）羽織袴役《はおりはかまやく》、（4）百衣役《びゃくえやく》の四つに分けた。（1）は上下（肩にかける衣と袴、同じ色にする）を着る。（2）は通勤のときだけ上下着用、（3）は現代の正月のお父さんが袴をはいた姿を想像すればいい。（4）は羽織も袴もいらず、袖の小さな着物や半纏《はんてん》（胸で結ぶひもやえりがない羽織）で仕事をした。着るのが簡単なほど偉さは下がる。

各藩の役人制度は幕府とほぼ同じ構図だった。留守居役は江戸城を行ったり来たりする役人だから上下を着ていたろうが、偉そうには見えても防寒着にはならない。羽織袴の役人にしても事情は変わらない。治水工事の内容を知ろうと冬の江戸を走り回る薩摩大隅鹿児島の役人が、こごえる手にはきかける白い息が見えてくる。冷たかったろうな。

一七五三（宝暦三）年十二月二十八日、工事総責任者の勘定奉行一色周防守の屋敷を薩摩の役人が訪れた。応対した用人《ようにん》（高級官僚）に聞く。「工事費用はいくらくらいになると幕府はお考えなのか、非公式にでもちょっとお教えいただけませんか」。用人がこたえる。「おおよその見積もりで十万両程度と聞いておりますがね、多くなって十四、五万両といったとこですか」

おおざっぱながら工事費用がつかめたのはいいにせよ、六十六万両も借金しているのに、どこから十万両もひねりだせというのか。幕府もむちゃくちゃ言うなあ、帰る道々、役人（岩下佐次右衛門）は頭を振っていたに違いない。

情報があがり藩屋敷の家老（江戸勤めで最高位の役人）二人も色を失ったろうが、不幸な情報でも国元へ知らさないわけにはいかない。二家老は連名で費用などを並べた長い手紙を書き始める。「幕府は、十万両はかかると言っております」。内々にもらされた十万両でも重たいのに、見積もりが進むにつれ額は十万をすぐにはるかに超えていく。

西尾隠岐守　話の分かるおじさん

2004.2.12

薩摩大隅鹿児島表向き七十七万石へ治水工事を直接に命令したのは、幕府の老中の一人、西尾隠岐守、命令書の宛先は松平薩摩守、どちらも守がつく。守ってなんだろ。

守のもとをたどると、律令《りつりょう》制に行きつく。律は悪事への罰などを決めた法律（刑法）、令は役所の仕事の方法を定めた法律（行政法）になる。中国の隋《ずい》（五八九―六一八年）と唐（六一八―九〇七年）が基本を作った制度で、日本をはじめ東アジアで国を治めようとした人たちは、律令制を手本にした。

幹部役人は偉い順に四つに分けた（四等官《しとうかん》）。（1）長官《かみ》、（2）次官《すけ》、（3）判官《じょう》、（4）主典《さかん》、読みは同じなのに神さまを担当する役人とか仕事の種類が違うと、漢字は違ってくる。ややこしいので国関係の役人だけをみると、（1）守、（2）介、（3）掾、（4）目の漢字が使われる。

老中の西尾隠岐守だと、姓の下は国名だから「隠岐の国（今の島根県隠岐島）の長官の西尾さん」になる。字面ではなるのだが、国名がただの飾りの場合も多くて、西尾さんも本当は、遠江《とおとうみ》

（静岡県西部、清水一家森の石松でおなじみの遠州《えんしゅう》ともいう）横須賀三万石の十四代の殿様だった。

遠江守は言いにくい、隠岐守の方が発音しやすくどこかしらかっこうもいいと考えたのかどうか、十三代から隠岐守を名乗りだしている。

名前は忠尚の西尾さんは、老中を二期務めた。一期目は一七四六（延享三）年から一年、二期目は一七五一（寛延四、改元し宝暦一）年から十年間、老中の座にいた。難工事を言い渡した人だから、昔は薩摩大隅国の住民の一人としては、意地の悪いひねたジイサンを想像したくなるけれども、実は話の分かるおじさんだったらしい。

一七五七年、陸奥《むつ》（青森や岩手）盛岡二十万石の南部家の役人が、参勤交代のあいさつの方法をめぐり幕府とごたごたした際は、南部家に厳罰をとの幕府の大勢を「罪は罪として、藩の格を守ろうとした役人の姿勢は称賛に値する」とひっくりかえしている。

治水工事を命令するときも「大変だろうが」と前置きしたかもしれない。同情してくれても薩摩の苦労が軽くなったわけではないけれども。

2004.2.15

江戸城　一万坪を誇った本丸

老中の西尾隠岐守が、薩摩大隅鹿児島表向き七十七万石の江戸芝屋敷留守居役の山澤小左衛門に工事命令書を手渡したのは、今の皇居東御苑《ぎょえん》あたりになる江戸城の本丸御殿《ほんまるごてん》だった。ちょっとのぞこう。

一六三六（寛永十三）年に完成した江戸城天守閣《てんしゅかく》（城の中心部にあるやぐら）は、地下室を含め六階建てで、高さは六〇メートルあった。一六五七（明暦三）年の「振り袖火事」で燃え落ち再建されなかったから、一七五三（宝暦三）年当時の江戸城に天守閣はない。

振り袖火事とはイキな命名だけれども、一月十八日から三日三晩も燃えて江戸のほとんどが焼き払われ、十一万人近くが亡くなる大火だった。

どうして振り袖が頭につくかというと。見果てぬ恋がかなわぬまま天国に行ってしまった娘の振り袖を供養にと親から寄付された坊さんが、たたき売る、新しい持ち主の娘も病死、振り袖は寺へ、手放す、また病死、何回も続き、寺は燃やしてしまえと振り袖に火をつける、あら不思議、燃える振り袖は冬の空を舞い、火は娘さんの胸ばかりか天守閣も燃やし尽くしてしまう。

振り袖火事では、城の中心部の本丸御殿なども燃え、二年かかって再建された。本丸御殿を南から北へ向かうと、（1）御表《おんおもて》（役所）、（2）中奥《なかおく》（将軍の公的な屋敷）、（3）大奥（将軍の私的な屋敷）になる。一万坪（三万三〇〇〇平方メートル）を軽く超える豪華な建物だった。

西尾隠岐守は、御表の一番奥にある老中用の御用部屋《ごようべや》で仕事をする。一七五三年十二月二十六日、薩摩留守居役《るすいやく》に命令書を渡したのは、御用部屋から南の幕府が公式行事に使う黒書院とすると、ふすまには山水画が描かれていた。

二十七日、勘定奉行の一色周防守が工事の最高責任者に任命されたのは、黒書院よりも御用部屋に近い芙蓉《ふよう》の間だった。ふすまには芙蓉、椿《つばき》、牡丹《ぼたん》の花が咲き、小鳥も飛んでいる。西尾隠岐守が「今度、川の改修工事をしてもらうから」と口で伝える。

幕府の高級役人の勘定奉行は、工事が多くの犠牲者を出したにもかかわらず、ふすまの明るい図柄が暗示していたか、なんの責任も問われない。

2004.2.17

長い手紙　工事情報かき集める

老中の西尾隠岐守《おきのかみ》から治水工事命令書を手渡された薩摩大隅鹿児島表向き七十七万石の高級役人・留守居役・山澤小左衛門と、江戸城の玄関から桜田門を出て江戸の道を芝の薩摩藩屋敷まで帰ろう。

幕府も無理を言う。縁続きじゃないか、しかも借金で首が回らない親戚じゃないか、山澤のぼやきが冬の空に吸い込まれていく。一七五三（宝暦三）年の十二月二十六日、道の両側には、大名、旗本（幕府の役人で年俸二百石以上）たちの屋敷が続く。

江戸のほとんどの土地は武家屋敷が占めている。

江戸城の二十二万坪（七三万平方メートル）は別格としても、御三家・常陸《ひたち》（今の茨城）水戸徳川三十五万石の弥生《やよい》（東京都文京区）にあった藩屋敷は五万四千坪、同じ水戸の後楽園の屋敷は十万坪を超える。武家関連だけで六割、寺や神社が二割、残り二割の面積に庶民が暮らしていた。

一七〇〇年代初めの江戸の人口は、庶民が五十万人に武家が家族をふくめ五十万人の百万人、ロンドンやパリの五十万人の倍で世界一になる。

江戸城から芝の薩摩藩屋敷までおおよそ三キロの距離、人は歩いて時速四キロ、普段なら小一時間しない道のりでも、不幸せな情報を抱えた重い足取りでかなりの時間がかかったか、大事を早く知らせようと小走りで駆け抜けたか、大きな屋敷の門が見えてくる。

三田屋敷とも呼ばれる芝の屋敷は二万二千坪、参勤交代で上京してきた島津家当主のほか多くの薩摩の役人が住んでいた。池、能が舞われたらしい舞台もある。並ぶ長屋は下級役人用だろう。薩摩は江戸に主な屋敷だけで四つ持っていた。芝のほか高輪に一万五千坪、田町は六千五百坪の蔵屋敷、桜田の屋敷は二千七百とも八千坪ともいわれる。

山澤から報告を受けたのは、島津主鈴、島津主殿の二人の江戸家老だった。各方面へ走らせた役人たちも情報をあげてくる。二人の家老はことこまかに手紙にしていく。

工事総責任者の勘定奉行の一色周防守の要領を得ない応対に始まり、つかんだだけは情報が字になっていく。長い手紙は二十九日にやっと書きあがり、連名で署名、書きもらした情報はないか、二人は手紙に再び目を通し始める。

抵抗「ないない」も通じず

2004.2.19

時を、一七五三（宝暦三）年十二月二十八日の深夜から二十九日の未明としよう。場所は、薩摩大隅鹿児島表向き七十七万石の江戸芝屋敷の一室、役人たちがしきりに出入りする部屋は、いっこうに火を落とす気配がない。役人の出入りのすきを縫いお手伝いさんが新しく入れたお茶を、薩摩江戸家老の島津主鈴、島津主殿の二人がすする。

茶わんを戻すと二人はまた長い手紙に見入る。時折もれるため息には、難儀な仕事を押しつけられたもんだの思いがこもる。「大変な事態になりました」「いや全く、幕府も何を考えたか、薩摩の力を落とそうなどの狙いがなければいいが」「力もなにも、あるのは六十万両を超える借金ばかり」「そこですな。国元の財政担当家老の平田靭負さんに、またご苦労をおかけしてしまう」「ほんとに」くらいの話は交わされただろう。

手紙の書き出しには「工事を命令されてハハーッとひれ伏していたわけではありません。薩摩の事情も何度も申し述べました」の色がにじむ。

二十七日に工事責任者の勘定奉行・一色周防守《すおうのかみ》の屋敷を訪れた薩摩藩芝屋敷の用人（高級役人）・岩下左次右衛門は、応対した用人・高阪専右衛門に頭を下げる。「工事命令は、二十六日の言い渡し直後に国元の方へも知らせております。なにしろ工事の現場にしろ方法にしろ不案内なもんですから、よろしくご指導のほどをお願いいたします」

あいさつの後、岩下は切りだす。藩主の島津重年は薩摩に帰っている、江戸の藩屋敷で留守を守る薩摩の役人は数が少ない、火でも出したら消せるかどうかの人数しかいない、工事へ人をやる余裕はない、知らせを受けた国元の方も遠い薩摩だからすぐには現場へは行けない、ない、ないを並べたてて、高阪に迫る。

「ない」のうち、火事でも起こしたらでは、竹姫《たけひめ》（五代将軍綱吉の養女、一七二九年に二十一代薩摩藩主島津継豊と結婚）が住んでいた芝新馬場六千九百坪の屋敷も引き合いに出し、幕府と薩摩は親類のはずではないかとほのめかす。高阪が取り次いだ周防守は、くわしくは後からとかなんとかのあげく最後に一言。「現場にそんなに役人は必要ないんじゃないかな」

「まあ適当に」　逃げ口上をうつ幕府

2004.2.22

薩摩大隅鹿児島表向き七十七万石、江戸家老の島津主鈴と島津主殿が、一七五三（宝暦三）年十二月二十九日付で国元の家老たちへ宛てて出した長い手紙は続く。

「江戸在住の役人の数は、当主の重年が帰鹿しているので少ない。鹿児島から岐阜県南部の治水工事現場へ派遣するにしても、そうそう急には多人数の役人をそろえられない」（薩摩のささやかな抵抗）「まあ、そんなにいっぱいの人手はいらないんじゃないかな」（幕府の逃げ口上）

手紙に書かれている幕府の役人の言葉を一つ紹介すると、「役人多く差し出され候に及ばず」。及ばずと言われたって、じゃ、どのくらい動員すりゃいいのか、幕府は「それなりに」と腰を引くばかりだから、要員数はわからない。

手紙の終盤近くでは二家老の泣きも入りこんでくる。

どのくらいの人手が必要なのか、ちょっとわかりかねます、幕府の言葉を信用すればあまりいらないはずですが、現場の次第によっては、そうはいかないとも考えられます、来月正月の二日には、工事総責任者の勘定奉行・一色周防守さまから絵図面（地図や設計図）が渡される予定ですので、おおよそどのくらいか見当がつくかもしれませんけれど、今のところ、なんとも申し上げられません。

一七五三年当時、六十六万両（今なら六百六十億円相当）を超えた借金を抱えている藩として、工事費用の工面にも頭をしぼらなければならない。手紙は借金にも触れている。京都、大坂の藩屋敷へも便りを出しますけれど、国元の方も大坂と相談の上、借金方、お急ぎご対処ください。

現代、二月十六日、鹿児島県は二〇〇四年度の当初予算案を発表した。国が回す交付税は減るわ借金も手をしばられるわで、やりくり算段の限りを尽くしている。「史と景」がうたい文句の土地にしては財産の海を埋め立てて人工の島をつくったりするからと思う一方で、薩摩の役人は金のやりくりに追われる血筋かもと慰めたくもなってくる。

正月早々　勘定奉行屋敷もうで

2004.2.24

江戸家老二人は、一七五三（宝暦三）年十二月二十九日付で国元へ出した手紙に、治水工事の絵図面（地図や設計書）が正月二日には手に入りそうと書いている。押し詰まって受けた治水工事命令で忙しい年の暮れなのに、正月も休む気はないらしい。

江戸時代の武士は、三が日をゴロッチャラ寝たまま暮らす、わけにはいかなかった。

薩摩の殿様は格式では、将軍、御三家の次の次くらいに偉い（従四位上中将）。武家社会は本音よりも体面と建前が優先する。偉ければ偉いほど着付けが面倒そうな着物を着た（武家の装束と呼ばれ三代将軍家光のころに本格制度化）。島津家の殿様に正月用のかっこうをしてもらおう。

元日と二日は、丸に十の字の島津家紋を織りこんだ狩衣《かりぎぬ》（元は狩りの際に使った着物、ひもで袖をくくったり手がかかる）をつけ、烏帽子《えぼし》（カラスの羽くらい黒い色の帽子）をかぶる。三日は三日で別の装いと決められている。

盛装に身を固めると江戸城におもむき年賀あいさつ、老中など幕府の閣僚級役人の屋敷にも足を運び「おめでとうございます」。殿様だけではない。家老など江戸詰の役人も身分なりに「今年もいい年にしたいですな」と三が日は儀礼に追われ通しで過ぎる。

京都東町奉行（勘定奉行などと並ぶ中央省庁局長級役人）が、宝暦年代より百年たってもまだ忙しい武士の正月を日記に残してくれている。

「一八五八（安政五）年元日、晴れ、午前九時過ぎ家を出てあいさつに次ぐあいさつ、二条（京都の徳川家の城）で雑煮、東寺であいさつ。二日、曇り、午前九時に家を出て御所（天皇が住む屋敷）で新年行事、キジの焼いたのやら出る、あいさつ、あいさつ、午後三時帰宅。三日曇り、家にいたら町人たちがあいさつに来る、本来の仕事も舞いこむ、猿回しもあいさつに」

居眠りの暇もありゃしない。暮れには長い手紙を書くのに夜を徹したろう薩摩の江戸家老は、正月もあわただしい。あいさつ回りのすきを縫い用人の岩下左次右衛門を、工事総責任者の勘定奉行・一色周防守の屋敷へ行かせる。「正月早々なんですが例の工事の件なんですけれども」

勘定奉行　幕府財政取り仕切る

2004.2.26

幕府の勘定奉行・一色周防守は、一七五四（宝暦四）年の正月になってから、薩摩大隅鹿児島表向き七十七万石の治水工事内容の問い合わせにぼちぼちこたえはじめる。工事を薩摩に直接命令したのは老中代表の西尾隠岐守《おきのかみ》だけれども、揖斐・長良・木曽川の治水をどこかの大名のお手伝い普請《ふしん》にしたらと老中に提案したのは、周防守だった。

一七五三年十二月六日、周防守は、老中の一人の堀田相模守《さがみのかみ》に、工事のあらましを書いた書類を提出する。

「岐阜県南部一帯の水害を防ぐには、揖斐と木曽の二つの川を分ける工事をしなければなりません。費用は七万九千両あまり、木材は三千本ほど必要になるでしょう。八月の洪水で壊れた堤防部分の工事もしなければなりません。復旧には、一万三千両と木材千六百本がいります。三月には雪解け水、夏と秋にも時々水が出ますので、工事はできません。いろいろな面を考えると来年早々にも大名のお手伝い工事としてとりかかるのがよろしいかと考えます。工事費用の方は、二つ合わせて九万三千両、要する材木は四千六百本以上でしょう」

全部知っていたなら教えてくれてもよさそうなものだけれども、十二月暮れの薩摩の質問に費用などうそは言っていない。情報を小出しにしてじらせるのは、大名操縦術の一つで役目柄と理解しよう。

勘定奉行は偉い。職制上では閣僚級の老中の部下にはなっても、権限は、局長級というよりも大臣に近くなる。幕府の財政を一手に取り仕切ったほか、幕府が直接支配する領地と関八州（関東八州・相模、武蔵《むさし》、安房《あわ》、上総《かずさ》、下総《しもふさ》、常陸《ひたち》、上野《こうずけ》、下野《しもつけ》の八国）の住民の裁判ざたも裁いた。

大蔵大臣兼天領（幕府の領地）並びに関東担当法務大臣となると一人ではできない。一六四二（寛永十九）年からは、「勝手方《かってがた》（財政担当）」「公事方《くじがた》（裁判担当）」二人ずつの四人定員でしのいだ。

忙しくて、毎日午前八時には江戸城敷地内にあった役所で書類を見ていたらしい。大変ですねとねぎらってもいいけれど、薩摩の問い合わせへの応対には「宝暦治水だけが仕事じゃないんですがね」と一言返したはずと想像したくなる高級役人の香りが漂う。

問　答　工事情報そろいだす

2004.2.29

薩摩大隅鹿児島表高七十二万八千石（かさあげの意味で使っていた「表向き七十七万石」から公式石高の「表高」に変更します）の江戸家老が予想した一七五四（宝暦四）年一月二日とは特定できないけれども、正月早々に工事情報がそろいだし四日付で国元へ手紙がしたためられた。

手紙の元の資料は芝屋敷用人の岩下佐次右衛門が、工事総責任者の勘定奉行・一色周防守宅から持ち帰った。工費などの質問（伺書《うかがいがき》）に対し、周防守が答えを書いた紙を張る（張紙）問答形式で、内容が明らかになっていく。

問　工事現場の地図や設計書などはいつごろお渡しに

答　近々、後になる分も

問　担当役人たちの住む家はいつごろめどがつきそう

答　正月下旬ごろになる

問　現場は不案内、住居についてはよろしくご指図を

答　承知している、追って担当役人から連絡させる

二人の家老は「工事本体の業者への下請はできませんが、現場住居建設、雑用などは任せてもいいとの幕府の意向です」と手紙をしめる。

一月四日付の手紙が日本を南に下り薩摩に届く前に、一七五四年前後の外国や日本、ちょっと地球を見まわすか。

世界、欧州は神聖ローマ帝国皇帝にマリア・テレジア即位四〇、六九コルシカでナポレオン誕生、アダム・スミス「国富論」七六、中国は清、朝鮮は李氏時代、アメリカは七六に独立を宣言する。

日本は、「仮名手本忠臣蔵」初演四八、杉田玄白「解体新書」出版七四、長崎奉行に抜け荷取締まり厳命五三、田沼意次《おきつぐ》が老中就任七二。

七〇後半から八〇前半が主な舞台の池波正太郎の「剣客商売」には、宝暦年代の作品もある。還暦前後の秋山小兵衛が四十歳下のカミサンと暮らし事件を解決する。藤田まこと主演のテレビ劇は服装や食事にも時代考証の目が届いているのだろう、丁寧なつくりが印象に残る。治水時の小兵衛三十六歳、テレビの顔を巻き戻し池波作品に目を通す、宝暦にいる気がしてくる。

2004.3.2

走る手紙　担当奉行の人事発令

一七五四（宝暦四）年一月四日付の手紙が、冬の東海道を下る。四日付の前には、前年暮れ二十五日付の治水工事命令を伝える書簡や二十九日付の情報を集めた便りも、薩摩大隅鹿児島表高七十二万八千石を目指す。急の知らせがいつ着いたかはわからない。馬にしたか、籠《かご》か、飛脚か。

一七〇一（元禄十四）年三月十四日午前十一時、江戸城は本丸御殿、百二十二畳の大広間を抜けて中庭を回り南の奥へと誘う九十畳の松の廊下で、播磨《はりま》（兵庫県南西部）赤穂二万石城主浅野内匠頭《たくみのかみ》が、三河（愛知県東部）国幡豆《はず》郡吉良庄四千二百石の領主吉良上野介《こうずけのすけ》に、長さ三〇センチ足らずの小《ちい》さ刀（武家の装束で城中での携帯を義務づけ、殿中差《でんちゅうざし》とも言う）で切りかかった末、午後六時には一関領主の江戸屋敷で腹を切る。

二万石の大事は、赤穂江戸詰役人が早籠に乗り十五から十九の五日間で赤穂までの六二〇キロを駆け抜けた。大事に違いはないにせよ、薩摩の連絡は藩がつぶれるくらい差し迫っているわけでもない。江戸と薩摩の当時の道のりは赤穂までの二倍を超えるし、かなり時間はかかったろう。工事担当の薩摩総奉行と副奉行の辞令は、一月十六日付で出ている。何日前に一報が届いたかは推測するしかないけれども、ばたばたした場面だけは頭に浮かべてもいい。

「なんとな、幕府も無体な、薩摩の窮状百も承知の上で」「今は亡き豊臣公に味方したがゆえの関ケ原以来の徳川のうっぷん晴らし」「ここはなにとぞ一戦交えるべし」「おのおのがた、少しく頭を冷やされい」。急報を受け薩摩幹部たちが論争を交わしたとすれば、お話としてはかなりおもしろい。工事命令を受けるかどうか、火がつきそうな協議を紹介したいけれども。

激論の記録は見つかっていない。論議を裏付ける資料が未発掘だからといって、なかったと断言する材料も見あたらないのだけれど、通信事情を考慮すると、一七五三年十二月二十五日付の一報から明けて一月十六日付の担当奉行発令まで、論争があったにしては迅速に過ぎる気はする。

いずれにしろ、治水の工事命令は届き、担当人事も発令された。総奉行の平田靱負さんに、腰をあげてもらおう。

熱　弁　よくできた言い伝え

2004.3.4

伝説として名が通っているけれどもあったを裏付ける文書が見つからない「治水工事命令を受け入れるかどうかの薩摩幹部大論争」は、家老の一人が、国の境を軽々と大きく強くまたいでいく人類愛に満ちた演説をぶち、満場をおさめる。事務総長が国際連合総会にいま持ち出しても立派に通用するに違いない普遍の尊厳と優しさにあふれる熱弁は、記録がないからと触れないで通るには惜しすぎる。

歴史の疑問の道も歩いてみるのが「たどり語り」、言い出しっぺははっきりしないを前提にご家老にご登場願う。

「見ず知らずの岐阜南部の住民の苦労をなぜ薩摩が救わなければならないか、筋違いではないかとのご意見もおありでしょう、しかし、お考えください、海に囲まれた日本の住民は、全員が兄弟であり大事な仲間ではありませんか、兄弟や仲間だとしたら、その苦難をだれが見過ごせましょう、そもそもわが薩摩の背骨を貫く原則は人への厚い心ではありませんか、苦労もきっと多いでしょう、困難も立ちはだかるでしょう、それでも、みなさん、引き受けましょう、この難事業を、そして、水害に苦しむ岐阜南部の人たちを救おうではありませんか」

静まりかえる一堂に会した幹部の面々、やがて面が一つ二つとあがりだし、どこからともなくわきあがる「そうでござった」の大合唱。繰り返して言う、論争があったのかないのかはわからないけれども、伝えた人に語り部の才能があるのだけは間違いない。

一七五四（宝暦四）年、薩摩には江戸詰も合わせ八人の家老がいた（七人前後で編成、職制上は家老の上に藩主名代の「城代」がいるが当時はいない）。家老たちが集団指導層をつくり、城下士《じょうかし》（鶴丸城の回りに住む役人、一七五六年当時）三千六百八十五人、外城衆中《とじょうしゅじゅう》（藩内各地に住む役人）二万二百九十七人を統率、琉球王国（沖縄）など二十三万、日向諸県郡八万、薩摩二十九万、大隅十九万、合わせて八十万人を超える藩（一七五三年で八十七万の記録もある）を運営していた。

二万四千人近い役人の頂点に立つ八人の中で人への愛にあふれるよくできた弁舌の持ち主の姓は平田、名は靭負、財政担当の家老だった。

2004.3.7

鶴丸城下　人口五万人お役人街

平田靭負《ゆきえ》さんに治水工事総奉行の辞令が出たころ＝一七五四（宝暦四）年一月十六日付＝の鹿児島を眺めてみるかと高さ一〇七メートルの城山に上る。

海が近い。今の市電が通っているあたりは海岸、人工の島みたいに突きだすのは埋め立ててつくった易居町、百五十年ほど前の一六〇〇年代に島津家十七代義弘が「海岸ばたなぞに城を造って、海から攻撃されたらいけんすっとか」と三男で鶴丸城下街づくり推進者の十八代家久をしかり飛ばしたのもうなずける。

街並みは平べったく、高い建物は、鶴丸城（公式には鹿児島城、御内《みうち》とも言った、天守閣はもともとない、「薩摩は人が城だから立派なやぐらは必要ない」とかっこよく伝えられている、すぐ裏の城山に上がれば全部見渡せるし必要ないといえばない）の対面所や本丸、今は玉龍高校裏でひっそりとしたたたずまいの福昌寺も大きな伽藍《がらん》（お寺の建物）を見せているけれども、ほとんど木造平屋が並ぶ。

左手、北の方に稲荷川、右手には甲突川が流れる。現在の甲突川は一七〇〇年代のどこかで土木工事によりつくられた人工の流れらしいから、一七五四年当時はもっと城に近い川だったかもしれない。

今の清水町から甲突川まで役人たちの家が続く。一般住民は武家屋敷街隣の別の街に暮らす。原良村、吉野村も見える。碁盤の目状に整った街並みが、二百五十年後はテンデバラバラの景観に変わるのかと思うと、泣けてきた。

城下人口は五万人を超えるとして（一八二六年で五万八千人）城下士（城下に住む役人）が約三千六百人（一七五六年）、四人家族としても一万五千人は役人と関係者、目をこらせば、大手を振って歩く役人、頭を下げ通しの民間が見えてくる気もしてくる。

甲突川から城の方に視線を少しずつずらす。門構えの立派な武家屋敷が目に入ってくる。冬枯れの庭に出て仏頂面、腕組みの五十がらみの武士は「さて、治水工事費用をどう工面したものか」と金策にふける平田さんに違いない。

サムライ藩　二六%は「お武家さん」

2004.3.9

中心部の鶴丸城下だけではない。薩摩大隅鹿児島表高七十二万八千石自体が侍だらけの藩だった。一八七一（明治四）年の記録を見ると、薩摩の士族の人口に対する割合は二割六分に達している。

士族を簡単に説明すれば、平民（一般の人）と華族の中間の身分を指す。華族とはなにか、天皇以外の天皇の家族や親類を表す皇族（皇后や親王など）と士族の中間、一八八四（明治十七）年の法律で公爵《こうしゃく》や伯爵《はくしゃく》など爵位の称号をもらった人たち（明治維新の功労者など）になる＝一九四七（昭和二十二）年廃止。士はさむらいとも読む。「昔はそれなりの武士」だった家系が士族と考えればいい。

全国の士族率は六%前後、薩摩の二六%は群を抜く。

住民の四人に一人が侍関係とは多すぎないか、加えて幕府の政策は「一つの国には一つの城」なのに、薩摩は藩内をほぼ百十の地域に分け（外城《とじょう》）、それぞれ役人（外城衆中《しゅじゅう》）が常駐して治めている、現実に城があるわけではないにせよ実質は城を百十構えた行政形態じゃないか。

いっぱいいる侍がひょっとして攻めて来でもしたら大変とでも考えたのだろう、一六三三（寛永十）年、薩摩の一般情勢を調査に出張してきた幕府の役人が、薩摩の家老に聞く。「ちょっと、お侍さんがいすぎませんかねえ」。家老は、頭をかきかき答える。

「いやあ、それが、あなた、なにせ最盛期には九州を一手ににぎろうとした藩ですから、雇い入れた武士がはんぱの数じゃなくて、鶴丸城下は土地が狭いし、役人の分散居住は仕方ないんですよ。各地にある城みたいな立派な役人の屋敷ですか、あれは、それ、ご案内の通り、当地はシラス土壌で、家をつぶすとなったら土地も崩れるかもしれないから、壊すに壊せずに」

さすがに大きな藩の家老ともなると一筋縄ではいかない。質問した幕府の役人は苦虫をかみつぶした顔のまま江戸に帰っていったろう。薩摩の家老は、一門家《いちもんけ》（越前、加治木、垂水、和泉四家）、一所持《いっしょもち》、一所持格（日置、北郷、川上など四十二家）、寄合《よりあい》（二階堂、義岡、平田など五十四家）の計百家の出身者のなかから選ばれる。平田靭負は寄合名家のえりすぐりだった。

2004.3.11

男盛り　財政担当の家老五十一歳

薩摩大隅鹿児島表高七十二万八千石城下士寄合平田家の系図は、桓武《かんむ》天皇（七八一年即位、朝鮮は新羅、中国は唐、欧州はフランク王国時代）に仕えた役人までさかのぼる。島津家との縁は六代氏久（一三六三年家督相続、日本南北朝期、朝鮮高麗、中国元、欧州は英仏百年戦争）から始まり、代々、末吉、大口、川内、串木野、志布志、栗野などの地頭（対象地の税金を徴収する権利を持つ役人、今なら総務事務所長か）を務めた。

平田靱負は、一七〇四（宝永一）年に生まれる。三十二歳（一七三五）で平田家当主を継ぎ、現在のえびの市や三股町の地頭職につく。四十歳、藩の大目付、吹上町の地頭、一七四八年、藩の家老に就任、大口の地頭も兼務する。一七五四（宝暦四）年一月、治水工事総奉行発令時は、勝手方（財政）を担当していた。

当時五十一歳、仕事もできれば世間にも通じた男盛り、借金の工面にもくわしいはずの財政担当だし、莫大《ばくだい》な経費が予想される工事の総監督にはうってつけだったのだろうと想像しながら、誕生年の一七〇四年に日本や世界でなにがあったのかいなと見回すと、二月に大坂で大和川の付け替え工事が始まっている。

水害を防ぐため淀川と分離して新しい大和川をつくる工事は、十月に完成した。治水を宿命づけられていた人生だったのかなと思った後、一七〇三年を見たら、大坂は竹本座で、近松門左衛門の人形浄瑠璃「曽根崎心中」（醤油《しょうゆ》屋の使用人と遊女が「添い遂げられぬなら」と心中する実話が下敷きの物語、お家騒動やあだ討ちをはじめ武家ものばかりだった浄瑠璃に庶民の生活を取り込んだ記念碑的名作）初演の幕が開いている。

平田の最期と曽根崎心中の落着、同じ悲しい結末ではあれ、道行きの果てと仕事上の責任の取り方をごったにはできないにしても、なにとはなしに、うなずいてしまう。

薩摩の役人は、上から城代（藩主名代、宝暦治水時はいない）、家老（七人前後の集団体制）、側詰《そばづめ》、若年寄、大目付までが、中枢部となる。

八人いる家老のうち、財政担当の平田がわらじの用意をしている。岐阜への前に、借金算段を繰り広げる大坂への旅が待ち構えている。

宴会攻め　手段選ばず借金しろ

2004.3.14

工事には正月早々にも取りかかれと、幕府は命令している。日にちははっきりしないけれども、一七五四（宝暦四）年一月十六日付の総奉行発令から間を置くひまもなかったろう。平田靭負は部下の中馬源兵衛に、命令書を渡す。

「このたびは治水工事の命令を受けた。費用がいくらいるかはわからないが、おおよそ十四、五万両にもなろうか。国元ではとてもまかなえず、大坂で借りないとどうにもならない。なにしろ莫大な金額だから、大坂にしても途方に暮れるかもしれない。しかし、通常とは違う特別な金と考えてほしい。大坂の貸主のなかには『緊急の時はいつでもご用立ていたします』とかねて言ってくれているものもいる。事情をよく説明して、貸しそうなものにはだれにでも頼み、どんな手段をとっても構わない。金の工面さえつけばそれ以上の幸せはない。貸主とは話を尽くし、飲食の接待並びに届け物も、必要に応じ何度でも開いていいし、いくつ届けてもいい。上原十郎左衛門と久保七兵衛や京都、大坂の担当にも以上の趣旨を伝えてほしい。とにかく、金を借りられるなら、なにをしてもいい。命令する」

率直というか、なりふり構わないというか。大坂の貸主（銀主）を接待漬け、付け届け攻めで説得して金を借りろ、手段を選ぶな、金さえ借りられればなんでもいい、命令書を読んでいると、せっぱ詰まった薩摩大隅鹿児島表高七十二万八千石の台所が、今にも火がかき消えそうなかまどが、はっきり見えてくる。

文中に出てくる上原十郎左衛門は薩摩京都屋敷、久保七兵衛は大坂屋敷、いずれも留守居の役人、重要な仕事の一つは金策だった二屋敷は、平田に先駆けて大坂に駆け上ってきた中馬を迎え、連夜の貸主接待の酒宴に突き進む。幕府の命令がきっかけで借金算段に二日酔いの頭を振り振りかけ回る京都屋敷は、ほぼ百年後の一八六六（慶応二）年正月、長州木戸孝允《たかよし》、薩摩西郷隆盛、家老小松帯刀《たてわき》らが倒幕を話し合う舞台になる。

2004.3.16

五月二十五日　慰霊祭は総奉行命日

南日本新聞社に入りいくらもたたないペエペエの記者だったころ、鹿児島市の平田公園で開かれた薩摩義士の慰霊祭を取材した。遠い岐阜からかなりの人が参加するんだなと感じたのを覚えている。

二〇〇三年五月二十五日、公園の慰霊祭は、雨だった。

薩摩大隅鹿児島表高七十二万八千石、揖斐・長良・木曽三川治水お手伝い普請総奉行の平田靫負は、多くの犠牲者を出しぼうだいな経費を費やした工事の責任を取り、一七五五（宝暦五）年五月二十五日、施工現場近くの総監督屋敷で腹を切った、とされる。

慰霊祭の日付は、平田の命日にもなる。咲いた傘の合間を縫っていたら、名前を呼ばれた。傘をささずに立っている喪服姿は、行きつけのバーの女性だった。「おや、なにごと」「いえねえ、慰霊祭がきっかけでお店に岐阜の方が来てくれるようになって、もう長いの。だから、アタシも毎年お参り、けっこう続いてんのよ」「ふうん、そう」

二百五十年前の工事への感謝を忘れない人たちがいる。五月二十五日が来るたびに、岐阜から鹿児島までの旅費を払い天文館にも顔を出してくれる。たいしたもんだね、平田さん、雨にぬれた小柄な銅像の肩をたたきたくなった。

小柄といっても、六六二一平方メートルの平田公園に建つ平田の銅像は、台座を含め七メートル三〇センチ、像本体だけでも二メートル六〇センチになる（鹿児島市公園緑化課が三月十日実測）。つくったのは、彫刻家の安藤士《たけし》（一九二三〔大正十二〕年三月四日生）、鹿児島市立美術館前の西郷隆盛像制作者の安藤照の長男で、東京渋谷駅の忠犬ハチ公（二代目、初代は父の照作）も手がけた。一九五三（昭和二十八）年秋、当時の鹿児島市長・勝目清から依頼を受けた安藤は、鹿児島や海津町を歩き構想固めに時間をかけ五四年秋も深くなって平田像はできあがる。

像は鹿児島駅から公園まで運ばれ五五年六月五日に除幕、安藤は「精魂込めてつくらせていただいた」とあいさつしている。江戸時代の男性平均身長は一六〇センチ前後、大男を見慣れた今の目には小柄と映ってしまうけれども、治水の歴史、金のやりくりをはじめとする苦労を知るにつれて、頼もしく見えてくる。

公債と献金　あの手この手金集め

2004.3.18

薩摩大隅鹿児島表高七十二万八千石財政担当家老兼治水工事総奉行の平田靭負一人だけが、金策に苦しんでいたわけではない。一七五四（宝暦四）年当時、家老は八人いる。江戸に二人、島津主鈴と島津主殿が詰め、国元には、伊勢兵部、義岡相馬、新納内蔵、鎌田典膳、平田、市来左中の六人がいた。家老総動員だったろう。義岡と鎌田が連名で書いた文書が残っている。

きこしめしていい気持ちで帰宅したら「大変なのよ、家計は、だってさ、あれでしょ、これでしょ」、あしたにしろと怒鳴りたくなるくらい、寒い懐をくどくどさらけだしている。「藩の台所はにっちもさっちもいかない、積もり積もった借金は四万貫（六十六万両、六百六十億円くらいの感覚）以上、利払いさえ借金でしのいでいる窮状なのに、幕府は工事をしろという、いったい、いくらくらいかかるのかは見当もつかない」

グチるのもいいかげんにせんかを飲み込んで読み進む。「さりとて、用立てないわけにはいかない。そうはいえ、かなりの金額だから大坂でも調達できないかもしれない。それでも、ご公儀の用向きだから、準備しないわけにはいかない。ではあるけれども、藩は参勤交代の経費にさえ事欠く、鼻血さえも出ない」

回りくどい話は、結局、みんな、お金を出してくれ、に行きつく。「家老から平の侍、一般までもれなく、持ち合わせがあれば、藩の事情を察し、どんなに少額であってもいいから、藩に債権の形で貸してくれ、利子七分を必ず払うと約束するから」。利払いも借金のくせに、自分の部下に利息を払うなんてのはマユツバだけれども「くれ」とまでは言えなかったのだろう。

二月一日付の「貸してくれ」(藩債公募)に続き「献金してください」も言い出したらしい。現代三月十二日、東市来町美山、沈壽官家の表座敷、島津義弘の朝鮮侵攻＝一五九七(慶長二)年＝から始まる四百年の歴史を書き留めた文書を繰る。一七五四年三月に「尾張の国の川々のお手伝い工事のため、李欣達が一貫、春貞ら三百文ずつなど計九十九貫百三十六文を差し上げる」とあった。債券を出し献金に頼り、足りないとなったら後は税金を上げるしかない。

2004.3.21

節約と増税　手当たり次第上げる

税金を上げる前に形でも節約の範を垂れていないと、いくらお上が絶対の江戸時代でも、一般の住民から何を言われるかしれたもんではない。薩摩大隅鹿児島表高七十二万八千石の家老鎌田典膳は、一七五四（宝暦四）年三月八日付で、大節約を呼びかける。
「薩摩は至極不如意《しごくふにょい》（台所はたいへん苦しい、もうどうにもならない）、大坂の銀主（貸主、銀行の原形と考えていい）の協力で七万両はめどがついたものの、それとて確定しているわけではない、治水工事費用は三十万両にも達しようかとの推測も出ている、なるべく国元の出費を抑えよう、いにしえのしきたりであっても削れるものを目を皿にして見つけたら、遠慮はいらない、申し出てほしい」

増税も大の字をつけたくなる規模で打ち出す。従来の三倍、七倍、十三倍、三十倍はまだまだいい方で、一挙、五十三倍に引き上げられた例もある。「治水費用に伴う特別賦課《ふか》（課税）銀米」の発表は三月九日付、対象二十項目がこまごま挙げられている。

五十三倍になったのは船への税金（今なら船舶税）で、八反（一反は二丈八尺＝八・五メートル）以上二十三反までの帆を張る船は帆一反分につき銀八匁《もんめ》（六十匁で一両＝十万円くらいの感覚）を課された。米で払うか「銭にても」いい、が泣かせる。四反以下の川を行き交う船でさえも、帆一反につき二匁を取られた。支配していた沖縄と奄美、小さな島々も税の網の目に入った。

だれが思いついたのか、殿様の身の回りを世話する奥女中も目をつけられている。「白米は朝夕の食事用だから差し引くとおなかがすくので課税しない、ただし、玄米で渡す分は一石（一五〇キロ）当たり一升五合（二・二五キロ）引く、衣装代やほかのかかりは銀百匁当たり一匁五分引く」

特別課税は、一七四九（寛延二）年から一七五三（宝暦三）年も続いていた。引き続きしかも大増税、発表文は「藩財政は瀬戸際ぎりぎりの状態、なんとか踏ん張って納税するように」と結んでいる。

2004.3.23

門割制度　重税に重ね特別徴収

庶民で金がなければ、債券や献金には縁がない。税金となると、貧乏人にも近寄る。薩摩大隅鹿児島表高七十二万八千石の農民の年貢は、八公二民（藩が八割取り残りが自分、全国は四公六民か五公五民が普通）だった。所得税が八〇％なのに特別徴収までされたら、生きてはいけない。

一六四四（寛文四）年の薩摩領内に戻ろう。薩摩で二百五十八、大隅二百三十、日向諸県《もろかた》郡百六十四、計六百五十二の村があった。村で一番に偉いのは庄屋、他の藩では農民出身者が務める役職を、たくさんいる武士の就職対策でもあり、農民に対する監視強化の側面もあったろう、薩摩はさむらいが握っている。

農業の運営も独特だった。農民は門《かど》と呼ばれる共同体に所属（共同体の指導者は名頭《みょうず》、構成農家は名子《なご》）した。幕府もほとんどの藩も農民個人の耕作を把握する形だったのに、薩摩は共同体方式を採用した。庄屋として武士の目が光り、運営は共同体となると、農民の個性は育ちにくい。薩摩で大規模な農民一揆が起こらなかった理由に挙げられる共同体形式は、門割《かどわり》制度と名前がついている。

一七五四（宝暦四）年の宝暦治水、薩摩が苦労した原因の一つに、門割制度を指摘する人もいる。薩摩の役人の監督下、実際に川に入り工事をした美濃の農民たちは、門割制度でしばられていた薩摩ほど従順ではない、オイコラに慣れていた役人とささいな感情的対立が多発したのでは、と見る。

食べられなければ、おとなしい性格も育つに育たない。門単位の税金は高掛賦課《たかがかりふか》、モミ九斗六升（一四四キロ）当たりモミ七斗（一〇五キロ）を取られる。別に人別賦課《にんべつ》（農民個人対象の税金）が一年間十二日の労働（金で払ってもいい）、領民としての税金もあった。女性は綿織物（金でも）も出さなければならない。さらに払えと言われてもどこからも出てきようがない。

八公二民の実質は、門単位の米の収穫高を実際よりも低く査定、税率が低い田んぼの所有を認めるなど字面の印象より、重税感は低かったらしい。だからといって、特別税金がほいほい払えたわけではなかろう。ご苦労でした、当時の農業者に頭を下げたい。

2004.3.25

出発へ　幕府は派遣増員要求

金の当てはつかなくても、治水工事の準備は、進めなければならない。一七五四（宝暦四）年正月、薩摩大隅鹿児島表高七十二万八千石は、幕府の工事最高責任者、勘定奉行一色周防守《すおうのかみ》に、現場への派遣数を決め許可を求める。

「監督役（小奉行）三十人、身分が軽い武士（徒士《かち》）百人、徒士より軽いさむらい（足軽、武士階級の底辺になる）二百人」の伺いに対し、一月二十一日付の周防守の返事は「小奉行は三十人でいいが、岐阜南部の工事の現場はなにしろ広いから、徒士三百人、足軽五百人程度がよかろう（出されて然《しか》るべく候＝原文）」。

要員はそんなにいらないと言っていたのに、二倍、三倍と要求してくる。各藩にいろいろ難儀を押しつける幕府高級役人は二枚舌が使えないと務まらないのかもしれない。

二月十八日付、藩主島津二十四代重年《しげとし》は、幕府老中堀田相模守に、監督役の役人十四人の姓名を届け出る。総奉行平田靱負、副奉行伊集院十蔵、用人堀堀右衛門、同諏訪甚兵衛、普請奉行らを列記、江戸薩摩屋敷からも、幕府老中西尾隠岐守より工事命令書を手渡された留守居の山澤小左衛門はじめ六人が動員された。

重年は正月二十一日付で、堀田、西尾ら幕府五老中にあて、工事お手伝いを感謝する文書を出している。「工事命令書拝見いたしました、濃州《のうしゅう》、勢州《せしゅう》（三重）、尾州《びしゅう》（愛知）の諸河川の工事をお命じいただきこれ以上の幸せはございません（有難き仕合に存じ奉り候《たてまつりそうろう》＝原文）、（本来なら江戸城でお礼申し上げるところ、国元におります事情をご配慮されて＝筆者注）江戸へ参りますのをご免除いただき恐縮しごくです。取り急ぎお礼まで」

口述、下書き、上がってきた原案の確認、いずれにしろ、声なら震え、筆なら乱れ、手なら揺れたろう。老中以下藩の主だった役人は、薩摩で大坂で京都で江戸で、金策に飛び回っている。病弱で線が細かったらしい重年の深くつくため息が、聞こえてくる。

豊臣秀吉 「薩摩国」を決めた男

2004.4.25

時は四百十七年前、一五八七（天正十五）年、五月は八日、場所、川内は中心部（今の大小路町）の泰平寺《たいへいじ》、九州一円を飲みこむ勢いの島津ののどを締めあげるため、九州西部を南に下りながら島津軍勢を追いつめてきた豊臣秀吉が、床几《しょうぎ》（携帯腰掛け）に座っている。秀吉の前に戦をさせたら勇猛果敢そうな武士が、一人、かしこまっている。

「いやあ、まいりました」と降参の意味で頭を丸め秀吉の前でひれふしているのは島津義久、源頼朝を父とする初代忠久（一一九七年、薩摩守護職就任）から数えて十六代目の島津家当主で、薩摩大隅のすべてを勢力下においた（一五七〇年）後、九州一円も平らげようとした戦上手ともっぱらの評判の男になる。

そりあげたばかりで頭が青光りしている義久に、首をたたき切って当然の敵御大将《おんたいしょう》を寛大にも手厚くもてなす政治姿勢で天下人の余裕を示したい秀吉がにこやかに声をかける。「領地は薩摩一国でいいいな」「はっ、仰せのままに」

義久は頭も服も坊さんのかっこうで、物資や兵を満載した秀吉連合軍の船に覆いつくされた川内川を渡り翻る旗の波を縫ってきた。圧倒的な力を見せつけて秀吉は島津氏を仲直りの形でおさえこむ。薩摩に続き大隅、次いで日向諸県《もろかた》一郡の所有も認められ、一八七一（明治四）年の廃藩置県まで二百八十年にわたる島津の領土の基礎が固まる。

幕府が揖斐・長良・木曽三川治水お手伝い工事を命じた一七五三（宝暦三）年には、琉球王国も支配（一六〇九（慶長十四）年に侵攻）していた。工事総奉行の平田靱負は、三十万両（三百億円くらいの感覚）の予想もある工事費捻出《ねんしゅつ》のため、大坂行きの準備に忙しい。荷造りが整うのを待ちながら、薩摩大隅鹿児島表高七十二万八千石の成り立ちをおさらいしておこう。

室町時代に諸豪族の抵抗をしのぎながら薩摩半島を握った島津は、薩摩大隅境の本田、肝付氏を圧倒し鹿児島湾沿いを固め大隅内陸部に進む。

2004.4.27

脅しと懐柔　寛大だった太閤裁き

島津氏へ抵抗を続けていた大隅の肝付、伊地知氏も一五七四（天正二）年に白旗を掲げる。日向（宮崎）の地で意地を張る伊東氏へ島津の圧力が高まっていく。豊臣秀吉はまだ織田信長の部下、対武田勝頼の長篠《ながしの》の戦いをはじめ九州外でチャンバラに忙しい。

一五七七（天正五）年、伊東氏はこらえきれず豊後（大分）大友氏の懐へ落ちのび、島津氏は両手に薩摩と大隅、片方の足で日向もおさえる。残っている足は、肥後（熊本、一五八四年）、豊後

（一五八六年）を踏みつけ、筑前（福岡北西部）筑後（同南部）にものび、博多の街は戦火に焼き払われる（一五八六年）。

信長が本能寺の変（一五八二年）に消え、秀吉は関白、太政大臣と出世階段をのぼっていく。天下を狙う目は九州にも向かいだし、一五八三、一五八四年、島津氏に「大友氏と和解せよ」と勧めるが、島津氏は聞く耳を持たない、聞かないならと腰があがる。

島津十六代義久もいくさ上手で鳴らすけれども、秀吉は上手を行く。商人を味方につけ物資補給の道を整え（近代戦争も弾薬や生活物資などの補給の優劣が勝敗を分ける、秀吉は近代戦の本質を見抜く才に恵まれていた）、二十五万人の軍勢で、一五八七（天正十五）年三月、九州は小倉に入る。小倉からは二手に分かれる。秀吉は筑前、肥後路、弟羽柴秀長は豊後、日向路を大物資、大部隊で進軍する。

四月六日、日向は高城《たかじょう》根白坂《ねじろざか》（都城市の隣）で島津軍は、お得意の夜襲をかけるけれども秀長軍に大負けする。秀吉が「バカモン、兄ちゃんにおいしいとこは残しておかんか」と手紙で怒ったくらいの負けっぷりで、九州覇権争いの大勢は決した。

五月三日、泰平寺に八万人の軍隊の本陣を構えた秀吉は、五日後の八日、余裕しゃくしゃくで義久を出迎え、島津の領土を決める。義久は三女を人質に出したほかは頭を丸めて頭髪が犠牲になったくらいで、秀吉は許してくれる。

どうして、秀吉は島津に寛大だったか。朝鮮半島から大陸を目指す秀吉の視点に立とう。第一次朝鮮出兵（文禄の役、一五九二年）は、島津降伏から五年後になる。九州を飲もうとした島津の勢いを大陸侵攻に使わない手はない。

夫婦関係　大げんかの後仲直り

2004.4.29

刃向かってきた島津氏を豊臣秀吉は許した。大陸制覇の野望に島津氏は手を貸すけれども、当初はゴタゴタが続く。第一次朝鮮出兵の文禄《ぶんろく》の役《えき》（一五九二年）では兵士が集まらず、島津遠征軍大将の義弘（十六代義久の弟）を「恥ずかしくて、涙が止まらないじゃないか」と嘆かせる。

家臣の一人が明《みん》（中国）と内通していた、朝鮮侵攻反対の反乱も起きる、義弘の弟の歳久は自分の城の虎居城《とらい》（今の宮之城町）を「なんであんたに提供せんとならんか」と一夜の宿に貸さなかったくらいの秀吉嫌いがたたって、反乱との関係を疑われ、秀吉から切腹を命じられてしまう。

立て続けのイザコザを義弘が一掃する。第二次出兵（慶長の役、一五九七年）の翌年に秀吉が死去すると、受けた恩義は返さないと成仏しないと発奮したか、十月に明の四万人の大軍を壊滅させる。撤退部隊が立ち往生すれば救援に駆けつけ、殿軍《しんがり》（軍撤退の際に最後尾を担当、追いすがる敵と戦い味方を逃す大変に苦労する部隊）を務める。

苦労は身を助ける、徳川家康と秀吉派の石田三成らが正面衝突した関ケ原の戦い（一六〇〇年、美濃国＝岐阜南部＝関ケ原が戦場、宝暦治水の現場から遠くない）では、惨敗する西軍につき、得意の敵中突破で薩摩まで撤退する。

家康は最初は怒り島津攻撃指令を出すけれども、一六〇〇年十一月には、なぜか命令を取り消す。秀吉にしろ家康にしろ、島津氏は抵抗し命令に応じないのに時の権力者は最後には島津氏と和解する。

秀吉は宿を断られたばかりか宮之城進軍中は矢まで射かけられているのに、捨て置いている。家康も「しかたなかったんですよ、義弘にしても西軍につかないと、どうなるかわからなかったんですから」との義久の謝罪を受け入れ、「ぜひ江戸で会おう」の誘いにもなにかと理由をつけては応じないのに、一六〇二（慶長七）年には自ら筆をとり「領土は今のままでいいから」と手紙を書いている。

苦労満載の宝暦治水（一七五四―五五年）が薩摩大隅鹿児島表高七十二万八千石にどうして押しつけられてきたのか、わけがわからなくなるほど中央政府と島津は夫婦を連想させる関係を続けていく。

2004.5.2

藩誕生　初代の家は家康の家

十六代義久は「中央への道路が未整備」とかなんとか口実をつけ「顔を見せろ」の家康の命令に応じない。川内で豊臣秀吉に「まいりました」と頭を下げた（一五八七年）義久にしてみれば、家康にまでの思いもあったろうけれど、江戸に行けないわけもある。「関ケ原の戦い（一六〇〇年）で島津と同じ西軍についた土佐（高知）二十万石の長宗我部《ちょうそかべ》盛親を見ろ。すいませんと家康に会いに行ったのに、面会してくれないばかりか領地を没収されたじゃないか」

疑心暗鬼で動けない島津氏に、親しい大名が忠告する。「家老の島津忠長さんを派遣したら。戦功で中央に名が通っているし」。宮之城島津氏の忠長は、島津軍が明（中国）の兵士四万人を壊滅させた泗川《サチョン》の戦い（慶長の役、一五九八年十月）で少数の兵を率い大軍に立ち向かった男で、一六〇二年に京都で家康と会見、関係修復の下地を固める。

十六代が行かないのならと、息子の忠恒（十八代、関ケ原敵陣突破男の十七代義弘は徳川への体面上、桜島で謹慎生活）が、一六〇二（慶長七）年暮れ京都に上り、領土にほぼ手をつけなかった関ケ原の戦いの後始末に礼を述べる。

家康との対面をしぶり続ける父親を説得したうえで遠路をはるばるこられて情がわいたか、家康は後に「おれの名前を一字やろう」と忠恒に「家」を与える。一六〇三年の江戸幕府発足と同時に確定した「薩摩藩」は、薩摩、大隅、日向諸県郡の六十万五千石、一六〇九（慶長十四）年には琉球王国（沖縄）に侵攻し十二万三千石を手に入れる。「薩摩大隅鹿児島表高七十二万八千石」が誕生した。初代藩主は島津十八代家久、家康の家の字をもらった忠恒になる。

島津の琉球征服を許した徳川には、秀吉の大陸への野望（一五九二年と一五九七年の朝鮮出兵）で絶縁状態だった明との国交再開を琉球王国に仲介させる狙いがあった。政策は実を結ぶけれども、貿易の道を確保した藩に二百六十年後の倒幕の力を蓄えさせる結果にもつながっていく。

江戸組出発　美濃国大牧村目指す

2004.5.4

一七五四(宝暦四)年一月二十一日、江戸芝の薩摩藩屋敷、留守居山澤小左衛門、普請奉行川上彦九郎、用人諏訪甚兵衛、高級役人や使用人たちが旅支度にあわただしい。

役人は、ひざの下をしぼって歩きやすくした裁着袴《たっつけばかま》に羽織姿、履物はわらじか裏に滑り止めの動物の皮などを張った草履、筆ペンの原形の矢立(筆入れの先のくぼみに墨を含ませた綿が入っている)、たばこ入れ(江戸時代の前に日本にもたらされたたばこは、江戸初期に鹿児島や長崎で栽培が始まり、江戸中期には刻みをキセルで吸う習慣が一般化していた)、木や竹でできた弁当箱に水筒、越中ふんどしや六尺ふんどしの着替え、かぶりものの陣笠《じんがさ》や簑笠《みのがさ》、役人の腰には刀も二本ある。

長旅が待っている、出発は未明だったろう。治水工事のため目指す美濃国大牧村(岐阜県養老町大巻)は、徒歩で二週間先にある。一七五三年十二月二十六日に、老中西尾隠岐守から工事命令書を直接渡された山澤は、江戸薩摩屋敷の門を出た後、西を見上げながらつぶやきに願いをのせる。「ご家老、お先に参ります。お骨折り大変でしょうが、工事費用の工面方、なにとぞよろしくお願いいたします」

治水工事総奉行で薩摩藩家老の平田靱負は、山澤が祈りながら明けきれない空に目をやった二十一日は、まだ鹿児島にいる。十万両単位の工事費用は、手軽に借金できる金額ではない。最後は平田自身が乗り出すにしても、大坂と京都の藩屋敷を総動員して、貸主に根回しをしておかなければならない。下ごしらえには、いろいろ手間がかかる。

平田の出発を待ちながら、薩摩大隅鹿児島表高七十二万八千石誕生後の島津と徳川の関係も、早足でたどってみよう。山澤たち数百人の工事関係者が歩き出した江戸芝薩摩屋敷からすぐ近くに、もう一つ、薩摩関係者の六千八百九十坪（二万二七三七平方メートル）の大きな屋敷がある。

住み主は竹姫、島津二十二代継豊の夫人で、徳川五代将軍綱吉の養女になる。一七二九（享保十四）年十二月十一日の婚礼当日で、継豊二十九歳に対し竹姫は三十七歳、姉さん女房は、八代将軍吉宗からもらった結婚式と居住用の土地つきで嫁入りしてきた。

竹姫　血で島津と徳川結ぶ

2004.5.9

大名の結婚となると、長屋住民のオミッチャンやハッツアンのホレタハレタではすまない。幕府の許可がいるのに加えて、薩摩大隅鹿児島表高七十二万八千石は、加賀金沢（初代藩主名字前田）百二万二千石に次ぐ全国二位の大藩になる。徳川幕府の目の光らせ方も、より厳しさを増す。

竹姫の嫁入りまでの徳川と島津は、ほほえみと握手を交わしながら腹を探る関係が続く。豊臣残党の最後の抵抗・大坂夏の陣（一六一五（元和一）年）で、家康は豊前《ぶぜん》（福岡東部）細川氏に「島津から目を離すな」と監視命令を出す。

「領土には手をつけないから安心しろ」と直筆の手紙で約束しても胸の奥では晴れていない家康の島津謀反への疑念を払おうとしたのだろう。十八代家久は、豊臣方からの応援依頼を「おたくへの義理は果たしている」と断り、家康の支援要請にこたえようとする。気持ちはあるのに、動員が間に合わず、島津出兵の前に大坂城は落ちてしまう。

「やっぱり島津は豊臣同情派か」とのひそひそを打ち消すため、島津は江戸城の修繕を進んで手伝うわ、江戸薩摩屋敷の一軒で徳川幹部にごちそうするわ、潔白証明に追われる。経費は、羽が生えて飛んでいく。一七五三（宝暦三）年の治水命令当時の借金六十六万両（今なら六百六十億円くらいの感覚）は、藩の誕生時から宿命づけられていた赤字構造の産物に見えてくる。

タヌキとキツネの化かし合いの歴史にあきて疲れて安心の重しを乗せようと考えたか、八代将軍吉宗は、一七二九（享保十四）年六月、江戸城に島津二十二代継豊《つぐとよ》を呼び出す。「あなた、目下は独身でしたわね」「ハッ、昨年、先立たれまして」「いい人がいるんですけど、公家の出で家柄申し分なし」。吉宗が持ち出した後添え話に登場する竹姫が、徳川と島津を初めて血で結ぶファム・ファタール（フランス語、出会う運命だった決定的な女性）になり、宝暦治水の工事命令を左右したかもしれないくらい影響力をもつ存在に化していく。

婚　礼　お礼に消えていく金

2004.5.11

島津二十二代継豊《つぐとよ》と竹姫の結婚は、台命《たいめい》（将軍の命令）だった。大樹《たいじゅ》（将軍の別称）吉宗（八代）は、一七二九（享保十四）年六月四日、継豊を江戸城に呼びだす。外様大藩大名の普段の詰め場所、ふすまに狩野探幽が松と鶴を描いた四百畳の大広間か、もっとこぶりの部屋でだったか、清閑寺大納言熙定《ひろさだ》の娘で五代将軍綱吉の養女・竹姫との結婚と年末までには挙式の二つが、継豊に言いわたされる。

二度の結婚話が二度とも相手が亡くなってこわれた人とはいえ、公家のお嬢さんで将軍の養女、悪い縁談ではないにしても、薩摩大隅鹿児島表高七十二万八千石の幹部はため息をもらしたかもしれない。「また金が出ていくなあ」

将軍の養女を奥方に迎えるとなると、幕府へのお礼にも心をくだき、婚礼に際しても相応の用意を整えなければならない。六月二十一日、継豊は吉宗に、刀、絹織物（縮緬《ちりめん》二十巻）、現金（白銀《はくぎん》＝贈答に使う九センチのだ円形の銀で一枚八万円くらいの感覚、五十枚）を献上する。吉宗だけではすまない。九代将軍家重の住まいにも顔を出し、刀、絹織物（縮緬二十巻）、現金（白銀三十枚）を差しだす。吉宗の方は「いやあ、めでたい」と杯を勧め、刀をくれる。

七月二十四日には、婚礼と竹姫住居用に、江戸芝の薩摩藩屋敷近くに六千八百九十坪（約二万三〇〇〇平方メートル）の土地が吉宗から与えられる。屋敷は建てさせられたらしいから、十二月十一日の挙式に間に合わせるため、突貫建設で割り増し代金も取られたろう。

式当日、芝、高輪《たかなわ》の藩屋敷の女性が身分の上下を問わず動員された。午前四時、五時起きで働くのが普通だった時代に、わざわざ「お女中たちはお姫さまのお屋敷に早朝から詰めて」と書いた記録が残っている。江戸城を出発した花嫁は、松平左近将監乗邑、酒井讃岐守忠音、二人の執政（老中）をはじめとするお供を引き連れ、こし入れする。

十二月十五日、吉宗と家重の使いが結婚祝いを「数品」持ってくる。お返しに継豊は吉宗に、刀、縮緬三十巻、白糸（生糸）百斤（六〇キロ）、白銀百枚、家重にも刀、縮緬、白糸、白銀五十枚を贈る。数品がなんだったにしろ、完全持ち出しの結婚式だった。

2004.5.13

茂姫と篤姫　将軍に嫁いだ島津娘

結婚した島津二十二代継豊《つぐとよ》と竹姫の間には、女の子ができる。大名には正妻と側室がいるのが普通だからこんがらかってしまうけれども、二十三代は、竹姫との結婚前に側室ともうけていた宗信が継ぐ。宗信を竹姫はかわいがる。実子の菊姫と一緒に江戸城の八代将軍吉宗に見せに行きおもちゃをもらったりする。竹姫は五代綱吉の養女から結婚前に吉宗の養女にもなっている。娘が孫を連れて里帰り、実家の父は大喜びの図だろう。

継豊と竹姫を結んだ吉宗は、形では孫の宗信の縁談も整える。最初は相手の姫が病死、二度目は宗信の方が病気になり二十二歳で亡くなってしまい婚礼まで行かない。二十四代を継いだのは宗信の弟の重年、宝暦治水時（一七五三年幕府工事命令、五四年着手、五五年終了）の藩主で、難工事の心労からか、工事終了直後二十七歳で死去する。

二十五代は重年の息子の重豪《しげひで》、十一歳で島津家当主に就いた重豪も竹姫は手塩にかけ、一七七二年に亡くなる（六十八歳＝結婚時年齢は三十七歳としましたが参考資料に誤りがあり二十五歳に訂正します）際は徳川と血を絶やすなと言い残し、重豪は娘の茂姫《しげひめ》を一橋家（尾張・紀伊・水戸の三家に次ぐ徳川の家柄、田安・清水と合わせ三卿《さんきょう》）へ嫁がせる。婿は後の十一代将軍家斉《いえなり》、島津家の娘が将軍正室になる。当時、将軍夫人は皇族か摂関家（摂政と関白に任命される家柄の近衛・九条・二条・一条・鷹司《たかつかさ》の五家）関係に限られ、茂姫は近衛家養女になったうえで嫁に行く。

十三代家定も、夫人に今和泉家島津忠剛《ただたけ》の娘で島津二十八代斉彬《なりあきら》の養女・篤姫《あつひめ》を迎える。篤姫は後の天璋院《てんしょういん》、将軍跡目争いで一橋慶喜《よしのぶ》派として動いたおもしろそうな話の宝庫の女性だけれど、時計の針は一八五〇年代まで進んでいる、治水工事総奉行の出発まで巻き戻しにかかろう。

百年さかのぼった宝暦年間、竹姫は健在だし徳川ともけんかの種は抱えていないのに、木曽三川の治水命令が来る。薩摩を快く思わない老中の工作説などの推測に、歴史のふとんで眠る真相はこたえない。「なにが原因にしろ、命令を受けた以上は、やり遂げなければならない」、総奉行平田靭負は、わらじのひもをかたく結びだしている。

薩摩本隊出発　総奉行はまず大坂へ

2004.5.16

一七五四（宝暦四）年一月二十九日早朝、鶴丸城下、旅姿の役人や使用人たちが列をつくって歩いている。先頭には、木曽三川治水工事担当の総奉行平田靱負が立ったろう、数百人になる行列を見かけた人たちは、ささやきあう。「なにごと」「美濃国の川のお手伝い普請らしい」「そりゃおごと」「道中と工事のご無事を祈らせてもらおう」

陸路は豊前（福岡県東部と大分県北部の一部）の小倉から海路に変わり、一月三十日に出発した副奉行伊集院十蔵たちの一行も合流する。江戸薩摩屋敷の用人岩下佐次右衛門が幕府側の工事総責任者・一色周防守と老中堀田相模守《さがみのかみ》に二月十日付で出した文書がある。「お手伝い工事の国元の総奉行たちが大坂に到着しました。すぐにも工事場所へ派遣すべきでしょうか」。十四日付で答えが返ってくる。「総奉行以下、ただちに大坂より現場に赴かせなさい」

江戸薩摩屋敷の先発隊は五日に美濃国大牧村へ到着し本隊を待っている、幕府も早く行けとせかすけれど、総奉行は借金算段に目鼻をつけないと旅立てない。薩摩屋敷に泊まりながら、大坂留守居久保七兵衛、鹿児島から先着していた中馬源兵衛と一緒に、貸主に頭を下げる毎日が続く。

大坂借金の日々は閏《うるう》二月に入っても終わらない。一七五四年の日本は、オリンピックがある今年と同じ閏年だった。現在、世界のほとんどが採用している太陽暦（グレゴリオ暦）では、地球が太陽を一周する三百六十五・二四二二日の端数分を、四年に一回、二月を二十九日にして調整、江戸時代の日本は太陰太陽暦、ときどき一年を十三カ月にして、つじつまを合わせた。

二月が二回あって時間がかせげた点では、平田には好都合だったのかもしれない。およそ一月の間、頭を下げまくって、数万両を借りられた。十万両単位、三十万両の見込みも出ている工事費用には及ばないにしても、当座はしのげる金ができた。疲れた体を休めるひまはない。大坂近辺からだと、徒歩でも三日あれば十分な美濃が待っている。

美濃間近　幕府に担当役人報告

2004.5.18

西では、木曽三川治水工事総奉行の平田靱負が大坂や京都の薩摩屋敷の役人たちと、金を引きだそうと貸主の接待に忙しい。東は東で、江戸薩摩屋敷の家老島津主鈴が、国元から問い合わせが来た美濃での朝飯、夕飯、現場に出た場合の昼飯、三食の費用をどうするか、書類をひっくりかえして、先例を調べている。

目を回している薩摩大隅鹿児島表高七十二万八千石の役人たちには申しわけないけれど、せっかく近くまで来ているんだから、一七五四（宝暦四）年二月の京都をぶらぶらしよう。木造かわらぶき二階建ての町屋《まちや》（一般住宅）街に入る。出格子付きの表構え、間口二間（二・八メートル）ほどの入り口からのぞくと、今の京都でもよく見かけるつくりで、奥まで庭兼用の土間が通り、両側に部屋が二つ、三つ、真ん中の部屋に階段がある。

御所では二月の行事・立華《りっか》（華道の一種）の最中で、座敷から庭まで水盤や花瓶仕立ての生け花が並ぶ。幕府が京都に構えた二条城は、もえようと待つ木々に囲まれている。すれ違った女性たち、肩や腰に模様の力点を置いた着物、ほとんど模様なしの細い帯、京白粉《おしろい》と京紅で厚化粧が多いけれども、背中で結んだ幅広の帯、裾《すそ》から前身ごろにも模様を散らした着物に江戸娘風薄化粧の顔も見かける。

ファッションは京都が震源地だったのに、宝暦年代は、文化でも力をつけてきた江戸風が、京都への劣等感を克服してはばをきかしだすころで、流行に敏感な若い娘の江戸かぶれに、京風白厚塗りの奥さんが「なんなんどすえぇ」と、お歯黒の口でつぶやく。

今は帯といえばお太鼓結びだけれども、一八〇〇年代にならないと登場しない結び方で、宝暦時にはない。ちょうちょ結びとかいろいろあるもんだと見とれていたら、島津二十四代当主重年《しげとし》が、老中の堀田相模守へ手紙を書きだした。二月十八日付の書簡は、治水工事役人の報告になる。

「ご用あい務めます役人は以下の通りです」と、平田に始まり、副奉行伊集院十蔵、用人堀堀右衛門、同諏訪甚兵衛、近習役伊地知新太夫、留守居佐久間源太夫、山澤小左衛門、普請奉行川上彦九郎、元〆《もとじめ》役、目付、場所奉行ら幹部十四人の名が並ぶ。せわしくなってきた、大坂に戻ろう。

鍬入れ式　雪解け前の着手急ぐ

2004.5.20

宝暦治水は総奉行平田靭負の到着を待たず、一七五四（宝暦四）年二月二十七日、工事が始まる。濃尾平野の川に注ぐ養老山系の雪解け水が増えたら工事はできない。厳寒時期でも着工は急がなければならない。幕府が平田ら薩摩幹部の美濃入りをせかした手紙には増水前に工事に入りたい思いが濃くにじんでいる。

一月二十五日に江戸をたった薩摩屋敷の先発隊は二月五日、美濃大牧村に到着、江戸の第二陣は二月二日に出発、一月二十九、三十日に相次いで旅立った薩摩本隊と合わせて、平田をのぞくほとんどは美濃に着いていたのだろう。

鍬《くわ》入れ式は、中島郡三ツ柳村、桑名郡五明村、多芸郡根古地新田、桑名郡金廻村（地名はいずれも当時）の四地区であった。二百五十年前の美濃の二月二十七日は晴れ、冷たい土に工事の安全と成功を祈る鍬が入る。午前六時にそれぞれの宿を出て式典をすませ昼すぎには宿に帰った。

天候に恵まれた工事開始の一報が、薩摩や江戸へ走る。江戸芝の薩摩屋敷には、島津二十四代当主重年の夫人（お村の方）がいた。病気で伏せていた二十歳の夫人は閏二月二日死去、着工の報は、間に合わなかったかもしれない。

薩摩江戸屋敷は、老中堀田相模守に文書で伺いを出す。「藩主夫人、養生かなわず亡くなりました。服喪の関係もございますし、治水現場の要員は引きあげさせなくてもよろしいかどうか、お指図お願いいたします」。工事を急ぐ幕府は、現場要員を減らしたくなかったのだろう、伺いへの返事は「変更しなくて苦しくない」（閏二月十三日）。

夫人の葬儀がおろそかになったわけではない。家老島津主殿、側用人菱刈孫兵衛、同財部孫之丞、留守居赤松甚右衛門ら江戸屋敷の居残り役人たち総動員で、ねんごろに葬っている。遺髪は六月二十六日早朝に担当役人が大事に抱えて江戸を出発、東海道、伊勢路をたどり、大坂からは船で薩摩まで運ばれ、鹿児島城下の福昌寺におさめられた。

堀田相模守の胸のうちをのぞいてみる。「亡くなったのが藩主だったら、美濃の治水現場の薩摩役人を、喪に服させないわけにはいかない。夫人には悪いけれども、めい福を祈って、許してもらおう」

2004.5.23

中山義秀　歴史作家の義士物語

一九五四（昭和二十九）年の早春、岐阜の快晴の空を、南日本新聞社の飛行機が飛んでいた。太平洋戦争でアメリカ軍と戦った海軍出の記者、同じく少年飛行兵あがりの操縦士、カメラマン、歴史作家、計四人が乗っている。小型機は、御岳《おんたけ》など三〇〇〇メートル級の山が連なる日本アルプスから木曽川に沿って南下し、濃尾平野、伊勢湾と、川の誕生から海への転身までを追いかけた。

歴史作家、中山義秀《ぎしゅう》は同じ年、四月二十七日付の南日本新聞に書き始める。「春風に乗って、青空に浮んだ。高度九百米。南日号である。まったく小鳩のように可愛らしい、掌にのりそうな、小さい飛行機だ」。記事は「薩摩義士物語」の連載、六月十六日付の五十回で、「完」となる。

連載開始二日前の二十五日付で南日本新聞社は、社告を載せた。見出しは「二百年祭に協賛、薩摩義士物語、中山義秀氏に執筆を委嘱」の三本で、「歴史小説の鬼才中山氏が、本社機上あるいは船中から木曽川の全容をつかみ、さらに関係地域をつぶさに踏査のうえ、木曽川にちなむ史実、地理、風俗を描き出す（中略）関係地方の現地調査から筆をすすめて小説に入るという新しいスタイルは、必ずや読者のご期待にそうものと信じます」とうたっている。

中山は一九〇〇（明治三十三）年、福島県大信《たいしん》村生、六九（昭和四十四）年没、早稲田大学卒、三八年「厚物咲《あつものざき》」で第七回芥川賞、第二次大戦後は歴史を通し人の生を問い続けた。五十回の半分ほどを岐阜の歴史や風土紹介にあてた「薩摩義士物語」は「木曽川物語」として全集に収録されている（第五巻、新潮社）。

中山の執筆から九年後の六三年、杉本苑子が「孤愁の岸」（講談社文庫上下が手に入れやすい）で第四十八回直木賞、義士は芥川賞作家に書かれ、直木賞作家の門出も飾った。中山の作品には、岐阜で芸者と遊んで覚えた「郡上八幡《ぐじょうはちまん》出るときにゃ雨も降らぬに袖絞る」とお座敷歌も紹介されている。二つに目を通すと、物語で義士を覚えられる。

二百年祭「全責任を負う決断」

2004.5.25

歴史作家の中山義秀が南日本新聞に「薩摩義士物語」の連載を始めた一九五四（昭和二十九）年四月、日本は揺れていた。造船業界と政界の癒着に年初から切り込んだ検察が、収賄容疑で自由党の佐藤栄作幹事長（後の首相）の逮捕を決定、国会に逮捕許諾請求を出そうとするけれども、二十一日犬養健法相が指揮権を発動して待ったをかける。

六月からは、政治的中立を盛り込んだ教育二法、防衛庁設置法、日米相互防衛援助協定等に伴う秘密保護法など重要法律が次々公布、国会は乱闘の府になる。三月にはビキニ環礁でアメリカが水爆実験、第五福竜丸が被ばくした。

五月は、ベトナムでディエンビエンフーが陥落、宗主国（植民地の支配者）フランスのインドシナ戦争敗北が決定的となる。日本も世界も震える日々が続く五月の二十三日、鹿児島市では宝暦治水二百年記念の薩摩琵琶大会が開かれ、二十五日、平田公園での二百年祭は、小雨の慰霊祭となった。総奉行平田靱負の名前をとり平田橋と名付けた長さ五二メートル、幅八・三メートルの橋を、西田橋と新上橋の中間に架ける工事も始まっている。

二百年祭開催の中心人物だった勝目清鹿児島市長の談話が残っている。「家老はじめそれぞれの職務の者が業務を遠い場所で執行するに際しては、現代のごとく上司の決裁を経て執行することは全く不可能であるのでほとんど独断専行である。結果については全責任を負うはずである。いわんや当時の武士は説明を付加して責任を逃れるごときは思いも寄らぬことなのである」。市長として、役所仕事のダラダラぶりに活を入れたかった発言なのかもしれない。

宝暦治水二百五十年の今年、核開発を目指す国があり、イラク、パレスチナは実質戦争状態、日本は年金で揺れる。文明の機器は発展しても、人は戦争をやめず、安心できる生活も遠い。変わらないもんだと、つぶやいてばかりもいられない。五月二十五日、海津町を四月二十五日に出発した自転車リレー隊が、午前九時半（予定）平田公園に入ってくる。長旅をねぎらった後は、二百五十年記念の慰霊祭になる。宝暦治水犠牲者のめい福を祈りながら、世界の平和と安定も、一緒に願おう。

二百五十年祭　慰霊ときずな再確認

2004.5.27

五月二十五日午前十時すこし前、木漏れ日が踊る鹿児島市の平田公園、昨年の雨の慰霊祭でも見かけた天文館のバーのママが、喪服姿に奉納の焼酎瓶二本と献花用の花束で両手をいっぱいにして、宝暦治水二百五十年祭の会場に入ってきた。「ゆうべは、十一人も来てくれたのよ、岐阜の人たち」「頭が下がります」「ねえ、昔の話なのにねえ」。義士の慰霊祭がきっかけで来店したおなじみさんたちは、今年も律儀に足を運んでいる。

工事総奉行の平田靭負をまつった治水神社がある海津町の参加者のうち五十三人は、平田公園での慰霊祭をすますと、姉妹都市の国分に向かった。海津と国分の縁は新米がとりもった。さかのぼると昭和三十年代になる。鹿児島市と国分市の議長が世間話をした。「海津からは毎年鹿児島市に新米が送ってくるんですよ」「ほう、どうして」「宝暦治水の縁でね」「宝暦治水ってのは」「いや、だから、薩摩義士ですよ」。国分の議長はいい話を聞いたと地元のあちこちで披露したらしい。

世間は荒れて心を忘れかけていると考えていた人たちが「二百年以上も前の恩を返し続けている町がある」と音頭を取って、海津に行ったり国分に呼んだりが始まり、一九七〇（昭和四十五）年十一月五日には姉妹盟約を結ぶ。今まで国分市の把握分だけでも八百人が海津を訪れている。

「義士のNHK大河ドラマ化を」の垂れ幕と職員の拍手が、海津の人たちを迎えた。庁舎三階の大会議室で、福永洊《いたる》収入役が「二百五十年祭でお疲れのところを国分までお運びいただき」とねぎらう。「国分市政は今年五十周年、宝暦治水二百五十年となにかの縁かと記念講演を開いていただいたら、三百人の会場に立ち見が出る盛況、今こそ心が重要な時代、義士の功績も立派だけれども、語り継いでいる海津はすばらしい、義士の慰霊と功績の継承、海津との友好は未来永劫《えいごう》に続ける」

海津町の平野義明町長が受ける。「海津一万五千、国分五万四千、おたがい合併が待ちかまえ当方はいろいろ困難を抱えているけれども、義士の慰霊と子供から大人まで世代を問わない国分とのきずなは、絶えないし切れない、新市も確実に受け継いでいく」

継承　使命感など三つ誓う

2004.5.30

鹿児島県薩摩義士顕彰会の島津修久《のぶひさ》会長が、静かだけれども重い迫力もにじませた声で、宝暦治水二百五十年祭の会場、鹿児島市の平田公園に言葉を刻みこんでいく。「成し遂げようとの気持ちが裏打ちされている不撓不屈《ふとうふくつ》の使命感、人は一代で名は末代、岐阜との友好交流の深化、三つの継承を義士の霊前にかたく誓わせていただく」。夏をしのばせた五月の光で平田靱負の銅像がまぶしい二十五日、あいさつを聞きながら考えた。

発端と終幕を別にすれば、江戸期はおよそ二百五十年もの間、人々を戦争に駆りたてていない。合わせても江戸の半分の明治、大正、昭和は、それぞれの名目と理由で、戦争を人々に強いた。平成はどうだろう。イラクでの戦いは、一方が国家の正規軍ではないからというだけで、戦争ではないとの理屈になるのか。

作家小松左京の短編「お糸」を思いだした。江戸の風俗や自然はいじらずにエネルギーだけを未来型にする。年ごろオイトチャンと世慣れたゲンオジがねぎま鍋（ネギとマグロのなべもの）をつついている横を、空飛ぶ万石船が出入りする。駕籠《かご》も空中を滑り家にはエレキが入っている。背景の時代は一八三六（天保七）年、本当なら大飢饉《ききん》に襲われているのに、食料は豊富で世間は穏やかでイキで、オイトチャンは初恋で顔に紅葉を散らしっぱなし、なぜだろうは作品（文春文庫「虚空《そら》の足音」所収）を読んでいただくとして、江戸時代には、飢えなどなくていいものを除く前提を置けば、残っていたら、日本はもっと豊かで住みやすかったろうと思わせる魅力が、いくつも挙げられる。

今年も蒲生町のささやかな用水溝にホタルが飛んでくれたらしい。車の行き来が絶えない道路脇なのに、毎年、光は生まれてくれる。なくした数々を指折る前に、あるうちになくさない日常を重ねて続けていきたい、続いてもらいたい、願いあらたに区切りの祭りはすんだ、二百五十年前に戻ろう、工事総奉行平田靱負の美濃国現場到着が近い。

2004.6.1

美　濃　幕府と尾張実質統治

二百五十年前、岐阜は北部が飛驒、南部が美濃になる。

飛驒に大名はいない。金などの鉱物、杉をはじめとする山林に恵まれた土地を大名に任せておく手はないと狙っていた幕府は、一六九二（元禄五）年、三万石の大名金森氏を出羽（秋田、山形）に追い出して（転封《てんぽう》、領地の移し替え）、直轄地の天領にする。

京都から大工を呼んで日本に五つとない見事なお城と評判を呼んだ高山城を十六年かけて築き、侍町、町人町、寺町としゃれた街を整備したあげく引っ越しさせられた金森氏は、気の毒だけれども、観光客の絶えない現在を見て「基礎をつくったのは、わが一族」と満足してもらおう。

美濃の方は大名がいっぱいいた。加納（藩名）三万二千石（表高）、高須三万石、大垣十万石、郡上四万八千石、岩村三万石、苗木一万石、高富一万石、大垣新田一万石、苗木をのぞくと、いずれも譜代（家康以前から徳川家に仕えた）大名になる。加えて隣の御三家の一つ、尾張徳川が十二万七千石を持ち、さらに天領も各地に存在していた。

勢力地図を色分けすれば一色ですむ薩摩大隅鹿児島表高七十二万八千石と違い、美濃は複雑なまだら模様になる。入り組んだ色の背景には、美濃が日本全体にしめる地理的な要因が濃くにじんでいる。

今の地図でもいい、広げて徳川家康になってながめる、西には島津など油断できない連中、東にとっての最終防衛線をひくとどこか、指は自然に美濃を指す。島津十七代義弘が敵中突破で逃げた関ケ原の戦い（一六〇〇年）が、今の岐阜県関ケ原町で繰り広げられたのもなるほどと納得がいく。徳川幕府は旗本（将軍直属の家臣）を多く送り込み美濃をしっかりおさえこむ。

現在の岐阜県海津町は、宝暦治水当時、高須藩だった。高須藩の前は濃州三湊《みなと》（揖斐川下流の重要な三つの港）の一つとして尾張藩が統治していた。一七〇〇（元禄十三）年に尾張藩主の二男を初代として藩が発足する。最初から親子だから、尾張と高須のつながりは緊密で、高須三万石の出身者が尾張名古屋六十一万九千石の藩主に就任した例もある。外様（家康以降の家臣）薩摩としてはできたら遠慮したい土地だったろう。

山と川　家康が尾張に任せる

2004.6.3

西に対する東の防衛線の地政学（ゲオポリティック、政治現象と地理的条件の関連を探る学問）的要因に加えて、飛驒と美濃には、良材をうむ山と材木を運びだす川があった。江戸にしろ大坂にしろ城は木でつくった。豊臣秀吉と徳川家康は、長野をふくめた木曽山系を、関西や関東方面へ送りだす木材供出地として直轄地にし、役人を任命して伐採、管理に万全を期した。木をおさえておけば、城をつくりたい大名は、山林の持ち主に頭を下げざるをえない。

江戸幕府初期の一六〇〇年代初頭には、揖斐、長良、木曽を下った材木などの物品は、大坂や京都方面を例にすると、関ケ原、米原（近江、滋賀県）、琵琶湖を運ばれる川の道ができていた。江戸方面には伊勢湾から海の道をたどる。

徳川家康は御三家の一つ尾張名古屋徳川六十一万九千石（薩摩大隅鹿児島表高七十二万八千石に次ぐ全国三位の表高）を幕府も同然と考えていたのだろう、大坂冬の陣（一六一四年）で豊臣滅亡への段取りをつけると、木曽山系を尾張の管理下に移す。豊臣せん滅は一六一五年の大坂夏の陣とすぐ近くに見えている、そろそろ長期的視点に立ち日本の経営を展望してみるか、木曽は尾張に任せてもいい、身内も身内だから、が胸中だったかもしれない。家康以降（一六一六年死去）も幕府は山と川を尾張に託し続ける。

筏《いかだ》に組んだ材木が通れるくらいの川は、大きな洪水も引き起こす。西から見て、揖斐、長良、木曽の順に川床は高くなる。雨は西からやってくる。揖斐、長良、木曽と増水して、木曽があふれれば、長良、揖斐と、水ははけ口を求めていく。新田開発で遊水池が少なくなる、周囲を堤防で囲む輪中地区が多くなり、輪中内の排水ができない氾濫《はんらん》も頻発《ひんぱつ》する。大きな三つの川の堤防が壊れる洪水と、洪水から守ろうとしてつくった輪中内の氾濫、二つの水害が、美濃では日常になる。

地形的な理由が第一にしろ「尾張さまの方には水はいかず、苦労は美濃ばかり」、おそらく美濃の住民はささやきあったろう。美濃を通る木曽川の通行権をにぎっていた尾張に治水の義務はなかった。幕府は身内に苦労はさせない。血は水よりも、やはり濃い。

2004.6.6

三川分流　農民から続々嘆願書

美濃を流れる川は尾張名古屋徳川六十一万九千石が支配し、治水は、幕府直轄地に置かれる役所の郡代（美濃＝岐阜県笠松町、飛驒＝高山市、関東＝東京都日本橋、西国《さいごく》＝日田市）が受け持った。美濃郡代は所在地名から笠松郡代とも呼ばれ、堤方役《つつみかた》（堤防工事などを担当する役人）がいた。水奉行もいる。岐阜県上石津町を本拠とした旗本（将軍直属の一万石未満の家臣、将軍に直接会えるので御目見《おめみえ》以上ともいう）の高木家で、勘定奉行直属の郡代堤方と協力しながら三川治水にあたった。

揖斐、長良、木曽の三つの川は合流点が多いから、水害を防ぐためには分流工事が必要になる、最初に計画を立てたのは、一七三〇年代中ごろに笠松郡代を務めた井澤弥惣兵衛になる。紀伊和歌山徳川五十五万五千石出身、淀川、大井川の治水で実績を残していた井澤は、郡代在任中に三川分流計画案を幕府に出す。

農民からも分流の嘆願書が出始める。一七四一（寛保一）年に七郡（安八、海西、多芸、石津、不破、中島、羽栗）三百村、一七四三（寛保三）年には多芸郡の天領横屋村はじめ七十七村の代表が、江戸まで出向き、勘定奉行に嘆願書を提出している。一七四六（延享三）年になると、高須輪中内の四十村の庄屋が、連名で川の分離工事を願い出る。

一七四七（延享四）年、幕府は、陸奥（福島）二本松十万石に初めての三川治水お手伝い普請を命じる。検分に役人が何人かは来たかもしれないけれど、二本松藩が負担したのは、工事費用だけだった。宝暦治水の後のお手伝い普請にしても、工事をしたのは、一七六六（明和三）年の長門萩三十六万九千石、若狭小浜十万三千石、周防岩国三万六千石の三藩だけで、一七六七年以降は工事の代金を出すのみになり、実際の工事は、笠松郡代の堤方が、現場周辺の村に動員をかけて実施した。

外様大名にはせよ、どうも苦労をかけすぎる、幕府は考え、金だけ出せ、になったらしい。宝暦治水は他藩の悩みを軽減する工事でもあった。

明和治水　同じ規模で犠牲なし

2004.6.8

一七五五（宝暦五）年の宝暦治水終了から十年後の一七六五（明和二）年、高須輪中（今の岐阜県海津町など）内の村から再び水害復旧の嘆願書が出てくる。農民などが労力を提供する国役《くにやく》普請では追いつかず、幕府は一七六六（明和三）年二月、長州萩、若狭小浜、周防岩国の三藩にお手伝い普請の命令を出す。

工事は命令が出た年の三月二十八日に着工、六月八日には完了する。宝暦治水の工事現場が二百七十カ所、明和治水は三百カ所、ほぼ同程度の工事なのに、宝暦は一年以上、明和はわずか三カ月足らずで終わっている。動員数は宝暦千人以上、明和は萩八百人、小浜百四十人、岩国百六十人の計千百人と変わらない。

明和治水の工事が短期ですんだ理由には、幕府にせっつかれて昼夜兼行で進めたほかに、宝暦では許されなかった土木業者への請負作業が多かった事情などが挙げられる。

工事代金は薩摩大隅鹿児島と同様に苦労しながらひねりだしている。長州が最大に見積もって二十四万両、小浜が二万両、岩国が四万両、長州は取り崩せる貯金を持っていたけれども、岩国は藩の年間予算と同じ規模の支出となり、薩摩の借財で紹介したあの手この手の借金やら献金やらでかき集めている。返済は、江戸末期まで残ったらしい。

やりくりに頭を痛めたにしても三藩は死者を出していない。宝暦と明和の治水は犠牲の一点で暗と明に分かれる。

明和治水で、幕府は三藩の苦労を抑える政策を打ちだした。専門業者への工事肩代わりを許し、資材の値上がりを禁じた。文書でこそ確かめられないけれども幕府は「宝暦治水では薩摩にかなりの苦労をかけた。反省しなければならない」と考えたのだろう。

幕府の方針を変えるくらいの犠牲を払わなければならない宝暦治水の総奉行平田靭負は、一七五四年閏二月九日、美濃国大牧村（今の岐阜県養老町）に到着したと伝えられている。閏二月十日には、行き合わせた幕府方役人と副奉行伊集院十蔵と一緒にあいさつを交わした文書が残っているから、閏二月九日は正確な到着日と考えていいだろう。幹部も顔がそろった。二月二十七日に鍬《くわ》が入った宝暦治水工事は本格化の段階に入る。

2004.6.10

役館址　絶えない生花と線香

二〇〇三年十月二十六日、岐阜県養老町にいた。鹿児島市からバス、飛行機、名古屋空港からバス、名古屋駅でＪＲに乗り大垣市、借りた車はナビゲーションがなくて、地図と首っ引きでたどり着く。

神社などところどころのこんもりした小高い緑をのぞけば、早い冬の気配をまとった刈り取り後の田んぼが広がっている。一枚の田んぼのあぜに、道を聞けそうな人を、やっと、一人、見つけた。「鹿児島からですか、それは、それは、ご苦労さまで。もう、すぐですよ、平田さんが住んでたとこは。いやあ、ほんと、昔の人は偉いもんで、たいした仕事をおやりになって」

松葉清作さん（七十六歳）は行き先を教えてくれた後、そういえば、と続けた。「もう十数年前ですがね、揖斐川の堤防の工事でちょっと働いたんですが、二メートル四方くらいの石積みが川の底にあって、薩摩さんの仕事だと聞かされました」

宝暦治水総奉行の平田靭負は、養老町大巻（宝暦当時は大牧）の豪農（裕福な農家）鬼頭兵内の屋敷を事務所兼住居とした。道を何度か折れると、あった。「史蹟　薩摩義士役館址《あと》」の標柱をはさみ、向かって右に平田靭負の銅像、左の石碑には「平田靭負翁終《しゅうえん》焉地」と書かれ「伯《はくしゃく》爵東郷平八郎書」と刻まれている。

像と石碑は一九二八（昭和三）年五月二十五日（平田命日）にできた。松葉さんの生まれた翌年になる、偶然にはせよ、いい人に道を聞いたもんだ、考えながら、像の後ろの大きな構えの門をくぐる。

「畑に出てたもんで」とタオルで腕をふきながら、小出千春さん（六十八歳）が応対してくれた。「鬼頭家とは直接の関係はなくて、私で三代目になる家で、百二十年くらい前に初代が買ったようです。ですから平田さんの資料やなんかはないんですけど、ほら、このクスの木ね、だいぶ刈り込んでますが、どうも、平田さんの住居跡ならと、先祖が鹿児島から持ってきたんじゃないかと、思うんですよ。証拠は、残ってないんですけどね」

像や碑には、周囲の人が花や線香を絶やさない。建立した人たちも、薩摩義士の講演と浪花節の出し物を重ねて寄付金を集めたらしい。自然に手が合う、つい、声になる。「ありがとうございます」

一期工事　現場は三国に広がる

2004.6.13

一七五四（宝暦四）年二月二十七日に着工した宝暦治水工事は、一期と二期に分かれる。同じ年の五月二十二日までのおよそ四カ月（閏年で二月が二回ある）にわたる一期工事は、定式御普請（毎年春先の定期的な工事）と急破御普請（洪水で破れた堤防などの修繕工事）の二つになる。

総奉行平田靱負は、美濃国安八郡大牧（今の岐阜県養老町大巻）の本小屋（総監督事務所）で指揮をとり、中島郡石田村、桑名郡西対海地新田、桑名郡金廻村、石津郡太田新田、安八郡大薮村の五カ所に出小屋（出張事務所）を設置した。二期も合わせると、工事現場は、美濃百四十一村、尾張（愛知）十七村、伊勢（三重）三十五村におよんだ。

地図に向かう。伊勢湾河口から岐阜を中心に愛知、三重にかけて、長さ四〇キロ、幅は最大二〇キロで地図を囲うと、宝暦治水の工事規模になる。

広大な現場は、四つに分けられた。一の手（第一現場）桑原輪中から神明津輪中、二の手は尾張国梶島村から伊勢田代輪中、墨俣輪中から本阿弥輪中が三の手、四の手は金廻輪中から海落口浜地蔵廻、幕府は四現場に、それぞれ監督役を置く。（1）目付石野三次郎、水行奉行高木新兵衛、（2）目付大久保荒之助、美濃郡代青木次郎九郎、（3）目付浅野左膳、水行奉行高木内膳、（4）目付新見又四郎、水行奉行高木玄蕃。

水行奉行高木三家（西高木、東高木、北高木）の一家の役人三人は、二月二十二日付で連名の誓いを書いている。「命じられた仕事は誠心誠意つとめます。江戸から派遣された上司の命令には心から従います。仕事の内容についてはすべて報告します。都合が悪い点も隠し立てはしません。農民から金、米、衣類、酒やつまみを借りたりは、いたしません。役人だからといって威張りません。農民たちには無理を言いませんし、私どもの部下にいたるまで不作法はいたしません。以上、一つでも違反したら、必ずや神罰が下るでありましょう」

相当の覚悟がいる難工事になると考えていたのだろう。

2004.6.15

補強工事　人員増加の催促命令

宝暦治水一期工事は、ほとんどが堤防の「重置《かさおき》」「腹付《はらつけ》」になる。重置は、堤防の土盛りを高く上げる。腹付は、堤防の側面の厚みを増やす。どちらも堤防を補強する工事で新築工事ではないけれども、薩摩の苦労は、早くも始まる。

一七五四（宝暦四）年閏二月十日、一つの現場では、作業員が六十四人出た。幕府役人は薩摩役人に「余り少人数ゆへ（中略）御手伝い方へ人足（作業員）催促申渡し候《そうろう》」、少ないから増員しろと命令する。借金で工事の薩摩は、出費は避けたい、作業員はあまりやといたくない。工事を急がせたい幕府は多人数で早くすませたい。命令された薩摩役人の渋い顔が見えてくる。

命令を出した幕府役人は、翌日の閏二月十一日に、現場の一つの堤防で「御手伝方惣《そう》（総）奉行平田靫負・添《そえ》（副）奉行伊集院十蔵」と会う。どちらもたまたま通りかかり「平田総奉行たちの方から会釈してきたものだから、こちらも駕籠からおりて一通りあいさつした」。あいさつした後は、別の現場で「作業員七十人は少ない、お手伝い方へ催促しろ」と、命令を出す。

美濃国大牧村（今の岐阜県養老町大巻）の総監督事務所に帰った平田には報告がいったろう。「昼間会った役人ですよ、人数を出せとやいのやいの言うのは」。「まあ、向こうも仕事だから」と答えながらも平田の顔にはしわが刻まれていったかもしれない。

宝暦治水に派遣された薩摩の役人たちは、自らモッコをかついだり川に入ったりしたわけではない。土を運んだり鍬を振るったりは、現地で作業員として採用した農民たちが当たった。緊急に作業を手伝う場合もあったろうにせよ、役人の業務は監督になる。

美濃の農民は強い。宝暦治水から百年後の一八五〇年代には、年貢強化などさまざまな増税策を打ち出した役人を、悪政の権化と罷免要求を幕府に出し首にしている。終幕が近い幕府の衰勢を割り引くにしても、おとなしくはない。飛騨の農民も一七七一年から一七八九年にかけて、死刑の犠牲者を出しながら年貢増加反対運動を展開、幕府を「公儀を恐れざる」と嘆かせている。命令だからといってハイハイと従う農民たちではなかったと言っていいだろう。

伊勢暴動　沈黙しない農民たち

2004.6.17

美濃や飛騨の農民だけではない。伊勢（三重県）の農民たちも理不尽には黙っていない。反骨ぶりが端的に現れたのが、「伊勢暴動」になる。

明治政府は外国列強と早く肩を並べようと、江戸期の制度を一掃していく。徴兵令、地租改正などに代表される改革を急いで進める。時代を急激に回そうとすると、きしむ音が出る。侍は、西南戦争（一八七七年）で抵抗した。伊勢暴動は、農民が地租改正に反対した民衆版西南戦争と言ってもいい反改革の嵐だった。

年貢制度に代わる地租改正は徴税の近代化を目指した制度だったけれども、農民の負担が重いのをはじめ不備な点をはらんでいた。一八七六（明治九）年十二月十八日、今の三重県松阪市を中心とする村々が税率引き下げなどを求める連判状を地区役人に提出する。嘆願書が政府にあがる前に、小競り合いが一気に暴動にまで発展していく。三重だけでなく岐阜、愛知も巻き込んだ暴動は、十二月二十三日に軍隊の力で沈静化する。

絞首刑一人を含め五万人を超える農民たちに処罰を科す一方で、大久保利通ら明治政府は、3

％の税を二・五％に引き下げざるを得なかった。

伊勢暴動からほぼ百年さかのぼる飛騨の年貢強化反対運動（一七七一－八九年）には、「大原（治めていた役人の姓）騒動」と名前がついている。一八五〇年代の美濃の役人罷免運動は名前こそついていないけれども、沈黙しない農民の声として、伊勢暴動や大原騒動に負けないほど歴史のなかで鳴り響いている。

薩摩大隅鹿児島表高七十二万八千石は、大規模な農民一揆を経験していない。村で一番偉い庄屋に侍が配置（他藩では農民出身者が普通）された門割《かどわり》制度と呼ばれる共同体形式は、農民に沈黙を強いた側面を持つ。侍どうしの抗争には慣れていた大久保利通も伊勢暴動の農民の声にはあわてたろう。「竹槍《たけやり》でどんと突き出す二分五厘」と戯《ざ》れ歌に詠まれた譲歩を示している。

美濃国大牧村（岐阜県養老町大巻）の総監督事務所で、宝暦治水総奉行の平田靱負の胸には「農民に対しては怒鳴らないのをはじめ細心の配慮がいる」との思いがうず巻いていた、と想像しても、見当違いにはは当たらないだろう。

2004.6.20

土に生きる　農民思想で役人罷免

美濃（岐阜県南部）の農民たちは、一八五二（嘉永五）年五月、悪政の例を三十二項目挙げて、役人の罷免を要求した。治水工事の手抜きも指摘、出費を抑えるために工事現場を少なくして作業員も十分雇わなかったから、堤防は破れるわ、田んぼに砂が入るわ、迷惑千万と怒っている。

役人は「自分の居場所がいやなら、ほかの国に行けば」と豪語、農民たちは反論する。「あんたち殿様《とのさま》は転勤族で土地を変わるだろうけれども、農業者と土は昔から今の場所に居続けておりますが」と、思想、哲学に裏打ちされた論理を展開、傲慢《ごうまん》だったらしい役人も首を縮めるしかなかったのだろう、農民たちの要求通りに首を切られている。

薩摩大隅鹿児島表高七十二万八千石くらいの大藩は別として、表高数万石の小さな藩は、幕府や自藩の都合で領地が変わるのは珍しくないし、派遣役人（代官など）の殿様はしょっちゅう顔ぶれが変わる。「殿様方には御かわり被成候共《なされそうらえども》、御百姓の儀かわり不申候《もうさずそうろう》」とした農民の主張には、土とともに生きる人たちの誇りがあふれている。

ほぼ百年戻り一七五四（宝暦四）年の宝暦治水一期工事の一現場をのぞいてみよう。

薩摩の役人が、作業に当たる農民に聞く。「現行の人数でやりくりしてほしいのだが」。農民がこたえる。「お侍さん、そりゃ、無理です、もうちょいと人手をかけないと、生半可な工事で田んぼに水が入って苦労するのは、結局、在所のわたしたちなんだから、幕府のお役人を通じて、増員をお願いさせてもらいましょ」

似た問答が別の現場でも繰り返し交わされたのだろう。「なにかといっちゃ、もっと人を雇えばかり、幕府の役人は」ともらした薩摩の役人のグチが、記録に残っている。

二十九日まである一七五四年閏二月は、雨で工事を中止した日が少なくない。それぞれの現場事務所で体を休めながら、薩摩の役人たちは「やれやれ、今日は頑固な農民たちとつきあわないですむ」と苦笑していたかもしれない。

注意書き　事務所の壁に五項目

2004.6.22

幕府側には「農民に対して傲慢《ごうまん》な態度をとらない」などの誓いを交わして工事に当たった役人たちがいた。薩摩側には藩主の島津二十四代重年が、一七五四（宝暦四）年二月付で「覚《おぼえ》」を出していた。治水工事の際に守るべき注意書きになる。「（1）幕府からの命令にはなんでも従い、すべてに精を出し、立派に完成させるよう心がけましょう」にはじまる五項目を呼びかけた。「（2）幕府役人には丁寧に応対しよう（3）工事現場や事務所で雑談など人から後ろ指指される行為をしない、火の用心に努め、出火の際はみんなで消火しよう（4）喧嘩《けんか》や口論は絶対しない、辛抱が第一、場所をわきまえないで争えば大事になるのを忘れない（5）奉行の命令には反対しない、自分たちだけの集団はつくらない」

工事現場は四〇キロ以上の長さになる。簡単に集まれる距離ではない。美濃国大牧（岐阜県養老町）の総監督事務所と五カ所の出張事務所の壁には墨で書いた五項目の覚が張られ、薩摩の役人たちは、腹が立つと壁を見て、数々の不満を黙ってのみこんだろう。

覚の草案とみていい幕府側の文書が残っている。一七五四年一月付で内容はほぼ同じだけれども、いかにも幕府らしい言い回しも目につく。「なにごとによらず、言い分があろうとも、工事が完成するまでは、胸にしまっておく」

あまりに押しつけがましいと薩摩が抵抗したか、覚に「不依何事《なにごとによらず》」の一項は盛り込まれていない。草案の最初には「御手伝方元小屋ニ可張置《はりおくべき》條目案」とある。「総奉行が指揮をとる総監督事務所に張り出す注意の文案」通りだったら、破りたい衝動に負けた薩摩役人がいたかもしれない。

薩摩が幕府役人には丁重な応対を心がける一方、幕府側は、お手伝い方とは一線を越えないつきあいに徹しようと覚を出した。「贈り物はもちろん、ごちそうも受けてはならない。工事用のもっとも軽い道具といえども、借りるのは厳に禁じる」。現場を見回っていてにわか雨に降られたとしても、雨具はもちろんどんなちょっとしたのでも薩摩から借用してはならない、とまでこまごま注意している。

賄賂《わいろ》防止には役立ったろうけれど、薩摩と幕府の役人のギクシャクも、見えてくる。

2004.6.24

統一基準　雨天時の判断しめす

「わたしどもの担当場所から事務所までは、およそ四〇キロほどございますので、ご報告に一日あがるとしても、行き帰りを合わせると、三日はかかる計算になります」と文書が残っているくらい、工事現場は広い。五項目の注意書きと同じく、雨の場合に作業をするかしないかについても、統一基準がもうけられた。

一七五四（宝暦四）年閏二月付で幕府の覚《おぼえ》が出ている。「（1）前の晩から午前八時ごろまで降っていれば休み、朝になって小雨もようなら午前十時ごろまで様子を見て晴れそうならする、（2）晩は晴れて朝曇りならする、雨具がいらないくらいの雨なら定刻にとりかかる、（3）工事にかかって雨になった場合、一、二時間くらい様子を見てやまない場合は中止、（4）判断がつかない場合は、担当の役人に問い合わせる」

定刻が何時だったのかは、はっきりしないけれども、幕府役人の日記からすると、午前八時から午後四、五時ごろまで働いたとみていい。工事の主導権を握っていた幕府役人も、昼食と休憩（多葉粉休《たばこやすみ》）までは統制できなかったのだろう。「なにしろ広い工事現場だから、休み時間の統一はできかねます。お手伝いの役人と評議のうえ、時間はお任せすると申し渡しました」

たばこを吸う休み時間までは管理できなくても、幕府の役人も細かさでは譲らない。

一息ついた薩摩の役人が日よけのついた休憩所で、たばこをふかす。村人が「ご苦労さまです」と茶を持ってくる。「いやあ、どうも、どうも」とこたえたところで気づく。「そうか、ただじゃなかったな、お茶を飲むのも」。茶は接待ではなかった。村に負担をかけさせてはならないとの幕府の意向で、薩摩は茶代を払わなければならない。現場で飲む茶については、茶沸かし場所まで幕府が指定した。

茶代は「相応」だからたいした金額にはならなかったにしても、借金に借金を重ねて工事に臨んでいる現状は共有していたろうから、三杯飲みたくても二杯でおさえたか、監督役に声をからして「飲ませていただきます」と薩摩の方角の西に向かって頭を下げたか、見回りの幕府役人に茶を出す場合など「うちが金を払っている茶ですから」と一言言いたい心境だったろう。

勤務時間　朝八時から午後四時

2004.6.27

工事に携わったのは、幕府と薩摩の役人、農民たちだけではない。大工、木挽《こび》き職人など職能集団も参加していた。「職人はじめ作業員は、午前八時までには担当現場に出勤、午後四時には作業を終えること」と書いた定《さだめ》が幕府側の事務所には張ってあった。

江戸初期の一日は、十二支（子《ね》、丑《うし》、寅《とら》、卯《う》、辰《たつ》、巳《み》、午《うま》、未《ひつじ》、申《さる》、酉《とり》、戌《いぬ》、亥《い》）で刻んだ。二十四時間を十二で割り、一時《いっとき》は二時間、半時が一時間になる。宝暦治水当時（一七五四年着工）の中期は、子の刻（午後十一時から午前一時、午前零時から午前二時までとする見方もある）の真ん中の午前零時を夜九つとし、午の刻・昼九つ（十二時）までを十二等分、九つ半、夜八つ、八つ半と刻んでいく。

昼九つの前の午前十一時は四つ半、昼九つの後の午後一時は九つ半、昼八つと進み午後十一時は四つ半になる。明け六つは午前六時、暮れ六つが午後六時でわかりやすいけれども、幽霊が出る丑三つ時となるとややこしくなる。丑は午前一時から午前三時までの二時間、三つは二時間を四つに分けたうちの三つ目で午前二時から二時半にあたる。

幕府側工事事務所の張り紙の原文は「職人・人足等、場所々え辰刻為揃《たつのこくよりそろい》、普請取懸り、申刻為《さるのこくより》相仕廻《かえり》候様可致事《いたすべくこと》」、幕府の役人の日記には「一朝五ツ頃罷《まかり》出場所江相越、七ツ過頃引取候」とひんぱんに出てくる。十二支と二十四等分式が混在している。役人は定められた勤務時間を順守していると記録に残したかったろうから、定で挙げられている職人や一般作業員だけでなく、役人や農民たちも、午前八時から午後四時が勤務時間だったと考えていいだろう。

江戸の庶民は、午前六時には店を開けた。職人の出勤時間が朝七時、宝暦治水総責任者の幕府勘定奉行一色周防守は朝五時には江戸城敷地内の事務所に出勤、八時から九時には別の執務室にいて「宝暦治水に必要な米、みそ、塩などはあまり値段を高くふっかけないよう村々に申し渡す」などの書類をさばいていた。

2004.6.29

一汁一菜　ごちそう出せば調書

六カ所に設置された工事事務所は、広かった。大牧村（岐阜県養老町）の総監督事務所は四千九百坪（敷地）の屋敷に合わせ、隣接の畑千二十坪も借り上げて小屋をつくった。石田村五百六坪、西対海地新田八百三十三坪、大藪村千五百十五坪、太田新田九百十八坪、金廻村千九十坪、最も狭い事務所でも一五〇〇平方メートルを超えている。薩摩が治水工事に派遣した役人や作業員は千人を超えたとみられており、事務所だけでなく農民の家屋も借りて寝泊まりした。

幕府は、家屋を貸すにあたっての注意を農民たちに申し渡している。「どんなにオンボロな家でも構わない。人に貸すからといって、手を入れてはならない。庭も同じで、みすぼらしいからと体裁を整える必要はない」。遠来の客人への礼を失した申し渡しともとれるけれども、農民の負担を避けたかったのだろう。

薩摩が金を出し農民が提供する食事についても、幕府は再三「一汁一菜」と念を押している。「ありあわせの品で整え、一汁一菜のほかはいっさい出してはならない。もし心得違いのごちそうを出した場合は、なにを考えているのか、調書をとらせてもらう」

調書までとると脅されれば、農民たちがごちそうを出しにくかったのは確かだろう。ただし、川の工事をしていれば、コイ、フナ、ウナギ、ナマズがあがらないはずはないと考えると、違った景色も見えてくる。幕府役人の日記には「きょうは農民からみごとなコイが届いた」と出てくる。別の日には、「フナとウドのみそ仕立ての吸い物、煮物、焼き物、シジミ、コイ」を食べて、酒も楽しんでいる。

宝暦治水着工から五十二年前の一七〇二（元禄十五）年に吉良上野介を討った赤穂浪士たちを預かった藩の一つは「朝夕二汁五菜、昼茶菓子、夜食一汁三菜」を出した。切腹必至だから、せめてもの厚遇だったのだろう。二汁五菜とまではいかないにしても、「薩摩のお侍さん、いいコイがとれましたんで、みそ煮にでもしましょう」「いや、しかし、幕府のお達しが」「黙ってりゃわかりゃしませんってば。第一、食わなきゃ持ちませんよ」「かたじけない」の会話が交わされたと想像してみるのも可能かもしれない。

2004.7.1

不具合　工事やり直しの命令

着工から二カ月後の一七五四（宝暦四）年三月二十七日、幕府役人が、工事現場の一つでまゆをひそめた。堤防の護岸には、石を詰めた籠《かご》を積む。「積み方がまことによろしくない。ふとどきなできである」と、やり直しを命じる。翌二十八日には役人の部下が再び現場に行く。「ご上司がおっしゃる通り、ひどい状況なので、石も抜き出させて、はじめからやり直させました」

籠の数が多く作業ははかどらない。「とりわけ出来の悪い籠を選んでやり直させましたが、昼すぎまでかかりました」と上司に報告している。

不具合は積み方だけではない。籠をつくったり石を詰めたりする専門家も不足していた。「水の中での作業ですが、川での労働に慣れた大井川（静岡県）あたりの作業員を連れてこないと、らちがあきません。籠つくり、石詰めにしても同様です。専門の作業員がもっといないと工事はうまく進まないと、薩摩の役人が話しております」（三月二十七日付、幕府役人の書類）

原因は工事方法にあった。幕府は専門業者への下請を許さず、薩摩が農民を雇う形での工事を命じた。業者任せでは手抜きをするかもしれない、農民なら自分の田畑が水をかぶってしまうずさんな工事はしないだろうとの考えがあったとされる。職能集団も参加はしていたけれども絶対数が足りなかったのだろう。

三月十日、「できがよろしくない」と、土を盛り芝を張れの命令が出ている。三月十一日、「堤防がじょうぶそうに見えない」からと、手直しが命じられる。雨の日が多く水かさがまして、堤防の数カ所に穴が開く。薩摩に命じられた当初の工事には含まれていない現場だったけれども、修繕を命じられる。「私どもがいただいた設計図には入っていない場所ですが」とでも言われたか、幕府の役人は、命令に理由付けをしている。

「水の勢いが強くてそのままにはしておけない場所である。いずれはくいを打ったり石を敷いたりの工事が、お手伝い方に命じられるはずと考えられる」。予定にはないけれども予定に追加して薩摩が担当すべき工事だからやりなさい、になる。巧妙な論理に薩摩の役人は引き下がり新たな作業員の確保に走り回る。

2004.7.4

夏休み　薩摩は全員現場残留

一七五四（宝暦四）年四月二十日、大牧村（岐阜県養老町）の総監督事務所に、総奉行平田靱負以下薩摩側役人と幕府役人が顔を合わせた。「お疲れさまです」「だいたいは工事も終了したとお見受けしますが」「手直しのお命じも多いものですから」「いやいや、万全を期しませんと」

話し合ったのは、工事日程だった。二月二十七日に着工した補強工事は、閏二月、三月、四月の三カ月をかけて、四現場ともほぼ終わっている。「夏ともなりますと農作業が忙しくなって、作業員の確保が難しくなります」「工事に使う石を集めるのもなかなか進まないと考えられます」

冬は冬で問題があった。冷たい水中での作業は能率が落ちる。「休みを取らずに、工事を継続した方がよろしいかとも思いますが」「しかし、先ほど申し上げた事情を考慮すれば、夏場の工事も差しさわりがいろいろございまして」「いかがいたしましょう」

結論は出ない。結局、工事総責任者の幕府勘定奉行一色周防守にゲタを預ける。幕府の決定は「夏休み」で、幕府役人は五月に入ると続々と江戸に帰りだす。薩摩の役人も帰郷したかったろうけれども、借金は重くふるさとは遠い。帰りたいけれども帰れない。

薩摩の江戸芝屋敷用人の岩下佐次右衛門は、五月十九日付で国元へ手紙を出している。「八月おわりか九月はじめには水が引いて、工事が再開されます。わずかの日数しか残っていませんし、平田総奉行をはじめ薩摩の役人たちは、現場に残って二期工事を待ちたいとの方針を、幕府も了解いたしました」。帰したくても帰せなかったのだろう。

二百五十年後に、岩下の手紙を読んでいると、書かれていない歴史が肉付けできる。藩の財政は費用がかかる帰郷を許したくても許せない。現場も帰郷願いは出せなかったろう。薩摩、幕府ともに文書には一言も残していないけれども、四月中旬には、宝暦治水の最初の犠牲者が出ていた。

二犠牲者「腰の物でけが」死去

2004.8.8

一七五四（宝暦四）年四月十四日、美濃国大牧村（岐阜県養老町）の工事総監督事務所で、大きな会議があった。四工事現場の幕府と薩摩の役人が集まり、進み具合や夏期休業などを話し合う。十五日は雨で現場の水が増え工事は中止になる、十六日も水は引かない。連休にも一息つけず、十四日に起きた事件の処理に追われる役人たちがいた。

荷車だったか、駕籠だったか、木の桶《おけ》が二つ、川や陸路をたどり、養老町から約四〇キロ離れた今の三重県桑名市の寺へ運びこまれる。付き添いの役人が四月十六日付で一札《いっさつ》を入れた。寺は海蔵寺《かいぞうじ》、一五七〇年代の創建で曹洞宗《そうとうしゅう》、本山は永平寺（福井）、総持寺《そうじじ》（横浜）になる。寺の過去帳箱に入った文書は眠りにつく。

一八九三（明治二十六）年、当時の住職の峙本慈船《たつもとじせん》が文書整理中、一札に目をとめる。百三十九年前の一札は、寺への遺体埋葬を依頼する文書だった。「松平薩摩守家来の永吉惣兵衛は、腰の物でのけがが原因となりまして、死去いたしました。本人は代々禅宗の家柄ですので、禅宗のそちらさまのお寺で葬っていただきたく、お願い申し上げるところです。今後なにがございましても、惣兵衛の件につきまして、そちらさまに、ご迷惑はおかけいたしません」

「松平薩摩守内　二宮四郎右衛門」と署名された一札の「腰の物」は刀、「腰の物でのけが」は、切腹とされている。切腹と書かずに回りくどい表現にしたわけは、一族や藩への影響を配慮したためと見られている。どうして切腹したのかははっきりしない。工事をめぐって幕府役人と対立した、作業に雇った農民とうまくいかなかった、推測でしか迫れない二百五十年前の理由は今も眠り続けている。

宝暦治水の犠牲者は、地元側も合わせて九十三人の名前が、今年の四月、岐阜県海津町の治水神社にできた碑に刻みこまれた。永吉と同じ日に切腹、海蔵寺に葬られた音方貞淵、二人に続く犠牲を、工事はのみこもうとしている。

2004.8.10

横一文字　地元役人も腹を切る

四月十四日の薩摩役人二人に続き、二十一日には美濃国の水行奉行高木新兵衛の部下が腹を切る。横一文字に長さ約三〇センチ、深さ一三センチにわたって切腹、のどにも二カ所の切り傷があったけれども即死はまぬがれ、手当てを受けながら事情聴取に応じている。

名前は内藤十左衛門、第二工事現場を担当していた。駆けつけた部下に「死ねそうにない、殺してくれ」と頼み、切腹の理由については「事情がある」とだけこたえ、後は口をつぐむ。一人の医者は「手のほどこしようがない」と首を振り、次に診察した二人の医者は「お命の保証はできかねますが、治療はいたしましょう」と、大きな傷を縫い合わせ、膏薬《こうやく》を塗っている。

部下の問いに黙り込んだ内藤は、幕府高級役人の聴取には口を開く。「堤防補強に関しまして、土盛りが不十分な場所の補修を庄屋に申しつけましたが、なにしろ横着な性格の人物でして、いっこうにらちがあきません。どうするか悩んでいるうちに、工事完成を迎えまして、幕府お役人から『土が薄い。念を入れた作業を』と命じられました。ごもっともなご指摘で、私の手抜かりで主人の高木にまで問い合わせがいくかもしれないと考えると、切腹するほかはないと覚悟した次第です」

四つの工事現場とも、幕府役人、地元役人、手伝いの薩摩役人と三重の監督態勢がとられていた。幕府役人の指示が、叱責《しっせき》に近かったのか穏やかだったのかはわからないけれども、どちらにしろ内藤の江戸時代の責任感にとっては大きな恥だったのだろう。首を切り落とす介錯《かいしゃく》も頼まずに腹を切った内藤は、二十二日夜、望み通りに命を落とす。

事情聴取から検死までたどれる内藤に比べ、薩摩役人の場合は「腰の物にてけが」の表現で切腹と推し量るしかない。監督態勢を考えると、身内だけの処理で済んだはずはないと考えられる。おそらく幕府の聴取もあっただろう。「主人の総奉行平田靭負に迷惑をかけるわけにはいかない」、内藤と同じ発言、自分の命までかけてしまう時代特有の責任感を想像したくなる。

内藤は見舞いの農民には「米代など書き付けてあるから、残した金の中から受け取ってくれ」と言い残している。

切腹犠牲者　赤穂浪士を上回る数

2004.8.12

痛みは激しそうなうえにすぐには絶命できそうもない切腹が、自決の方法として武家社会で確立されたのは、どうしてだろう。切腹は心をあらわに開く行為とする見方がある。心を決めるの言い換えは、腹を決めるや腹を固めるになる。腹がすわっているは、物事に動じない人物の大きさを示す。相手の考えを知りたければ、腹を探る。日本の腹には精神が宿るとされ、腹をさけば、思いを見せられる。

江戸期の集団切腹は、赤穂浪士に代表される。江戸城は松の廊下でのいざこざで腹を切った主君の敵討ちを、一七〇二年十二月の吉良屋敷討ち入りで果たした旧浅野家の家臣たちは、一七〇三（元禄十六）年二月四日、預けられていたそれぞれの大名の屋敷で、ほぼ同じ時間に切腹した。江戸は高輪の細川越中守宅で十七人、愛宕下の松平隠岐守《おきのかみ》宅で十人、麻布長坂の毛利甲斐守《かいのかみ》宅で十人、芝の水野監物忠之宅で九人、以上四十六人（四十七士のうち一人は討ち入り後行方不明）は、腹を切ると同時に、後ろにひかえた介錯人が首を切り落とす。腹には刃物ではなく形式として扇子を当てるだけの「扇子腹《せんすばら》」もあり、赤穂浪士も複数の例があったとされる。

宝暦治水の薩摩義士や地元役人の切腹は、赤穂浪士と違い刑罰としてではなく、無念をのみこんで人知れず腹を切るから介錯もない。未明に切腹と記録に残っている内藤十左衛門と同じく、ほとんどは寝静まった時間帯の行為だったろう。一七五四（宝暦四）年から一七五五年（宝暦五）年にかけての治水工事の犠牲者は海津町などの調べで、割腹、病死など九十三人（個人伝承分五人含む）、うち薩摩関係の割腹は、役人や使用人を合わせ五十人以上になり、数では、赤穂浪士を上回る。

内藤は旗本（将軍直属の家臣）の部下だから明らかにしてもよかったのか、切腹の文字が隠されていない。なぜ薩摩関係の場合、切腹が記録に残らず言い伝えになったのか、家の取りつぶしをおそれたためをはじめさまざまに推測されているけれど、内藤の例を見ると一族や上司が切腹を理由にとがめられ処分された形跡はない。薩摩犠牲者の墓は理由も心も抱いたまま線香の煙に包まれ眠っている。

2004.8.15

藩主視察　参勤交代の途中寄る

宝暦治水に動員された薩摩側の役人や作業員たちは、千人を超えたとみられている。割腹や病死が原因の工事犠牲者は、少数の地元関係を含めて九十人を超える。動員数に占める犠牲者の割合は、一割に近くなる。発見から遺体の埋葬までいくらひそかに処理しようとしても、幕府役人、地元の役人、農民たちなど周囲に隠し通せる数ではない。

工事総監督の平田靭負には報告が上げられ、国元にも連絡は行っていたとしよう。永吉惣兵衛と音方貞淵、最初の犠牲者二人が腹を切ったとされるのは一七五四（宝暦四）年四月十四日、二週間もあれば情報は薩摩まで届く。家老たちは緊急に対策を話し合い、当時の藩主・島津二十四代重年にも現場の状況は知らされていたとみてもいい。

同じ年の五月十一日に重年一行は参勤交代のため鹿児島を出発する。旅には江戸を目指す本来の目的に加え、もう一つ意味が持たされていた。参勤交代の時期や経路は、事前に幕府の許可をとらなければならない。重年は一七五四年閏二月二十三日付で、現場視察の許可願いを出している。「今度の参勤の折に岐阜、三重、愛知にまたがる治水現場の近くを通ります、立ち寄りたいと考えますのでよろしくお願い申し上げます」

視察自体は予定の行動だったとしても、犠牲が出だしたのを知っていたとするなら、現場激励の色合いは一層増してくる。五月二十四日、福岡から船に乗った重年たちは六月十九日に兵庫に上陸、二十四日大坂、川をのぼり二十八日に伏見へ着く。七月二日に伏見から陸路をとり、四日に現場近くの大垣に到着する。

大垣城は四層の天守閣を持ち一九四五（昭和二十）年七月に戦災で焼失するまでは国宝だった。一六〇〇年には島津十七代義弘も関ケ原の戦いに参加するため城に立ち寄っている。優しい曲線の城を目にしながら、百五十年前に敵中突破で生きながらえた先祖への回想、治水犠牲者への鎮魂、重年の胸には、いくつもの思いが重なっていたろう。

洪水続出　復旧工事にも追われ

2004.8.17

宝暦治水当時の島津二十四代当主・重年は、水との相性がよくない。参勤交代の機会を利用して一七五四（宝暦四）年七月はじめに治水現場の視察を済ませ江戸に向かうけれども、静岡で大井川が連日の雨で増水、一週間近く足止めを食らう。「やっかいな工事を引き受けさせられて犠牲者まで出したり、越すに越されぬ大井川に出あったり、水にたたられる人生だな」とつぶやいていたかもしれない。

視察で聞かされた話にしても、頭が痛くなる題材ばかりだったろう。重年に随行していた家老の新納内蔵と伊勢兵部は、七月十七日付で、国元を守る家老の義岡相馬と鎌田典膳にあて、視察状況などを知らせる手紙を書いている。読んでいると、「もうちょっと心が晴れる話題は、ないものかのう」と、憂いに沈む重年の暗い顔が浮かんでくる。

手紙には犠牲者についてはなにも書かれていない。七月五日に工事現場の一つを視察した重年は、幕府役人のあいさつを受け、平田靱負、伊集院十蔵、堀堀右衛門、伊地知新太夫、山澤小左衛門など現場の最高幹部たちから、大垣の宿や視察先で説明を聞く。手紙の原文は「御普請場之様子、得と申し上げられ候」、幹部たちはくわしく念入りに工事状況を説明したとしか触れていないけれど、わざわざ「得と」の字を入れたあたりに、現場の細かい点まで報告された薩摩の苦悩がにじむ。

手紙は「工事は九月から再開し年内完成を見込む」とした後、宝暦治水最大の難工事となる油島の締め切り堤防新設に触れる。「油島新田から松之木村までの間のおよそ千九十間（二キロ）を石で埋め立て堤防をつくり、一筋の川を二筋にする工事です。埋め立てには、石坪換算で二万坪以上の石が必要になるため、石集めは始めております。かなり難しい工事になると予想されています。石坪とは、六尺（一・八メートル）四方の箱に石を詰めて、石坪一坪になります」

難工事がひかえているのに加え、一期工事が五月二十二日に終了した後の六月に洪水で堤防破損が続出、重年視察後の七月十一日にも揖斐・木曽が洪水、復旧工事が薩摩に命じられた二十二日は重年が江戸に到着した日でもあり、水難殿様と同情したくなる。

2004.8.19

集団感染　夏に入り数十人死亡

一七五四（宝暦四）年六月十、十一日、揖斐川や支流の川で洪水が発生、第三、第四工事現場で決壊が相次ぐ。杭《くい》が抜け石を詰めた籠が流れ、堤防が壊れる。洪水の原因は突然の豪雨だったのだろう、幕府役人は「急雨」と書き残している。「先般の急雨で、お手伝い工事のあちこちが破損し、幕府、地元、薩摩の三者で復旧に取りかかります」

七月十一、十二日にも水が出る。揖斐、木曽沿いの堤防が崩れる。六月に破損した第四工事現場の同じ部分が、また水に破られる。原因は「風雨」と記録されている。台風だったかもしれない風と雨のなか、急いで駆けつけた薩摩をはじめとする役人たちの指揮で「漸く防留め申し候《ようやくふせぎとめもうしそうろう》」。

雨が多いうえに暑い年だったらしく、「お暑うございますのでお体に気をつけて」と書き出した手紙が目につく。八月二十六日、薩摩役人の佐久間源太夫が幕府役人に出した手紙を読むと、時候のあいさつとばかりも思えなくなってくる。「工事再開は、お日柄のいい九月十一日、十二日で、当方としても差し支えはございません。ではありますが、こちらは当分は病人を抱えている状況が続きます」

数人単位の病人ではない。「小奉行三十二人中七人、歩行士百六十四人中六十人、足軽二百三十人中九十人」。格の高い順に挙げた人数は、合わせて百五十七人になる。

病人が多いから、五人定員の場所へは三人、三人定員は二人で当面はしのぎたいとした後、手紙は死者に触れる。「この夏に入りましてから、小奉行・歩行士・足軽などのうち数十人が病死、国元から増援が来る予定ではございますが、遠い国で到着はしばらく遅れるかと存じます」。病死の理由はなにも書かれていない。集団生活、暑さや湿気からすると、赤痢感染ではなかったかと推測されている。

五月二十二日に第一期工事が終了した後も、六月、七月と水害応急工事に追われた。疲れた体に天候が追い打ちをかける。江戸時代に赤痢にかかれば、体力で乗り切るしかない。「酷暑」の表現もある各種の手紙には、八月二十日前後から「ようやくに秋冷」の文字が出だす。「やっと夏も衰えだしたか」、病床で一息つく声が、聞こえてくる。

2004.8.22

外請負　工事方式で交渉続く

一七五四年四月から八月の時期、割腹や病気で薩摩の役人や使用人は数十人単位の犠牲を出したうえ、百五十人以上が病気で寝込んでいる。士気引き締めと激励に忙しかっただろう工事総奉行の平田靱負は、第二期工事の実施方式をめぐり、幕府との交渉にも追われていた。

一期工事は、地元農民を作業員として雇い賃金を薩摩が払う「村請負」だった。幕府は二期工事も同じ方式を指示したのに対し、薩摩は、難工事場所を専門業者に下請させる「外請負」を主張、両者ともに譲らない。

「農民の方が土地に愛着があり仕事に手抜きがない。地元に金も落ちる」(幕府)。「専門業者の方が、仕事は確実で工期も短くなり、費用も抑えられる」(薩摩)。それぞれの思惑がぶつかった。

二月二十七日から五月二十二日までの一期工事は、四工事現場九十九カ所で主に堤防を補修した。作業に使った農民一人の日当は現場や仕事別に違い、希望額を幕府が減額した記録もある。平均で銀三匁とすると二百文、一七五〇年代の一両を十万円とたどり語りでは換算しているから、五千円になる。減額の記録を換算するとおよそ三千円の賃金をはじめとする一期工事の総額は、はっきりしない。

島津二十四代当主重年の現場視察に同行した二人の家老は「第一期工事費用（原文は春御普請御入用金）のうち、三万両あまり残った」と書き残している。平田、薩摩京都屋敷留守居の上原十郎左衛門、大坂屋敷留守居の久保七兵衛、中馬源兵衛が上方で調達した借金は、二期工事まで合わせ二十二万二百九十八両、二百二十億円を超えている。

治水全体の費用見込みは当初の十万両単位からふくらみにふくらみ三十万両に達していた。一期工事終了後、幕府から一万両の入金もあったけれど焼け石に水に近い。工費抑制は工事の命運を握る大事だった。幕府の指示に頭を下げているだけではすまない。薩摩は、外請負を譲歩するわけにはいかなかった。

2004.8.24

権柄　「幕府役人は横柄で」

二十四代島津当主・重年の治水現場視察に同行した家老の新納内蔵と伊勢兵部が、国元を守る家老の義岡相馬と鎌田典膳に一七五四（宝暦四）年七月十七日付で出した手紙には、第一期工事での薩摩と幕府のぎくしゃくが色濃くにじんでいる。幕府が目にしたらまゆをひそめるどころか怒りだしそうな内容で、言った方も、聞いて書いた方も腹にすえかねた気配がみえる。

質問に答えたのは、薩摩の現場役人の大野鉄兵衛。「これまでの工事についてなにか言いたいことはないか」と聞かれた大野は「いくらでもあります」と切りだす。「だいたい万事において、人と手間をやたらにかける手法が目につきます。しかも堤防などを堅固にするためならまだしもですが、もっぱら見栄えをよくするのが目的でして、金がかかってしかたありません」

「私の目からすれば、半分の費用ですむのにと思われる現場がいくつもあります。一言も二言も申し上げたい状況ばかりですけれども、幕府のお役人がこれまた権威をかさにきて横柄な態度と（原文は権柄《けんぺい》）きています。私どもがなにか申し上げましてもお取り上げにはなりませんので、なんとも申し上げようがない現状です。あえて意見を申し述べてみましても、かえってご不興をたまわるような次第でしてどうにもなりません」

重年の現場視察は参勤交代の機会を利用した。視察後は静岡県の大井川の増水で一週間近く足止めを食っている。手紙は川の水が引くのを待ちながら、宿で書かれたのだろう。時間はたっぷりあるし、幕府の目が触れる文書ではないから、遠慮なく大野の憤慨を書き残している。大野は最後に手持ちぶさた、やるせなさを、二人の家老に訴える。

「以上でございますので、私どもただ工事現場に出勤するだけでして、作業員にあれこれ指導する機会もございません」。手紙を受け取った国元は、八月八日付で返事を出す。「現場がどうなっているか、よくわかった」と書かれている。幕府とのあつれきに対する現場の不満も問題だったろうが、国元は国元で工事費用をどうするか、頭が痛かった。「そっちも大変だろうがこちらはこちらで」と額にしわを寄せていたのだろう。

総工事費用　平田書簡に「三十一万両」

2004.8.26

島津二十四代当主・重年の宝暦治水現場視察に同行した家老の新納内蔵と伊勢兵部の手紙は、治水工事の総費用についても触れている。「二期は約十万両と平田靭負殿から連絡してきたと大坂で聞いたので現場で本人に確かめたところ、予定されていた工事の中止や請負方式の変更などがあり、第一期工事分を入れても十二、三万両にまではいかないだろうとの見込みだそうです。国元からも現場の方にお問い合わせいただき、お考えのほどお願いいたします」

手紙の日付は一七五四（宝暦四）年七月十七日、第一期工事の費用のうち「三万両あまり」は残っているとも書かれ、一期工事には六、七万両を持っていった勘定になる。宝暦治水全般を振り返った史料の一つでは、平田が大坂で金策に回った二月中旬の時点で、薩摩の江戸芝屋敷からは治水費用を三十万両とする予測が届いていたとする。家老たちが挙げている数字は、江戸情報の半分にも届かない。

総括史料は一七五五年に終わった工事の実際の費用に予想を近づけたのか、本当に江戸屋敷は三十万両と見込んでいたのか、どちらともつかない。病気がちだったと伝えられる重年の現場視察の心労を配慮し、三十万両は胸のうちに秘め、平田は低めの見込みにとどめたのかもしれない。

薩摩大隅鹿児島表高七十二万八千石が宝暦治水に、どれくらいの金を払ったのか、総額を書いた記録は見あたらない。上方で調達した借金は二十二万二百九十八両、増税、献金など藩内からしぼりだした金を入れておよそ四十万両とする説が伝えられている。

いらなければ借金するはずはないとして、二十二万両以上かかったのは間違いない。平田は一七五四年十一月四日付で家老島津主殿あてに出した手紙のなかで「十八万四千二百両で済むと思っていたけれども、石は不足しているし川が浅くてしゅんせつもしなければならず、さらに十二万両、そのうえ一万両ほどはいる」と書いている。手紙の数字を合計すると三十一万四千二百両になる。史料に残る見込み額とほぼ同額になる点、一七五五年五月の工事完成に近い時期の手紙である点を合わせ、三十万両以上が工事費用と考えるのも可能だろう。

2004.8.29

二期工事　洗堰と締め切り堤防

宝暦治水は一期と二期に分かれる。一期は一七五四（宝暦四）年二月二十七日に始まる。一之手から四之手までの四現場で、修繕工事（定式御普請）と復旧工事（急破御普請）を実施、五月二十二日に終わる。農繁期と雪解け増水に配慮した中断の後、二期は九月二十四日に取りかかる。

二期は、川の流れを整えたりする水行《すいこう》御普請、水門の新設や修理（圦樋《いりひ》御普請）などで、現場は、当初五工区の予定が変更され、一期と同じ数の四つになった。難工事は、三之手の大榑《おおくれ》川洗堰《あらいぜき》（今の岐阜県輪之内町）と四之手の油島新田締め切り堤防（海津町）、二つになる。

洗堰工事は、長良川と揖斐《いび》川を結ぶ大榑川の長良川口近くに長さ九十八間（約一七六メートル）、幅二十三間（四一メートル）の堰をつくる。長良川の水かさが増すと水は流れこむけれど、水の勢いは堰の効果で緩やかになる。工事途中に洪水で堰は何度も壊れ、一七五五（宝暦五）年三月の完成後も、五月に洪水で決壊する。薩摩洗堰の上流にさらに長さ百八間（一九四メートル）の洗堰が一七五八年につくられ明治年代まで、洪水調節の役割を果たす。

一つの川を二つにする油島新田締め切りは、大榑川洗堰を上回る難しい工事だった。木曽川（明治の分流工事以後は長良川）は揖斐川より川床が高い。合流地点で水の勢いは激しくなる。木曽川と揖斐川を分流すれば水の被害を抑えられる。分流地点は北に油島新田、南に松之木村がある。油島と松之木村の間隔は千九十間（一九六二メートル）、油島新田から五百五十間（九九〇メートル）、松之木村から二百間（三六〇メートル）の堤防を築いて川を分断する。締め切りとしながら、三百四十間（六一二メートル）分を空ける工事になった。

理由は幾つかある。締め切ってしまうと洪水のときに危険ではないか、木曽川の水位が常に高いままではないか、対岸の尾張領の村から文句が出た。御三家の一つの身内から異議が持ち出されれば無視はできない。幕藩体制の力関係は、堤防の長さも決める。

三川分流　明治に入り本格工事

2004.8.31

一七五四（宝暦四）年当時の揖斐、長良、木曽の流れは現在とはだいぶ違う。今の岐阜県の地図を広げ、大垣市、墨俣町、笠松町を結ぶ横の線を引く。宝暦当時、三つの流れは、一市二町間に引いた横線を過ぎると、薩摩が洗堰を造った大榑川が長良と揖斐をつなぐのをはじめ、幾つもの支流で複雑にからみあう。

海津町近辺で、木曽は東西の二つに分かれ東の流れは佐屋川になり、西の木曽は長良と合流する。油島では木曽と揖斐が一部合流、木曽は佐屋川とも再び合流する。肝臓の血管図を連想すればいい。四通八達の血管が川で、血管に囲まれた大小の細胞の塊が堤防をめぐらせた輪中になる。今、南から順に揖斐、長良、木曽は、ほぼ三つの大きな流れで下る。揖斐と長良は海の近くで合流、木曽と二つの流れが伊勢湾に注いでいく。

宝暦治水時に芽生えた分流工事の意識は、明治に明確な形になる。政府はオランダから治水専門家のヨハネス・デ・レーケを呼び寄せる。ヨハネス・デ・レーケの設計を基本に、揖斐、長良、木曽を完全に分離する工事が一八八七（明治二十）年に始まる。大榑川は締め切る、油島も締め切り堤防にする、木曽と長良は分ける。三川分流工事は一九〇〇（明治三十三）年四月二十二日に成功式があり、内閣総理大臣山県有朋、内務大臣西郷従道も出席している。

海津町油島にある治水神社から車で十五分も走ると、長良川河口堰に着く。北には国道1号の伊勢大橋、南には国道23号の揖斐長良大橋が見える。河口堰を過ぎてしばらくした地点で揖斐と長良が合流しているのがわかる。海水遡上、洪水防止などが目的の河口堰は、一九八八（昭和六十三）年着工、一九九五（平成七）年に管理を始めている。

環境問題を指摘する声が今も絶えない河口堰には、魚道もついている。存在の是非は別にして治水の現代の象徴にはなるかなと考えながら、魚の行き来が見られる暗くした部屋で、ガラス越しに魚が見えないか目を大きくする。コイの一種だろう、かなり大きな魚がにごった水の中から顔を出す。三川分流の本家本元といっていい宝暦の治水から数えて何代目だ、おまえさんは、と呼びかけたくなった。

2004.9.2

粘り腰　外請負の願いに許可

宝暦治水の幕府と地元の高級役人は、八人になる。頂点の老中堀田相模守、工事総監督役の勘定奉行一色周防守は江戸にいる。現場には、美濃郡代青木次郎九郎、幕府代官吉田久左衛門の二代官、高木新兵衛、高木内膳、高木玄蕃の三水行奉行がいた。第二期工事には御普請所総場所見廻《みまわり》役として御勘定組頭倉橋武右衛門も参加する。総奉行平田靱負をはじめ薩摩の役人はなにをするにも八人に代表される官僚組織に伺いを立て許可をもらわなければならない。

一七五四（宝暦四）年七月二日付で、二代官三水行奉行は一色周防守に手紙を書く。「水行（水流調整・変更）普請のうち難工事の六カ所については、水上（陸上）、水下（水中）の作業を含めて外請でよろしいと、お手伝いの薩摩役人を七月一日に呼び出して伝えました」。工事を専門業者に任せてもいいとの幕府の意向が届くまで、薩摩は長い交渉を強いられている。

薩摩が外請負を幕府に申し入れたのは四月二十四日付、幕府は「難工事場所を列挙しろ」と五月二日付で言い渡す。同日付で薩摩は三十八カ所を挙げて外請負を願い出る。五月二十六日に幕府は六カ所、水中工事に限って認める。六月八日付で、薩摩は六カ所の完全外請負、残りの三十二カ所も認めてほしいと粘る。

粘り腰の書簡には、幕府が頭に血をのぼらせたに違いない文章も並ぶ。「村請負のままですと、第一期工事と同じで村の方からいろいろ文句がついて収拾がつかずに苦労するだけの話で、水行工事の成功そのものがおぼつかなくなると考えます」。書いたのは江戸留守居《るすい》役で工事に参加していた山澤小左衛門、宝暦治水の工事命令書を老中西尾隠岐守から江戸城で受け取った山澤だから、幕府の忍耐の範囲は心得ていただろう。

想像してみよう。平田が「ここまで書いても大丈夫なものかのう」と山澤に聞く。「怒るは怒るでしょうけれども、これくらいは言ってやらないと、なかなか通じやしませんよ、連中には」と山澤が答える。留守居役は情報担当の役人になる。計算を尽くした手紙を、山澤は「恐縮の限りですが、これもすべてすばらしい治水工事にしたいとの思いからです」と締めている。

請負方式　幕府の妥協案で決着

2004.9.5

経費がかかり技術的にも難しい工事現場は専門業者に任せる外請負にしたい薩摩、業者への下請は利益中心になりかねず地元へ落ちる金も少なくなると村請負を主張する幕府、両者の四カ月近い交渉は、勘定奉行一色周防守が妥協案を出し、一七五四（宝暦四）年七月下旬に決着する。

「六カ所は外請負になった。残る三十二カ所は村請負でもいい場所と考えるが、工事進行のため外請負にしたいという。対象の村を説得して、外請負でも作業員は雇われるなどを村が納得すれば、外請負にしてもよろしい。たとえ外請負になっても作業員は村人を雇う件については、江戸での協議で岩下左次右衛門（薩摩の江戸屋敷役人）も承知している。くれぐれも村方とよく話し合い決めるように」

幕府との交渉の後には、村との交渉が待っていた。美濃郡代青木次郎九郎が八月二十四日付で書いた文書には、薩摩が村人の説得にかいた大汗がにじんでいる。「三十二カ所の工事方式については、いまだに決定していません。経費見込みを水増しする村もあり、役所に呼び出して、見積もり水増しなどあいならんと厳しく指導いたしました。外（原文では他）請負でも作業員は村から雇われますから、いずれの請負になろうとも村がうるおうのはもちろんです。お手伝いの薩摩側にも作業を急ぐよう申し入れました」

大工事には大金が動く。好機到来に高い賃金で働きたい村人、払いは少なくしたい薩摩、間を取り持つ幕府、三者の話し合いは、一カ月以上を費やしながら請負方式を決めていく。青木は九月七日付で書く。「外請負並びに村請負とも大半は決定しました。残っている地区についても近いうちに決まる見通しです」

三十二カ所のうち幾つが外請負になったかははっきりしない。外請負十二カ所、村請負二十カ所とする説が伝えられている。二期工事着工の九月二十四日が近づく。請負にはめどがついたけれども、薩摩は解決しなければならない問題をほかにも抱えている。

資材調達　「割に合わない」運賃

2004.9.7

宝暦治水に使う石を積んで喫水を深くした船が、川を下る。上る船とすれ違う。船頭たちは、大きな声で世間話を川面に響かせる。「おう、元気か」「まあまあだな」「景気は」「なんせ、安いから」「そうよなあ、こんな安い運賃じゃ割に合わないよなあ」

一七五四（宝暦四）年六月ごろ、石を運ぶ船の所有者たちが、幕府代官の役所に呼びつけられる。代官吉田久左衛門がただす。「石の輸送がいっこうにはかどらないではないか。意図的に船を出さないのではあるまいな」。持ち主たちは首を振りながら「船頭たちが船の行き交いに『割に合わない』とこぼしたことはありましょうが、私どもが低運賃を理由にして船を出さなかった事実はございません」。

一、二期工事ともに石の調達は薩摩に任された。苦労は最初からついて回る。一期工事着工の二月二十七日から二カ月もたたない(閏二月をはさむ)三月十日付で、吉田は書いている。「石取りがはかどらず調べたら、村には運送賃がないとのこと、お手伝いの薩摩方に村へ相応の運賃を出すように申し伝えました」

石の調達も当初は村が請け負った。薩摩は外請負を願い出て幕府も許可し、五月中旬からは専門業者が担当する。

専門業者への外請になっても輸送は順調に運ばず、吉田は六月二十九日付で書く。「五月十二日に薩摩へ外請負の許可を伝え二十一日から輸送を始めましたが、六月二十五日までにやっと千六百坪(石一坪は約一・八立方メートル)が用意できただけです。この分では今回の工事に必要な石を集めるのに、およそ七百日もかかってしまう計算になります。輸送がうまくいかない原因は、請負業者と船の所有者が結託しているとの話もありましたが、結局は、運送費が安い点に尽きるようです」

幕府の調べに対し、業者たちは「薩摩の重量測定がからすぎる。船に積む量も陸揚げの量も、実際より少なくはかるので、船頭たちが割に合わないと不満を持つ」と述べる。幕府は業者に船頭への運賃値上げを命じる。業者は石の値上げを要求するけれども、幕府は認めない。業者を締め付ける一方で、幕府は薩摩に対しても、石を早く集めろと再三にわたり要求し始める。

必要量　二期工事は五万石坪

2004.9.9

一七五四（宝暦四）年八月三日、美濃郡代青木次郎九郎は、笠松（今の羽島郡笠松町）の郡代役所に薩摩の役人を呼び出し、用事があるから総奉行平田靱負か副奉行伊集院十蔵に役所においで願いたいと伝える。八月四日、伊集院と留守居佐久間源太夫が飛んでくる。夜も遅くなって着いたのだろう、五日になって、役所で用事が言い渡される。

「うすうすはご察しでしょうが、先だってから申し上げている通り、石の調達がとにかくはかばかしくない。今の調子だと、五、六百日くらいもかかってしまうかもしれない。工事を成功させるため、特段のご配慮をもって、石集めに力をそそいでほしい」

宝暦治水二期工事にはどれくらいの石が必要だったか。

薩摩江戸屋敷用人の岩下佐次衛門は、八月二十五日に勘定奉行一色周防守に出した書状で、「水行御普請（水流の調整・変更工事）御用石　一万九千四百七坪（石一坪は約一・八メートル立方）油島締切御用石　二万三千五十四坪」と書いている。合計すると、四万二千四百六十一坪になる。

幕府の見込みとして五万坪の数字も残っている。追加工事や小規模工事の分がある。船が沈んで補った分もある。全部を含めて五万石坪が必要だったと考えても大きく外れた数字にはならないだろう。

石はどこから運ぶか。一期工事の当初は現場近くから調達していた。農民ももうけたいだろうけれども、治水は宝暦治水だけではない。村負担の工事もある。石の在庫を空にはできない。村が出さなくなり採石場所は遠くなっていく。平野部が多い工事現場近くには見あたらず、木曽と長良の上流から船で運ばないとならない種類の石もあった。

二期工事に備え、幕府は一期工事で石を出さなかった村の説得を地元役人に命じる。「当方も催促ばかりではなく努力もしている」とでも幕府に言われたか、岩下は八月二十五日付の書状で「水行普請の残りの石は、晴雨にかかわらず一日に二百五十坪ずつで九月五日まで。油島締め切り用の残りは、一日に二百から二百五十坪で晴天が百日もあれば集められます」と期限を定めている。勘定奉行に大見えを切った岩下の約束は、残念ながら、空証文に終わる。

2004.9.12

船不足　鵜飼い用の船も動員

宝暦治水に使う石の量は坪単位で数えた。一坪の石でも小さな船に分けて運んだらしいし、採石場は工事現場から数十キロ離れ、船での往復に三日から四日かかる。大量に運ぶとなると、多数の船がいる。

薩摩江戸屋敷から治水現場に赴任した留守居佐久間源太夫は、一七五四（宝暦四）年十月一日付で、石の輸送が予定通り運ばない理由を挙げている。「木曽川、長良川の船路は遠く、往来に三、四日要するうえに、浅瀬は浚渫《しゅんせつ》もしなければならず、なかなかはかどりません。加えて、稲刈りと麦まきの時期に当たり、輸送用の船も不足気味です。業者をせかしておりますが、九月二十九日時点で、あと千八百坪あまりを残しています」

江戸屋敷用人の岩下佐次衛門は八月二十五日付で、九月五日までに水行普請（水流の調節や変更工事）用の輸送は終えると勘定奉行に約束したけれども、予定通りにはいかない。油島締め切り用の石も集まらない。佐久間は対策を書き残している。「木曽川筋は水行普請の石を優先して運ぶ。今後の長良川筋は、鵜《う》飼い用の新造船が期待できる」

宝暦年代でも千年を超える伝統の長良川の鵜飼いだけれども船は大きくない。佐久間の手紙からは石の輸送に使った船の小ささがうかがえる。

十月二十三日、新たに三千坪の石が必要になり、地元の役人は薩摩の山澤小左衛門に「水中に落ちた石二千坪の回収」を命じる。役人たちが評議して「今さら石の量を増やせとは命じかねる。事故や過失で船から落ちた石で間に合わせよう」と薩摩へ配慮したかたちの回収命令だったけれども、山澤は応じない。「水中に沈んだ石を引き上げるのには困難が伴います。輸送量を増やして対処いたします」

気を使ったつもりがすげなくされた役人は仏頂面、頭を下げながら山澤の胸には「次から次に難題を押しつけて」の思いが渦巻いていたろう。

油　島　代替工事として計画　*2004.9.14*

水行奉行高木内膳と高木新兵衛は、一七五四（宝暦四）年十一月十四日付の文書で、油島締め切り工事は「一国水引要《かなめ》之場所ニ御座候」と書いている。宝暦治水のなかでも最重要と位置づけられた工事は、現地や江戸で激論に近い論争も含め何度も協議が重ねられて実施が決まっていく。

締め切りは、新しい川の掘削工事の代替策として考えだされる。当初は油島近くの七郷輪中に川をつくり揖斐川の流れを調整する計画だった。高木新兵衛の記録では、閏二月二十八日に美濃郡代青木次郎九郎と幕府代官吉田久左衛門が、工事対象となる村の農民を呼びだし、七郷輪中の工事中止の意向を伝える。

三月二日には現場を視察、五日に大牧村の工事総本部で幕府、地元、薩摩が話し合い工事見合わせを決める。三月十日付の勘定奉行一色周防守への書状で、二代官三水行奉行は取りやめの理由を述べる。「水没する土地が多く、移転農家も多数にのぼる。水害が確実に減るとも見極められない」とし「油島の堤防を継ぎ足し、対岸の松之木村からも杭《くい》を打ち水流が調整できるようだったら、さらに堤防をのばしていきたい。視察のうえ総評議で決めたが、今後も現場下流の桑名川の流れを調査して正式な決定としたい」。

正式決定は五月二日、八日付で一色に伝えられる。「桑名川を調査したところ高低差がなく新しく川をつくっても効果がないので、油島と松之木の間に締め切り堤防をつくる。木曽と揖斐を分流すると、流量が増える木曽沿いの福原村（尾張領）では水害を防ぐため堤防を削り川幅を広げる必要がある。尾張が同意しない場合、流量を抑えるため完全締め切りにはできない。（1）全長約二キロの間の七〇〇メートルほどを洗堰にする、（2）全部を洪水時に水が流れる洗堰にする、（3）全部を常に水が流れる洗堰にする、以上三案を考えている」

木曽と揖斐の分流工事は動きだしても、反対がついて回る。地元役人の間でも意思は統一されていない。五月二十九日には三役人が「七郷輪中に川をつくらないと農民は納得しない。締め切り堤防の維持管理には多額の費用がかかる」と反対を表明する。締め切り方法をめぐる論議は一七五五（宝暦五）年まで続く。

2004.9.16

反対書面　江戸まで出かけ提出

すべてはお上の言う通りの印象が強い江戸時代だけれども全部が全部とはかぎらない。新しい川の掘削をやめて油島に堤防をつくる計画も地元役人は農民に理解を求めている。美濃郡代をはじめ二代官三水行《みずゆき》奉行は、一七五四（宝暦四）年五月八日付で書く。

「尾張、高須藩などの三十五カ村は同意したが、尾張、高須、大垣藩などの二十八カ村は納得せず、新川をつくれとの願いを取り下げない。新川では上流の水の流れはよくならないとの調査に対しても異論をはさんでいる。当方の調査に誤りはなく、反対を主張する村は御地（江戸）まで願い出るかもしれないが、取り上げないでいただきたい」

地元役人の「なにしろ一筋縄ではいかない農民たちだから」の予想は当たる。油島を締め切ると水流が強くなるとおそれた長島輪中（松之木村がある輪中）の村が、代表を十月はじめごろ江戸に送り出す。地元役人は長島藩の役人を呼び出して「けしからん」となじるが「もうすでに出発しておりまして」の答えしか返ってこない。しかたない。十月二十一日付で、勘定奉行一色周防守に「此度其御地へ御注進罷出候哉奉存候」、農民代表が、反対書面を江戸へ提出に出かけたと連絡する。

二人の村代表は、十月二十八日に勘定奉行へ文書を提出する。一色は「けしからん願い」としながらも「願いをなおざりにしておくと、宝暦治水は大工事で関係地区も多いから今後反対が相次ぐかもしれないので、村総代の又木村庄屋文治と中川村新右衛門を十一月三日に江戸城へ呼び出して」いろいろ事情を聴く。

反対書面では、幕府代官吉田久左衛門が名指しで非難されている。敬称の「様」はついているけれども「何度もお願い申し上げているのに、お聞き届けいただけない」。一色の問い合わせに対し、二代官三水行奉行は十一月十七日付で長文の説明書を送り、吉田に過失はないと弁明する。

一色は十一月二十六日に二人を再度呼び出し「締め切り堤防で水流が強くなった場合は対処しよう」と二人を納得させる。吉田の名指し非難についても問いただす。二人は「心得違いで大変失礼いたしました」と謝罪、二カ月がかりの反対運動は幕を閉じる。

二期着工　油島など四工事現場

2004.9.19

一七五四（宝暦四）年八月二十三日、美濃郡代青木次郎九郎は、薩摩の役人を呼び出す。「二期工事にいつごろ取りかかれるのか、おおよそでも日時をと再三うかがっているのに、今も返事がない。なにか理由でもあるのか」と聞いた青木に、薩摩は答える。

「上級と下級を問わず役人たちに病人が多数いる。四つの工事現場同時には着工できない」。書面で回答しろと青木は指示、八月二十六日に提出された書面が、前記「集団感染」（117ページ）で紹介した薩摩役人佐久間源太夫の「病人百五十七人、病死数十人」とする手紙になる。

死者を出している。病人も抱えている。工事用の石も集まらない。出水への応急工事にも追われる。病人が出だした時期ははっきりしない。薩摩の総奉行平田靱負は七月二十二日付で国家老にあてて役人の増員を要請している。平田は一言も触れていないけれども、不足人数には病人の分も含めていたかもしれない。

平田は書く。「幕府は、二期工事に関しては今年中の完成をとの意向です。春までかかれば経費負担が増えるだろうし、一日でも早くすませば薩摩にとっても幸いだろうと言われましたので、それなりのあいさつをしておきました」。難工事を押しつけておいて幸いもないと、拳を握りしめての応対だったのだろう。

専門業者への下請を許可する。石の輸送でも業者を呼びつけて催促する。薩摩への配慮もみせながら、幕府は九月中の着工を目指す。八月十三日に勘定奉行一色周防守から御普請所総場所見廻《みまわり》に任命された倉橋武右衛門が、江戸から九日間かけ九月九日に笠松の郡代役所に到着する。

九月二十二日、大牧の工事総本部（元小屋）に、幕府、地元、薩摩の役人たちが集まる。油島締め切りなど未定の大工事に関しては江戸と相談しながら進める、小工事は現地判断で実施するとして、二十四日を着工日と決める。予定通りの二十四日、一之手（第一工事現場）五カ所、二之手五カ所、三之手七カ所、四之手八カ所で工事が始まった。

内部対立「わがまま」で大論争

2004.9.21

第三工区の大榑川《おおくれがわ》洗堰《あらいぜき》、第四工区の油島締め切りには結論をつけないまま、宝暦治水は一七五四（宝暦四）年九月二十四日に着工する。着工直後、第四工区から第一工区に「大井川人足（水中作業員）」を十四、五人派遣してくれと要請が入る。第一工区は二十七日「当方も余っているわけではない」と断りを入れる。

宝暦治水は、幕府対薩摩に加えて幕府対地元など微妙に入り組んだ対立関係を描く。第一工区は、木曽川の水を佐屋川へ導く工事を実施した。油島が難工事であるとわかってはいても、優先順位は管轄工区が先になる。要望が来ても、手軽には応じられない。内部の対立も浮かびあがる。

第一工区は堤防（猿尾《さるお》）建設が主な工事になる。石を詰めた木の枠を水中に沈め、石を詰めた蛇籠《じゃかご》を積み、土をかぶせていく。計画より下流にのびてしまった堤防が出てきた。第一工区担当の水行奉行高木新兵衛は、十月六日、御普請役の役人を呼びだす。

高木の指摘に御普請役は「さして流れてもいないと思える」とこたえる。高木の再度の質問に「確かに多少は流れている。私の考え違いだった」と謝ったうえで「上流にのばすと対岸に当たる水勢が強くなる」と抗弁をやめない。

水行奉行も御普請役も大きく分ければ幕府役人になる。身内の論争は工事のやり直しで決着するけれども、高木は腹に据えかねたか、十月七日付の日記に書く。「ほかの幕府役人たちは私に内密にささやいた。『御普請役がわがままを通してごたごたすると、結局は工事の障害になる』」

御普請役のわがままは、原文では「御普請役我意《がい》を立つ」になる。日記に高木は二回も「わがまま」と残している。激論の後のひそひそ、歴史になるとは思わなかったろうけれど書かないと晴れなかったむしゃくしゃ、建前だらけの武士社会も結構人間くさい。

十月十二日付では別の堤防の改修をめぐってぶつかった役人の一方が、高木にぐちをこぼす。「向こうの言い分を聞いていると頭に来る」と言いつのる役人を高木は「なだめ置き候」。ぐちのくわしい内容は、七日付とは違い、「くわしく書いてもなんの役にも立たないから書き留めない」となだめ役に徹している。

第二工区　十二月下旬に完成検分

2004.9.23

第一工区担当の水行奉行高木新兵衛は、堤防建設をめぐる御普請役との論争で「不出来のまま工事を進めれば大がかりなやり直しで、お手伝いの薩摩に余計な出費をさせてしまう」と書く。幕府も薩摩の懐に気を使っていたとしておきたいけれど、工事経費はほとんど薩摩が払う前提を再認識させる記述とも読める。

高木と口論になる役人は、一七五四（宝暦四）年九月二十四日の二期工事着工目前の二十日、「銘菓《めいか》一袋」を持参し高木を訪れている。高木も夜食をふるまい、夜遅くまで歓談を重ねた。論争は十月六日、工事本番となるとどちらも気が立つ。衝突場面は各工区で珍しくはなかったろう。

第一工区は、濃州（美濃国）桑原輪中から尾州（尾張国）神明津《しんみょうづ》輪中までで、現在の岐阜県羽島市近辺になる。第二工区は第一から南に伊勢湾口近くまで下がり、尾州梶島村から勢州（伊勢国）田代輪中まで、今の三重県桑名市が近い。第三工区は濃州墨俣《すのまた》輪中から濃州本阿弥《ほんあみ》輪中まで、岐阜県輪之内町あたりになる。第四工区は勢州金廻《かねまわり》輪中から勢州海落口《うみおちぐち》浜地蔵辺までで、岐阜県海津町近辺になる。

第二工区は、堤防建設のほかに、川の浚渫《しゅんせつ》が主な工事だった。輪中の東側を流れる筏《いかだ》川をさらう。目を遠くにやれば海が見えそうな土地での浚渫だから、効率は悪い。船で石を運ぶにしても、四工区のなかでは一番遠い。条件は良くなかったけれども、単純な工事が多かったのか、第二工区は最初に工事が完了する。

薩摩総奉行の平田靱負は一七五五（宝暦五）年一月五日付で、家老島津主殿、鎌田典膳にあてて書く。「四工区とも追加工事をふくめ進行しております。第二工区はすべて完成して、昨年十二月二十三、二十四日に幕府役人の検分がありました。二十四日は梶島と申す場所で、御目付大久保荒之助様、美濃郡代青木次郎九郎様らと私、諏訪甚兵衛、山澤小左衛門が会いまして、立派な出来栄えでうれしいとの評価をいただきました」

最終検分は江戸から派遣される役人を待たなければならない。青木らの「最終検分までに砂がたまった場所は浚渫しておくように」との命令からは、さらうそばから砂がたまる工事環境がうかがえる。

2004.9.26

第三工区　農民主導で洗堰決定

第三工区の大榑川洗堰も第四工区の油島と同様に、締め切るのか洗堰にするのか、工事の進展具合で結論を出すとして着工する。当初は洪水時に水があふれる洗堰が有力だった。御普請役から異論が出る。「洪水時には堰の両側が深くえぐられ、持ちこたえられない。第一、洗堰は工費がかかり、補修も必要となる」

美濃郡代と三水行奉行は「締め切ると木曽川の水が多くなり油島堤防が多量の水にさらされ危険」と反論する。大榑は長良と接している。川床は大榑が二メートル以上低く水は通常も大榑に流れる。長良の水が大榑に行かず木曽と合流すれば油島の負担が重くなる。

郡代青木次郎九郎たちの指摘に、御普請役は譲らない。「木曽川の水は、第一工区につくる導流堤により佐屋川に流すので心配はいらない」。木曽の東の分流だった佐屋へ木曽の水を多く流せば問題は解決するとの論陣を張る。

大きく分ければ幕府役人同士、小さく分ければ派遣役人と地元役人との議論は決着がつかないまま、一七五四（宝暦四）年九月二十四日、工事は着工する。十一月下旬になっても工事方式は決まらない。幕府勘定奉行の一色周防守は十一月十八日付で書いている。「どちらの方法にするか、どうにも心もとないので、さらに念を入れて考えてみよう」

十二月十三日付で幕府御普請所総場所見廻《みまわり》の倉橋武右衛門や郡代たちは書く。「八十あまりの村から、締め切り堤防だと困るから洗堰にしてほしいとの願いが出た。長良川沿いの村々からも締め切り堤防にするなら水流が強くなるので、それぞれの堤防の補強をしてほしいと言っている」

幕府役人の考えは洗堰に傾く。江戸からの指令は大榑川にもともとあった喰違《くいちがい》堰（両岸から少しずらしてのばした二本の堤防、間を水が流れる）の締め切り。工費が少なくてすむと見こんでの命令だったけれども、現地の判断は「かえって難工事になり、経費がかかる」。幕府の洗堰建設の許可は、一七五五（宝暦五）年二月四日になって届く。

第一工区　冬の雨に泣かされる

2004.9.28

一七五四（宝暦四）年十二月十八日に完成した第二工区に続き、第一工区が一七五五（宝暦五）年三月二十七日に完成する。薩摩の総奉行平田靱負は「天候に恵まれて、予想以上にはかどった」と書いている。第一工区の主な工事内容は、木曽川の水を佐屋川へ導く導流堤防などの建設になる。最終段階では晴天に助けられているけれども、途中では雨にたたられてもいる。

一七五四年十二月二十六日から正月休みに入った第二期工事は、一七五五年一月四日に再開する。休日の間は晴天が続き、平田は三日に年初のあいさつに地元役人宅を訪れている。工事開始の四日も晴れ、九日は雪が降る。中旬までは正月の行事やあいさつ回りが続き、役人宅には大きなボラ三匹などが届けられる。

穏やかな正月明けの後、下旬に天気が崩れる。二十六日晩には雨で水が増え、堤防の一つが壊れる。二十八日は大雪、二十九日には役人たちが積雪を踏みしめて破損現場を見て回り、対策を検討する。二月一日も増水で堤防欠損が続出する。「堤防の下から水が噴き出て、基礎にした石が安定せずにゴロゴロと転がる音が聞こえる。川底がえぐられて一メートル近く陥没した場所もある。お手伝いの薩摩から報告があり、早速現場に行く」

二月八日までは雨の日が多い。六日には薩摩の留守居山澤小左衛門が「増水で被害が出た。国元へ報告したいが、薩摩は遠いので、急ぎ江戸へ帰り善後策を協議したい」と地元役人へ届け出ている。江戸から派遣された役人が九日間かけた距離を、山澤は二週間で往復したと伝えられる。雨で工事中止の日々が重なっていく。二月中旬に回復するものの、下旬は再び雨に泣かされる。三月に入ると、晴天が多くなる。本格堤防から簡易堤防へなど工事方法を変えて作業は順調に進みだす。

完成後の四月十七日から二十一日にかけて、幕府派遣の役人が「出来栄見分《できばえけんぶん》」に当たる。結果は「出来形宜由《できかたよろしきよし》」。平田と副奉行伊集院十蔵は、三月二十八、二十九日の地元役人の検分で「お手伝いのご努力で頑丈なできあがりとなった」と声をかけられている。完成検分でも同じ言葉を聞いたろう平田の死まで、もう二カ月もない。

2004.9.30

第四工区　油島は中開けに決定

一七五四（宝暦四）年十二月十四日、美濃郡代、幕府代官、水行奉行三人、幕府派遣役人たちが、油島の堤防建設状況を船で視察した。視察後、役人たちは幕府代官吉田久左衛門の宿に集まり、堤防を締め切りにするか中央部を開けるか、協議を重ねる。水行奉行の一人の高木新兵衛は、十四日午前六時に屋敷を出発、十五日朝、帰宅している。

夜を徹した話し合いで結論が出た。「油島からのばす九九〇メートルの堤防の基礎固めはほぼ済んだ。木曽より約二メートル川床が低い揖斐へ流れこむ水量も減った。ただし春、夏の増水時を考えると、締め切り堤防がいい」。前提を一度ひっくり返す。「締め切りがいいけれども、水の流れは予想がつかないところもあるから、締め切ると支障が出るかもしれない」。前提に戻る。「締め切りは村から要望も出ている。一年くらい様子をみて、増水時でも支障が出ないと確認できたら締め切りたい」

締め切りを主張する高木たち、中央部を開けておきたい派遣役人たち、両者の主張を盛りこんだ結論に、幕府勘定奉行一色周防守は顔をしかめたろう。一色はもともと締め切りに反対の立場だった。十二月十四日の評議の前に、高木たちは評議で出る結論と同じ趣旨の意見書を十一日付で一色に送っている。根回しのつもりだったかもしれないけれど、裏目に出て、勘定奉行は意見書を厳しく批判する。

一色は十二月二十七日付の文書で書く。「締め切りとも中開《なかあ》けともつかない意見書は、なんの役にも立たない」と地元役人が首をすくめたに違いない言葉まで残している。「村の要請を締め切りの根拠にしているが、利害が発生するのが治水の宿命で、どこにも支障が出ない工事はあり得ない。だいたい、締め切った場合の具体的な問題を検討していない」と非難を連ねる。

玉虫色ですまそうとした高木たちは、一七五五（宝暦五）年一月七日付で一色に返事を出す。「中開けで支障が出るとは考えられない」と低姿勢に変わる。「中開け方式でお決めになられて当然であると思います」。勘定奉行の完全勝利で、油島堤防は中央部開口に決定した。論議のかやの外の薩摩は石の輸送や工事の監督に大汗を流している。

情報収集　中開け見越して動く

2004.10.3

工事方式の論議のかやの外にいても、情報収集はおこたれない。薩摩の総奉行平田靱負は、一七五五（宝暦五）年一月五日付で家老の島津主殿たちにあてて書く。「十二月二十六日から休みとなり、一月四日から工事を再開しました。美濃国海津郡油島から伊勢国桑名郡松之木村までの千九十間（約二キロ）は、締め切りか中開けか、いまだにご命令はありませんが、情勢を判断すると、中開けに決まる公算が大きいとみております」

幕府の中開けの正式命令は一月九日付で出ている。年始回りの際に聞きこんだか、平田は先を見通している。「油島から五百五十間（九九〇メートル）、松之木村から百五十間（二七〇メートル）の基礎はできています。さらに五十間（九〇メートル）ほどの継ぎ足しの命令があるはずで、大量の石が必要となるため、石を集める業者に催促したいと考えます」

第三工区のなかでは工事が終了した場所もあり、平田は「まだ幕府の最終検分はすんでいないが、事務所に借り上げた家屋は家主に返し、要員も総監督事務所に引き取りたい」と報告している。不要な事務所は減らし家賃の払いをなくしたい、出張人員も引きあげて経費を削減したい、金の苦労はついて回っている。

正月行事が続く一月十三日未明、第一工区担当の幕府役人竹中伝六が死亡する。「変死」「異変之儀」と十四日付の文書に残されているから病死ではない。「自滅」とする文書もあり、自殺は間違いない。武士の自殺なら切腹になる。竹中が腹を切った事情ははっきりしない。一七五四（宝暦四）四月二十一日に切腹した内藤十左衛門（後述高木の部下）と同じで、仕事上の行き違いと伝えられている。

竹中が軽い身分のせいか、十五日は休日だったためか、第一工区担当の水行奉行高木新兵衛は、十四日の夜遅くまで幕府の高い身分の役人と酒を飲む。「終夜御酒宴」の記述には、身内から二人目の犠牲者を出した地元と幕府の役人が酒にまぎらわせた動揺が隠されているのかもしれない。

2004.10.5

人柱　洗堰の成功祈り投身

鹿児島市の城山遊歩道入り口近くに薩摩義士の慰霊碑がある。「薩摩義士碑」として知られているけれど、正確には「宝暦義士碑」になる。犠牲になった薩摩関係者八十四人に加え、幕府関係の内藤十左衛門と竹中伝六、二人の名前も刻まれている。薩摩とか幕府とかにはこだわっていない碑に、一九二〇（大正九）年の建立時に判明していた犠牲者のうち一人だけ、桝屋伊兵衛の名前が見あたらない。

桝屋は、第三工区担当の水行《みずゆき》奉行高木内膳の部下で、死因は病気でも割腹でもない。一七五四（宝暦四）年九月二十二日、第三工区の大榑川洗堰の工事成功を祈りながら、川に身を投げたとされる。荒れ狂う波に投身、娘は「口ゆえに父は長良の人柱きじも啼《な》かずばうたれまい」と嘆きの歌を残したとする説もある。

一七五四年五月二十三日から九月二十三日までの工事休業の期間、増水で補修工事に追われたのは確かだけれども、九月二十日前後は穏やかな日々が続く。歌も大坂の長柄《ながら》橋人柱伝説の「物言はじ父は長柄の橋柱鳴かずば雉子《きじ》も射られざらまし」と似ている。物語の部分はあろうにせよ、桝屋は人柱として輪之内町の寺に眠っている。

内藤は四月二十二日付で「切腹いたし候」と記録に残っている。竹中も、一七五五（宝暦五）年一月十三日付で「変死」、十四日付で「異変之儀」と文書に書き残されている。桝屋の死は幕府役人はなにも書いていない。薩摩関係の犠牲者に関しても、一七五四年八月二十四日付で「薩摩の役人は、病人が大勢いて工事要員が足りないと申しました」くらいの記述しかない。

桝屋は九月二十四日に工事が再開されるので事情を明らかにしたくなかったのかもしれない。薩摩の犠牲者への言及がないのは、身内の役人でも切腹から変死へと書き方が変わっているのをみれば、お手伝い藩の窮状を書くのははばかられたとも考えられる。

今年四月に海津町の治水神社に建立された「宝暦治水工事義歿《ぎぼつ》者」の碑には、薩摩関係九十人（家族伝承五人含む）、内藤、竹中、桝屋、計九十三人の名前が刻まれている。薩摩関係の犠牲者はほとんどが墓石や寺の死亡台帳から掘り起こされた名前になる。

出来栄見分　五月二十二日で全区終了　*2004.10.7*

岐阜県海津町の治水神社に四月に建立された「宝暦治水工事義歿者碑」には、宝暦治水史蹟《しせき》保存会（会長・平野義明海津町長）が調べた九十三人の名前が刻まれている。

多くの犠牲を出しながら工事は進む。工事が完成すると、現場に常駐している幕府役人が調査する（出来形見分《できがたけんぶん》や内見分と表現している文書もある）。現場役人の調査に合格した後は、幕府が役人を派遣して工事の完成具合を視察する「出来栄《できばえ》見分」が待っている。第二工区は一七五四（宝暦四）年十二月十八日に完成、十二月二十三、二十四日に最初の調査があり、最終検分は一七五五（宝暦五）年一月十六日から二十二日に実施、「無滞相済申候《とどこおりなくあいすみもうしそうろう》」と四工区で最初にすべて終わる。

第一工区は三月二十七日完成、三月二十八、二十九日に最初の検分がすむ。大榑川洗堰を含む第三工区は三月二十八日完成、工事現場が広いので最初の検分は三月二十四日から始まり四月初旬までかかったらしい。油島堤防などの第四工区は三月二十七日に完成、三月二十九日から四月六日まで最初の検分があった。

薩摩の総奉行平田靱負は四月十一日付で書く。「第四工区は油島の難工事を抱え、どうなるかと心配していたけれど、思いのほか、作業がはかどって早期の完成となった」

四月六日に江戸を出発した出来栄見分担当の役人は、十五日、現地に到着する。第一工区は十六日（十七日とする文書もある）から二十一日、第三工区は二十四日から五月十日、第四工区は五月十三日から二十二日で終了する。一七五四年二月二十七日の第一期工事開始から数えて一年半（閏二月含む）、多くの犠牲者と数十万両（通説四十万両）の金をお手伝い方の薩摩大隅鹿児島表高七十二万八千石に強いた工事は幕を閉じる。

出来栄見分に対する第一工区担当の水行奉行高木新兵衛の感想は「出来栄えはよろしい」と素っ気ないけれども、平田は「大変に見事な出来栄えであると出来栄見分担当の役人からごていねいなあいさつをいただいた」と称賛への喜びを隠さずに書いている。

現場では順次撤収作業が始まる。薩摩の副奉行伊集院十蔵は五月二十五日、平田らほかの役人たちも二十六日には江戸へ出発の段取りだった。

2004.10.10

総奉行最期　史料には「死」の記述

五月二十五日は、宝暦治水の薩摩総奉行平田靱負の命日になる。杉本苑子が直木賞を受賞した「孤愁の岸」は、「深く腹を裂き、返す刀で頸《くび》の動脈を断ったみごとな最期だった」と割腹場面を描く。犠牲の多さ、多額の借金、武士の責任の取り方、いろいろ推測してみると、工事総監督事務所の大牧本小屋（今の岐阜県養老町大巻）で腹を切ったとされる総奉行平田の最期は、抵抗感なく胸に響いてくる。

記録をたどってみよう。平田の書簡は一七五五（宝暦五）年五月二十四日付が最後になる。出来栄見分《できばえけんぶん》が無事に済んだことを喜び撤収事務に触れている。副奉行伊集院十蔵は二十五日に江戸へ出発する、平田自身も二十六日には旅立つ予定と書いている。死の兆しはどこにもみられない。

江戸家老の島津主鈴が六月六日付で国元へあてて書いた手紙には、平田の死亡が「相果候《あいはてそうろう》」と記録されている。五月二十五日に出発するはずだった伊集院は、二十六日に出て六月六日に江戸へ到着している。出発を一日遅らせたのは平田死亡の後始末を陣頭指揮したためだろう。主鈴の「相果候（死去した）」だけでは、総奉行の死は切腹とも病死ともつかない。

宝暦治水を振り返った島津家の史料をたどると「平田は昨年から病気にかかり回復せず、ますます重くなって床についていたが、五月二十四日になって喀血《かっけつ》、二十五日死去、即夜、遺体を伏見に運んで大黒寺（京都市伏見区）に葬った」。原文は「死」で、病死とも自決とも書いていないけれど、前後の記述からすると「病死」の色が濃くなる。

血を吐きながら代筆にしても手紙を口述できたか、病死なら隠す必要はないとも考えられる。切腹なら旅行予定を書くかと、疑問が出てくる。

一九〇〇（明治三十三）年四月二十二日、木曽三川分流工事の落成式が海津町の油島であり、大蔵大臣松方正義が祝辞を寄せる（式典は欠席）。平田の死を切腹とする認識が、明治年代には確立されていたのだろう、松方は「平田氏以下自裁《じさい》」と書いている。

2004.10.14

藩主死去　持病治らず短い人生

一七五五（宝暦五）年六月一日付で、島津二十四代当主重年は、幕府にあて工事終了と要員撤収を届け出る。「お手伝い工事を命じられた濃州・勢州・尾州の工事は残らず成就いたしました。五月二十二日までに検分も済み、派遣した部下もおいおい引き取ってまいります」。本来ならめでたく一安心の完成報告だろうけれども、総奉行平田靱負に続き重年にも死が近づく。

参勤交代の途中、一七五四（宝暦四）年七月四日に工事現場を視察した重年は、一七五五年四月には薩摩へ戻る予定だった。病気が帰郷を許さない。「持病の胸や腹の痛みが思わしくなく国元への出発は遅れております。薬を飲んでいるにもかかわらず疲労は激しく、長旅は無理なうえ、暑い時期に向かうので、九月までは江戸で養生に努めたいと考えます」（六月五日付）

初代忠久から江戸時代が終わる二十九代忠義まで二十代で死去する当主は四人、一人は重年になる。十七代義弘は、一六〇〇（慶長五）年の関ケ原の戦いの際、六十五歳で敵陣を突破した。一五九七（慶長二）年の朝鮮出兵にも還暦を過ぎて参加している義弘の享年は八十五歳、病弱の重年からすればうらやましいくらいの体力に恵まれている。

「疲労はとれない」（六月十一日付）と重年の病状は進む。六月六日に工事現場から薩摩江戸屋敷に到着、工事副奉行から家老になっていた伊集院十蔵は、ほかの江戸二家老、島津主鈴、義岡相馬と後継者の検討に入る。「殿のご容体は脈も弱く、なんともお気の毒」（六月十二日付）

六月十三日、幕府から薩摩に治水工事へのほうびとして着物が渡される。一七五四年年暮れあたりから体調を崩していたらしい重年は江戸城には行けず、代理が受け取る。

六月十六日午後二時、弱い体に治水の気苦労も重なったと考えていいだろう、重年は二十七歳で死去する。薩摩江戸屋敷は、急飛脚二人を二組仕立て海路と陸路から薩摩に向かわせる。薩摩には六月二十九日に報告が届いている。

二十五代は重年の長男で治水の現場視察に同行した重豪《しげひで》が継ぐ。父の短い人生を歴史が埋め合わせたか、重豪は八十九歳と二十九代のなかで二番目に長い人生をおくる。

2004.10.17

新視点　背景に技術集積推測

尚古集成館の松尾千歳課長は、十一月に海津町で予定の宝暦治水講演に薩摩の土木技術を盛り込む。「甲突川の改修などをみると、明から清への移行期に明から専門家が薩摩へ逃れてきたのではないか。命令の背景には、大藩を抑える意図のほか、土木技術にも目をつけたと考えたい」

二百五十年前の治水は新たな視線もあてられながら、語り継がれようとしている。

【取材した主な人】平野義明（海津町長）、横井五月（同商工観光課長）、瀬古尹宏（海津町歴史民俗資料館特別指導員）、吉川道教（輪之内町教育委員会教育課長）、西田喜大（西田喜兵衛子孫）、島津修久（鹿児島県薩摩義士顕彰会会長）、坂口達夫（同事務局長）、田村省三（尚古集成館長）、内倉昭文（黎明館学芸課学芸専門員）、緒方祐二（国分市総務課道義高揚運動担当参事）＝肩書は取材当時、敬称略

【参考にした主な本や資料】鹿児島県史料・旧記雑録追録（鹿児島県維新史料編さん所編集、鹿児島県発行）、同・鎌田正純日記（黎明館編集、鹿児島県発行）、海津町史史料編一（海津町編集発行）＝島津氏世録正統系図（抄）、御手伝普請方御用留（抄）、三ノ手御手伝普請勘定帳（抄）、蒼海記＝、宝暦治水御用状留・木曽三川の技術と人間（伊藤忠士編、高木家文書宝暦治水史料研究会発行）＝尾濃勢州川通御普請御用雑録、濃尾勢州川通御手伝御普請御用中御状留、両御代官御連名之御状留、御番衆御連名書状留＝、濃尾勢三大川宝暦治水誌復刻版（西田喜兵衛著、小林誠一発行）、宝暦治水と薩摩藩士（伊藤信著、鶴書房）、宝暦治水薩摩義士顕彰百年史（高橋直服著、中村就一発行）、宝暦治水・薩摩義士（坂口達夫著、春苑堂出版）

薩摩義士（鹿児島県薩摩義士顕彰会発行）創刊号〜十一号、島津氏正統系図（尚古集成館編集、島津家史料刊行会発行）、鹿児島市立美術館蔵鹿児島城下繪圖（大江出版社）、鹿児島県の歴史（原口泉、永山修一、日隈正守、松尾千歳、皆村武一著、山川出版社）、京都東町奉行日記・安政五年編（岡部豊常著、鈴木里行編、宮地正人監修、新人物往来社）参勤交代（山本博文著、講談社現代新書）

とべ青春　純心・新体操の世界

全国高等学校総合体育大会（インタハイ）は、ことし八月鹿児島県で開かれる。集う選手は二万三千人。四十七年の太陽国体からちょうど十年ぶりに再び燃えあがるスポーツの祭典だ。この地元インタハイに九年連続十度目という比類ない優勝記録をかけるのが、鹿児島純心女子高新体操部である。昨年は大学勢を抑えて全日本選手権をも制した同部の強さの秘密は練習、そして練習。汗も涙も笑いもすべてつぎこんだ部員たちの青春。それは——。

怒声の体育館

1982.1.1

「なんね。また間違ってる」。尾辻義《のり》監督（三十七）はつぶやくと、次に大声を張りあげた。「こらあ」。怒声がまた尾を引いているうちに、汗の浮きでた練習用レオタードの部員が監督の前に並んだ。

手具を落としたわけでもないし、ジャンプを失敗したとも思えない。しかし、緻密《ちみつ》な振りつけで構成される演技に微妙な狂いがあったのだろう。息を大きくはずませる部員の顔に、しまったという色が読める。

しょっちゅう怒られていると、ここでやられるなと察しがつくようになる。失敗したと思う前に、一五メートル先の壁際でいすに座って目を光らせた監督目指して、全力疾走している。「条件反射なんです」。中学、高校合わせて十四人の部員のうちただ一人の三年生、五十六年全国インタハイ個人チャンピオンの新町なるみは、舌を出し首をすくめた。

つま先で立ち続け

純心の体育館は、鹿児島市の紫原団地が近い高台の学園敷地の北東部にある。四十四年に建設。市街地を間に桜島と向かい合う。落ちかけている日と、蛍光灯《けいこうとう》でぼんやり明るい一二三四平方メートルの体育館の片隅に、白い半円の輪ができている。午後四時に練習を始めてから、跳び、舞うより、監督をとり囲む時間の方が長い。

体を大きく美しく見せるため、部員は練習時間中義務づけられたつま先立ちの姿勢で、次の言葉を待つ。「あんたなんか死んだっていいんだよ」「もう、け死みなさい」監督はミスをとがめたあと、「やめなさい」「やめちまえ」と声を強めた。罵倒《ばとう》の言葉ならなんでも用意してあるのだ。「なんだよ、おまえ。何回言えばわかるんだよ。こんだけ練習してそれでうまくいかないんだから。実力だよ。みんなやめちまえよ」

体育館は新体操専用ではない。バレー部も使えば、バスケット、バドミントン、なぎなたの各部も練習している。怒鳴り声にしても専売特許ではない。他部の監督も声を荒らげて部員をしかり飛ばす。ただ、回数と内容でとても勝負にならない。

本番の演技時間は、約三分。大きな試合は、国体、インタハイ、全日本選手権、合わせても九分にしかならない。一秒にも足りない狂いが三百六十五日の練習を崩壊させるのだ。監督としては怒鳴らざるを得ない。

「すみません……」

卒業後もしばしば練習をのぞきに来る若松裕子（二十七、旧姓石田）の思い出によると、中学時代はそんなに怒らなくてもと、反抗の色をこめた目で、小柄な監督の顔を見返せる。高一になると視線は少し下がり、悪かったなと素直に思う。高二に進めば顔をあげられなくなり、許してくださいと本心で言いたくなる。高三、これはもう完全にうなだれたきり、先生ごめんなさいとすがりつきたくなる。「私たちのために言ってくれるんだとわかってくるんです」。

それぞれの思いを胸に、部員はふくらはぎをビリビリ震わせてつま先立ちを続けながら、口々に「すみません」を繰り返す。監督のつく悪態が無限なら、部員たちのすみませんも途切れることがない。

「すみませんしか知らんのか、あんたたちは」「すみません」「すみません」。一種奇妙なコーラスはひとしきり続き、「試合だったら、それっきりなんだぞお」。一声ほえて終わりとなる。「ありがとうございましたあ」。集まるのも一瞬だったが、散るのもすばやい。また、はじめから練習が始まる。

練習場所に駆け戻っていこうとしている肝付智美（高二）の後ろ姿は、走るだけで折れそうなほどきゃしゃだ。内気でなにを聞いてもすぐ「もういいですか」と逃げたがる彼女が、やはり逃げ腰のまま小さな声で話す。「新体操はきりがないし、相手は自分だから好き……」。

練習時間は、朝の一時間、授業後の三時間。休みに入ると一日六時間。メモ帳から顔をあげてつらいことはと聞こうとしたら、もうみんなと一緒にジャンプをするところだった。

1982.1.3

体重は敵

丘を買い足した純心の敷地内は階段が多い。新体操部の合宿所も体育館のそばの急な階段を白い手すりにつかまりながら下りていく。エプロンで手をふきふき主婦が出てくるようなごくふつうの木造二階建ての家だ。

十四人の部員のうち、中二から高三まで十一人と尾辻監督が合宿所に住む。父の日、母の日などほんの数日をのぞくと、一年間、食事も勉強も寝るのもここだ。合宿所というより、もう自宅そのものと呼んだほうがいい。

一階の八畳間にこたつが三つ並んでいる。コーチ役の卒業生・松迫和代（二四）と監督が、中央のこたつに入る。両端のこたつにそれぞれ五人、六人。十一人の部員が正座する。午後七時半、夜の食事の時間だ。

肉抜きのすき焼き

ポリ食器に盛られたのは、すき焼きだった。ほかにレタスサラダとビン詰めの牛乳、それにないにも入っていないわん一つがある。中、高、短大生合わせて約二百三十人の寮生のために学園がつくる食事を、部員たちも食べる。その日の当番が学園の食堂から運んでくる。

祈りの後、「それじゃ」と監督が声をかけ、「いただきます」、夕食が始まった。監督と松迫の話し声が時折聞こえるくらいで、部員たちは黙々と空のわんにすき焼きの肉を移している。口に運ぶのは、ハクサイ、ネギ、レタス……。

監督が現在部員に課している体重制限は、身長から一一三を引いた数字だ。主将の石田礼子の場合、一六四・五センチだから、上限は五一・五キロとなる。超えている部員に対し、監督は食べるなとは言わない。だが、部員は食べない。最近合宿所入りしたばかりの佐々木久美（中二）も、伏し目がちに周りを見回して、肉をとりのぞき始めた。

体重は新体操の敵だ。与える印象もよくないし、動きもにぶくなる。一日、牛乳四〇〇cc、季節の果物を大きなリンゴなら半分、バナナなら一本、後は魚、ハンバーグなどその日のおかず。

ごはんは食べない。朝は練習で消費するから食パンを二枚を食べるが、ごはんは口にしない。甘いものも。

柱ぐらいの板チョコ

学園の図書館の職員が、監督の顔を見ながら、不思議そうに言った。「新体操の生徒がよく料理の本を借りていくけど、食べられないのに、なんに使っているんですかねえ」。

石田は恥ずかしがってなかなか答えてくれなかった。町田涼子（高一）、福崎由美香（高一）、山之内孝子（中二）が、顔を見交わして笑っている。石田も笑いにつられて笑顔で話しだした。

時々、なにかごちそうを食べたくなる。おなかがすいてどうしようもない。そこで、料理の本が登場する。色鮮やかなグラビアの料理にみんなの目がすいつく。「あ、これ、おいしいんだ」「これもいいね」「食べたことないけど、おいしそうだなあ、これ」。想像の豪華なごちそうに、話がつきない。

夢はふくらむ。新町が手をいっぱいに広げた。「このくらいのアンパンと板チョコとどっちがいい？」。どちらも甘くて大きい。部員たちは、迷いに迷い選択がつかない。だれかが言った。「まくらが板チョコだったらいいのに」。板チョコはどんどん大きくなっていく。机が板チョコだったら、柱が板チョコだったら。野元麻佐（高二）の大きな目が輝く。「慣れれば、そんなにきつくないんですよ、食べられなくても。でも、時々はね、女の子だからね」。

監督の目が届かない実家への帰宅。食べようと思えば、板チョコでもなんでも買ってこられる。だが、合宿所の夢は、やはり夢のままだ。「先生がガックリするでしょ、そんなことしたら。信じて帰らせてもらってるんだから、食べません。みんな、そうですよ」。新町の言葉にすがすがしさがあった。

心をつなぐ日記

1982.1.4

合宿所の食堂兼居間は狭い。一階の、いちおう八畳間とはいうものの、勉強机、タンス、テレビ、食器棚があるうえに、冬はこたつが三台持ち出される。

十一人の部員と尾辻監督が座れば、すき間はほとんどない。遊びに来た卒業生は、おしりで割りこむことになる。風邪をひかないようにダウンウエアの上下や丹前を着こんだ部員たちは、体育館でのきりりとした姿と違い、モコモコとたっぷりふくれあがっている。隣の部屋にはみだそうにも、ふすまを取りはらった次の八畳間も、二段ベッドが四台つめこまれて入り込みようがない。

これだけ狭いのに、一カ所だけ、監督の周りだけ、空間がある。卒業生は平気で踏み込んでいくのに、部員は入っていけない。監督と卒業生が冗談話で笑い崩れているのをチラチラ盗み見して、うれしそうな顔はするが、遠慮がちだし笑い声もめったにたてない。

「早く卒業したい」

玄関を入ったすぐの四畳半が、監督の部屋だ。この部屋も、ベッド、タンス、こたつに占領されている。鏡台が見当たらない。タンスの上や飾り棚の隅に、乳液など化粧品のビンが数本あった。「一本は私のです。化粧水ですかね、あれは。卒業生がくれたんです。一本で五年ぐらいもちますよ。あとのなんか知らないのは、今夜来ている卒業生のです」。

ふだんの声は、まるくて柔らかい。部員の盗み笑いを話題にすると「距離を置いているつもりはないんだけど、話しかけてこないですねえ、あんまり」。

〝能面〟というあだ名の部員がいた。いつも無表情、無口。「なに考えてんのね、あんたは」。何度聞いたかしれない。能面はついに能面のまま卒業して就職。その途端、面をかなぐり捨てた。遊びに来るたび「先生、彼を探してよ」「先生、あのさあ」。

常勝監督は自分でも気のつかないうちに、畏怖《いふ》の空間を身につけているのかもしれない。三年生の新町は三月が待ち遠しい。早く卒業生になって、先生と話をしてみたい。「子供の気持ちってよくわかりませんよ。こっちも年をとってますますわからなくなってきた気がします」。ひとつ嘆いてみせて、監督はこたつに積まれた部員の日記を開いた。

ペンを握りしめ

少ない部員で高い水準を保つため、中三から合宿所に入り、本格的な練習を積む。ことしは中三の部員は一人もいない。中二の三人が繰りあがっている。合宿入りしていないのは、学園の寮にいる高二と自宅組の中一二人《ふたり》の三人。十四人の部員は、毎日、日記をつけて監督に提出する。

花柄、アニメの主人公、ピンク、白、各自好みの日記に、その日の出来事を書きこむ。二階の勉強部屋は、今、日記タイムだ。六畳に机が六台、洗濯ロープが張りめぐらされ、何回か頭がひっかかった。石田は日記をにらみつけ、万年筆を握りしめて書いている。七ページも八ページも書く日がある。ふつうは二ページ。三百六十五日分の日記帳がすぐなくなる。

中一から書き続けている新町は、十七冊目に入った。自宅組の下松道子(中一)は、毎日四十分日記タイムにあてる。昨年六月の入部だが、もう二冊目に入った。肝付、枦元、野元は、たいてい四ページずつ。筆圧強く思いをこめて、学校の話題、練習の反省、いろいろびっしり書きこんでいく。

監督は姿勢を正して日記を読み、赤インクで感想、示唆の言葉を余白に走らせる。野元は、この赤インクの字を見るのが楽しみだ。厳しい先生はきらい、と書いたことはないのだろうか。「大好きなんだから、そんなこと書くわけないでしょ」。千代の富士に似ていると評判の目でギョロリとにらみつけられた。

十四冊、それもそれぞれ一ページではおさまらない日記を読むのだから、きつい日課だ。だが、監督は背筋を伸ばした姿勢を変えない。だれの日記だろう。読み終わるとしばらく考えて、〝勝て〟と余白に大書し、!!、感嘆符を二つつけた。

ジュニア強化合宿

1982.1.5

二日、佐々木はことし初めて泣いた。体育館から合宿所までしゃくりあげながら帰った。合宿所でもまた泣いた。食べたくてたまらないすき焼きの牛肉を、一はし一はし惜しそうに取り除いていたあの子だ。

昨年の十二月下旬、尾辻監督に封書が届いた。差出人は、日本体操協会。「新体操は一九八四年のロサンゼルスオリンピックの正式競技に採用された。強化策の一環としてジュニア合宿を五十七年一月四日から、東京女子体育大学で行う。ついては、貴校の石田ら高二を四人、佐々木ら中二を三人派遣されたい」。強化合宿への参加を要請する文面だった。

三学期がすぐに始まる。残った部員の練習もある。しかし、世界選手権に日本代表として常に出場している大学での合宿。大学生たちのふだんの練習を見るだけでも刺激になる。全国から選ばれたのは、九校二十五人。純心は七人と三分の一に迫る。協会の好意に答えないわけにもいかない。監督は行くことに決めた。

「置いていくからね」

純心新体操の練習は元日から始まっている。「きょうはきょうしかないんだからね。三百六十五日のうちきょうは一日しかないんだからね」。正月の三日も、きょう一日しかない練習日が三日続くだけのことだ。

二日、太り気味の佐々木は、監督に突き放された。「体重が落ちたら、東京に連れていくといったね。五二・五キロか。あんたは置いていくからね」。佐々木は泣きだした。

監督が微細に口に出すのは、掃除や礼儀作法。厳しくしつけられる。

どうしたら体重が落ちるか。なんで新体操をやっているのか。一切、教えない。部員は自分で考える姿勢を要求される。昨年秋に入部したばかりの佐々木は、二日の夕食を抜いた。

合宿所には、減量着がある。化学繊維でできた減量着は空気も熱も通さない。佐々木は、減量着を身につけさらにトレーニングウエアを分厚く着こんで、二日の夜と三日の朝の二回、学園の敷地を走り回った。上級生、先輩が監督のいないところで、こっそり、どうしたらいいか、自分のしてきたことをささやく。減量着の着用方法、走る距離、有効な走り方。伝統という名でひそひそ声は語り継がれる。

体重が落ちた

三日の練習を、監督は卒業生の山崎浩子(二十一)に任せた。三年連続全日本チャンピオンの山崎は、ことしも母校の合宿所で正月を迎えている。「どうせ、ヒロかだれかが入れ知恵したんでしょうけどね。だれかに言われたのが発端としても、自分で走ろうと考えて実行してくれただけでいいんですよ」。体育館の教官室で山崎と部員たちの練習を見ながら、監督はおいしそうにコーヒーをすすった。

練習後の体重測定も、山崎にさせた。突き放した部員がみんなに支えられて努力を始めている。監督は、佐々木に五〇・五キロを合宿参加の条件といい渡してある。みんなの前でだ。一〇〇グラムでも上回っていれば、監督として連れていくわけにはいかない。監督が見ていなければ、佐々木の努力を部員みんなでもりたてることができる。多少上回っていようと、うそは佐々木の努力で帳消しにできる。

体重測定を終えた山崎が教官室に入ってきた。セーターの飾りの毛玉をいじりながら、「先生、落ちてましたよ」。それだけ言った。「連れていけるね」。監督は笑いながら、大きな声でこたえた。

三日午後二時の飛行機で上京する山崎を、鹿児島空港まで送った。日本新体操の顔は、十一月まで詰まった日程が待っている。「卒業しても家族みたいなんです。こんなこと言ったら父親に悪いけど、屋久島の実家に帰るより合宿所の方が、ずっとおもしろいんですよね。ええ、先生たちは午後四時の飛行機で来るから、私が国立の大学まで連れていきます。羽田でどうやって時間をつぶそうかなあ」。佐々木の体重は何キロだったのか。聞かなかった。

クラブ活動

1982.1.6

ミッションスクールも時代の波はかぶらざるを得ない。新体操部と学校との関係を聞きにいったら、話が少年非行の問題にまでなった。山田和子・鹿児島純心女子学園中学高校校長は、ざっくばらんだ。

「数は少ないけど、うちにもやはりありますよ、非行は。家庭教育の崩壊、社会的なもの。こちらの力もおよばないんでしょうけど」

ベージュ色にまとめられた応接室。黒のシスター姿の山田校長は、ひざの上で両手を組んでいる。

「よそさまより、かなり厳しくしつけてはおります。親御《おやご》さんにしてもそれを期待してうちにお入れになるんでしょうし。ですから、二、三人とか、そういう少ない人数ではありますけどね。ないとは言いません。登校拒否症も」

よりきめ細かな教育で対処していかないとならない。クラブ活動は、学校教育の大事な一つの環だ。純心も運動、文化、各種クラブが盛んに活動している。

「その結果として強くなり好成績をあげるんだったら、それに越したことはありませんが、別に強くならなくてもね。私どものクラブは、あくまで教育活動なんですから」

有名にならなくても

新体操部は、中高合わせて学園に三十六あるクラブのうち、唯一の合宿所を持つ。学園の敷地用に買った土地に、たまたま民家がついていた。壊すのもなんだし、新体操部の練習は朝早く夜遅い。暗い道の一人歩きは危険だし。四十四年春に始まった合宿生活の発端だった。

古い木造家屋の合宿所を除けば、部にも生徒にもなんら恩典は与えられていない。入試の際の配慮も、もちろん、ない。引き抜きもなければ、父母の後援会もない。尾辻監督が開いているチビっ子体操スクール出身の部員もいるが、学園の試験を受けて合格したからというだけのことだ。監督は苦笑する。「いいなあと思う子が時々いますけどね。こちらとしては、なんとか合格してくれと祈るぐらいですよ」。スカウト活動も、だから、していない。

「ないといえば、確かにないですわね。遠征費も年間二千円を父母からいただくだけで。学校教育の一環。まあ、よくこんなきれいごとだけであんなに強くなったもんだと感心するんですよ。でも別にスポーツで有名になる必要はないわけですからね、うちは。あくまでわくは外したくありませんね、学校体育なんですから」

きれいごとかもしれない、けちで冷たいかもしれない。山田校長は何回か繰り返した。その度に学校体育なんだから、と必ずつけ加えた。

監督と教育の間で

尾辻監督は新体操部の監督としてだけでなく、体育の〝センセイ〟としても人気がある。集合時間に遅刻でもしようものなら、雷が落ちてうさぎ跳びをさせられるが、「なんね、あんたは」一式の温かさをぶっきらぼうでくるんだ授業は、味があると評判がいい。

監督自身も「監督ではなくて教師なんですよ、原則は」と、照れながら話したことがある。だが、教師だけでは監督はつとまらない。他の有名チームの監督同様、生活をつぎこんでいかなければならない。欠かせない先進地視察も自費だ。純心の五十六年度の生徒会費は約五百万円。うちおよそ百三十万円が体育クラブの運営費にあてられる。監督が使える金ではない。教師として管理する金だ。

山田校長と話ははずんだ。何度か勧められて口にしたシナモン入りの紅茶は、冷めきって歯にしみた。「抜きんでて強いからといっても、今まで以上のこともないしそれ以下でもなし。誇りにはしてますし、勝ってほしいとも思いますしね。でも、支援体制は今のままです。私も時々見に行くんですが、先生が来ると負けるから来ないで、と尾辻先生に怒られるんですよ」。シスターが、白い歯を見せて笑った。

外の世界

1982.1.7

朝食、朝の練習、朝礼、授業、練習、夕食、日記、勉強、就寝。合宿所にテレビはあるのだが、ほとんど見る時間はない。テレビのゴールデンアワーは、新体操部の部員にとって大事な日記をつける時間であり、勉強をする時間だ。

たのきんトリオぐらいは知っている。「知ってますよ。でもね」。町田涼子（高一）は白い首をすくめた。笑うと目がなくなる。「まだ、だれがだれだか、ちょっとわかんないんだけどね」。

級友は情報源

合宿所の二階の勉強部屋。町田の机の上には、スヌーピーがいっぱいいる。主役のチャーリー・ブラウンを押しのけて、日本の女の子の筆箱から洋服まで席捲《せっけん》したキャラクターだ。両親が買ってくれる。兄弟が買ってくれる。友達も時々持ってきてくれる。

新体操の部員にとって、学校の友達は大事な情報源だ。歌、人気歌手。ほとんどの情報は友達から教室で仕入れる。級友はチイスケ（町田）が合宿所でテレビとは縁がないことを知っているから「あのさあ。あのさあ」で教えてくれる。

もちろん、時々はエアポケットもできる。尾辻監督が昨年一番ショックだったのは、国体の敗戦でもなんでもない。ヤゲン（野元）が千代の富士を知らなかったことだ。

「野元っちゃん。がっつ、あんたは、千代の富士に似ちょっがね」。千代の富士の快進撃が連日マスコミで取りあげられていた。きりっとしたまゆ、力のある目、意志の強そうな唇。野元は不思議そうに答えた。「だれですか、それ」。

大相撲が話題にとりあげられることは、まずない。「見せてないわけじゃないんだけど、洗濯、勉強。テレビを見る暇はないですね、確かに。新聞でも読んでくれるといいんだけど、朝も練習で忙しいし」。

女子高のさらに合宿生活。「世間知らずには育てたくないし。なにか方法はありませんかねえ」。監督は気をもむが、そんなに心配することはないだろう。野元も、千代の富士と声をかけると、ブスッとふくれるようになった。教室でだれかに聞いたのに違いない。

知らない歌

新町の腰がだいぶ回復した。昨年十一月の全日本選手権で痛めて治療は長引いたが、今は痛みもとれた。進学先も決まった。「背骨がずれて軟骨が出て神経を刺激するでしょ。そうすると、周りが炎症を起こすんです」。完治とはいえないが、痛みを説明する口調に余裕がある。

「ナルミ」。級友は新町を呼びすてにする。担任の宇田美智枝教諭も級友との仲は案じていない。

「よく笑うし、すぐ泣くんですよ、新町さんは」。宇田教諭もシスター姿だった。特別扱いは何もしていない。宿題にしても出すべきものは出させている。「居眠りをするのを見逃してくれる先生もいるでしょうね、なかには。中学から新体操をしていて有名な子ですから、練習で疲れているな、と考えてしばらく見逃す。そういうことはあるでしょうね」。

むしろ、担任としては厳しくなるのかもしれない。「ええ、その点はあります。私も昨年の四月から受け持ったんですけど、名前だけは前から知っておりました。意識をしなかったといえば、うそになります」。

新町のいる三年六組は四十五人。五十六年の国体で2位になり泣き明かした後、登校すると全員が「いいが、いいが」と励ましてくれた。

秋の霧島への一日遠足。新町はバスのなかでガイド役を務めた。歌が始まった。知らない歌が出てきた。みんなの声に合わせて口だけを動かした。「いい歌だな。後で教えてもらおう」。すこし寂しかった。

1982.1.8

はしゃげる日

十二月二十四日夜、合宿所が笑いではじけた。ただでさえ狭い一階の八畳に、十四人の部員、尾辻監督、それに卒業生、合わせて約四十人がすしづめになっている。「ほらあ、次はどうした。だれね。早く出んね」。尾辻監督の声も実に楽しそうだ。

純心新体操部は年二回、はめを外す。五月二十五日の監督の誕生日と、このクリスマスイブ。いつもは静かな合宿所が、笑い声、拍手、歓声で大きく揺れる。

四十人が押しあいへしあいしながら、なんとか一畳大のすきまをつくった。余興のステージだ。ピンクのトレーナーになにをつめこんだのだろう。腹をせりだしそっくり返った新町が、唇をとがらせてガニまたで歩き回る。題は「もしも加藤茶が関取だったら」。

主将の石田は、最初ためらっていたが、「ほらあ、キャプテンなんだから」の声に、唇を結んで意を決したように畳に正座した。「すみません。いつものシラケ話をやります」。きまじめな石田の唯一の持ち芸だが、卒業生は遠慮会釈ない。「また、それねえ」。いったん心を決めると、石田は強い。ヤジにも動ぜず、話を始めた。

次々に余芸が

四十一年の創部以来、クリスマスイブの笑いは続いている。ミッションスクールの純心学園にとって、クリスマスイブは年間最大の行事になる。夜のミサに参加する信者のために、校長はじめ職員が総出でクッキーを焼く。

部員もこの夜までは、プレゼント作りに精を出す。部員同士のではない。監督へのプレゼントだ。人形が多い。それもほとんど手作りの人形になる。先輩から後輩へ人形作りは伝えられていく。

監督の本来の自宅は学園に近いマンションの一室。ここは、本当に寝る所がない。マスコット好きの監督の性格を知っている部員が、四十一年以来十五年にわたって贈り続けた人形のすみ家になっている。

三笠真実（高二）が男ものの帽子をかぶってステージに座った。「恥ずかしいから、このまま歌います」。言うなり立ちあがると、ポリ容器のしょうゆびんを片手に「北へ帰る……」。津軽海峡冬景色を歌いはじめた。熱唱と言っていい。途中から帽子も脱ぎ捨てた。身ぶりたっぷりに歌い終わると、駆け足で台所に逃げこんだ。

卒業生も芸達者だ。「ヒロ、せんね」。監督と卒業生に促されて、全日本チャンピオンの山崎が立ちあがった。「でも一人じゃね」。山崎がつぶやくと、今度は全日本2位の麓久美子が出てきた。「あたしがじいちゃんをすっが」。

なにをするのか。山崎が「あたしはバアちゃん」とこたえて腰をかがめ、同じように中腰になった麓の耳に口を寄せて、鹿児島弁で「じいちゃんばあちゃん会話」のかけ合い漫才を始めた。部員が笑いころげている。五分くらい続いた。中腰がくずれなかった。麓が前に話したことがある。「純心にいると知らず知らずのうちに基礎体力ができているんです。大学の高度な技が苦もなくやれてしまうくらいの」。

イチゴと生クリーム

余興の後、大小二つの白い生クリームのデコレーションケーキのろうそくに火を入れ、明かりを消して「聖しこの夜」を全員で合唱した。ろうそくを吹き消して明かりがついた。卒業生がケーキの上にのったイチゴを別の皿に移した。

一枚の皿にのった十四粒のイチゴを囲んで部員が輪をつくる。イチゴには少し生クリームがついている。多少多いのもあるが、ケーキからとるときについたクリームだ。たいして違いはない。

イチゴは人数分あるのに部員はじゃんけんを始めた。目が笑っていない。勝った方から順にイチゴを食べていく。新町に聞くと「生クリームの多いのを決めるじゃんけんです」。

イチゴを食べ終わると、部員は「ありがとうございます」と二階の勉強部屋にあがった。石田は机の前の本立てから教科書を取り出しながら、ポツリと言った。「昨年はケーキの方も食べられたのに」。でも、ことしは食べられなかった。

1982.1.9

逆転優勝

新町が床に倒れていた。

五十六年十一月十五日、全日本新体操選手権の会場、北九州市立総合体育館。純心は前日の予選で19・15の得点をあげて、首位の東京女子体育大を0・05の差で追っていた。

この日、先に演技を終えた東女体はミスを連発、構成点は9・75だったものの、実施点は前日の低得点をさらに下回る9・30。審判席の後ろの記者席に「十四日の実施点で、純心は東女体を抑えている。逆転の芽が出てきたな」、ささやきが広がった。

もし、純心なら、高校生として初めて全日本を握ることになる。

「大きくいくよ。撮りまくってくれ」。各社の記者がカメラマンに耳打ちした。

新体操の採点は、構成四人、実施四人、八人の審判が行う。構成は、独創性、工夫、発想など演技の組みたてそのものを見られる。実施は、発想を描く技術力、調和が採点対象になる。絵で言えば、なにを描くか、デッサン力があるか、二つに審判の目が光る。

体が勝手に動く

純心の演技が終わった。白地に赤く鋭く稜線《りょうせん》を書きいれたユニホーム姿の六人が退場する。演技場の青いマットに照りつける白色灯も選手控所までは届かない。

退場したとたん薄暗い床に新町が倒れた。観客席でだれかが手で大きな丸い輪をつくった。運営の女子高生がゆっくり回す得点掲示板が選手控所の方に向いた。構成9・60、実施9・55。逆転だった。優勝だった。

観客の拍手と記者団にとり囲まれた尾辻監督の目が、新町から離れない。「まあ、むこうのミスで転がりこんできたようなもので」。優勝の感想を口にしながら、考える。前から傷めていた腰だ。だいじょうぶだろうか。もうすぐ進学希望大学の演技試験もある。六年間耐えてきた子だ。棒には振らせたくない。救急車で病院に運ばれた新町の容体に質問が飛んだ。「だいじょうぶですよ」。自分でもびっくりするような大きな声だった。

卒業生の内田茂子（二十九）が、懐かしそうに話す。

二分三十秒から三分の演技時間はボーッとした感じです。目は見てるんですね。あっ、腰が低い。あっ、ボールを落としてる。でも、体は勝手に動いている。笑顔？　笑ってますよね、確かに。でも、ボーッとしてるんです。

新町も体が勝手に動いた。「中盤のジャンプでガクッと来ました。立っていられるんだろうか。審判に気づかれないだろうか。後ろへスキップしながら、下がる場面でこのままずっとマットの外まで下がりたい。そう思ったんですけど、また前に出ていました。後でビデオを見たら笑ってるんですよね。ずっと。びっくりしちゃった」。

クマのプー子

町田がプー子をかたづけている。身長約三〇センチのクマのぬいぐるみは、この日も演技場と五メートルも離れない特別席のいすで純心の演技を見守った。今は青いチェックの上着を着ているが、もう何着目になるか、だれも思いだせない。

創部早々、修学旅行のおみやげで部員が監督に持ってきた。以来、遠征には必ず同行する。

勝っては抱きしめられ、負けては抱きしめられる。ほころびてはつくろわれる。町田はプー子を抱きしめた。十月の国体で負けた時は、新町が胸に抱いて泣いた。

新町が卒業して一つ空くレギュラーポジションを、今度は町田が埋める。伴奏テープの準備、手具の準備、もうしなくていい。プー子をいすに座らせるのも、別のだれかの役目になる。勝った時に、だきしめればいい。町田は、最初、そっと抱いた。涙が出てきて、腕に力が入った。抱きしめた。

1982.1.11

家族

「あの子の生きている青春が、とてもうらやましく思えます」。福崎由美香（高一）の母親・昌江（四十二）の静かな口調に、かすかに力がこもった。福崎が中学生の時、昌江は病気で入院、手術。今は健康を取り戻したが、勉強だけの青春はいやと宣言、反対を振りきって新体操に飛び込んだ娘がまぶしくてならない。

「私も女学生時代は体操をしておりました。同じ苦労をさせることはない。平凡に大学にでもいってくれたらと思っていたんですが」

もし病気で再度入院しても、あの子は試合中で帰って来られないかもしれないんだぞ。それでもいいのか。夫婦で話し合ったこともある。「言いだしたら聞かない子ですから。自分の思うように、充実した生活を送れたら。親としてはそれで十分です。幸い私も元気になりましたし。むしろ主人の方が寂しがっているんじゃないですか。一人娘ですので」。笑いに張りがあった。

まぜごはんと豚汁

主将・石田の実家は、鹿児島県上福元町、市電谷山電停の近くにある。昨年十一月に新築した。二階には石田の部屋もある。年に数日しか帰らない長女の部屋だが、いつ帰って来てもいいようにしてある。

十二月下旬、石田家の電話が鳴った。母親のユキエ（四十五）が出た。「礼子です。二十九日は帰れますので、まぜご飯と豚汁をお願い」。ユキエから石田の夕食の注文を聞いた弟・明（十三）が笑いだした。「姉さんも夢がないねえ」。

ユキエは夕飯の準備をしながら時々思う。あの子の好物だ、食べさせてやりたい。なんでも豊富にある時代に、あそこまで我慢して新体操をする必要があるのだろうか。食べ盛りの娘を持つ母親として、娘の我慢する姿を見ると、身を切られるようだ。

食事だけではない。テレビを三十分も見ると、石田は目をこすって「疲れた」と言う。ふだん見つけていないせいだろう。「小さいころから予防注射でも泣かない子でした。本人がやりたくて始めた新体操ですし、弱音をはきたくないのでしょう。グチを聞いたこともありません」。

部員の母親たちが口をそろえるのは、わが子の礼儀作法。石田は自宅での食事でも正座を崩さない。新町の母・国子（四十）も「末っ子でわがままな子でしたから、私が育てたらとても今のなるみはないでしょうね」と笑った。

町田の母・美恵子（四十二）も驚いた。何べん言っても、帰ってくるとくつは脱ぎ散らす、かばん、上着と順番に点々と廊下に落としていた子が、合宿生活を始めた途端、くつはそろえる、加えて「おかあさん、何か手伝うものない？」。

週三回の手紙交換

町田は姉の昌代（鶴丸高二年）に、週三通手紙を書く。スヌーピーの便箋《びんせん》に書いてスヌーピーの封筒に入れる。昌代は来る度に返事を書く。町田が合宿所に入って以来だから、もうあしかけ二年手紙の交換は続いている。

「学校であったこと、合宿所でけんかしたこと。今は苦しいけど後になったら楽になるから、涼子もがんばる、お姉さんも受験勉強がんばって。そんなことをいつも二枚ぐらい書いてきます。こちらからは家族のこと。がんばれとかね。家にいるころは、けんかばかりしてたんだけど。でも、考えていたよりしっかりしてるから、安心なんです。それと、親孝行になったな。離れて生活しているから、恋しいんでしょうね」

十一月下旬、学園のバザーで、町田は初めて純心女高チームの一員として、演技を披露した。美恵子、昌代、末っ子の典子（十一）が、観客のなかにいた。

「チイちゃん、うまいね」。びっくりしている典子にうなずきながら、昌代は思った。「お父さんが見たら喜んだろうな」。町田の父親は三年前に病気でなくなった。

合宿所の孤独

1982.1.12

松沢隆司監督、四十二歳。鹿児島実高サッカー部を率いて十七年になる。ここ数年、寺田孝一監督の鹿児島商高と、正月の全国大会出場権を激しく争っている。昨年は、全国インタハイ、国体の予選を勝ちながら、肝心の正月大会予選で、1－3とたたきのめされた。

高レベルの試合で3点取られれば、これはもう完敗に近い。「偉いよ、寺田先生は。でも、おれたちは、まだ勝ったり負けたり。尾辻先生の新体操は勝ち続けるわけだからね。現代っ子は環境が良すぎるもんだから、自分でやろうという姿勢がなかなかなくて。よくあれだけ、生徒がついてくるもんだ。ちょっとまねできん」。

敗戦の酒の席。内臓を壊してセーブしている松沢監督が、うらやましそうに酒をあおった。

去っていくものへ

だれもがみんなついていくわけではない。

卒業後も東京の大学で新体操を続けることになった新町が、いつもは笑いながら目を見て話すのに、こころもち視線をそらした。冬の日差しに洗われた体育教官室は明るい。コーチ役の卒業生たちの昼食を石油ストーブの上で温めていた手が止まった。

　中一の時は同学年にも仲間がいっぱいいた。興味本位だけの新体操入部は長くは続かない。やりたくてたまらない子も、体をこわすなどしてやめていく。中二なると、同学年の新体操部員は、新町も入れて五人になった。

「一緒にがんばろうね」。部屋でささやき合う声が、中三になると三人になった。高一進学、もう新町一人しかいなかった。

　合宿所の生活。上級生、下級生、話し相手はいっぱいいる。だが、中学、高校での学年の差は大きい。授業も学校の友達も違う。

　新町が、もどかしそうに言葉を探して話す。「なんにもしてあげられなかった。もっとなにかしてあげられたかもしれないのに。いてもらうだけの力がこっちになかったと思うんです」。

　たった一人の最上級生として、下級生に話せないこともいっぱいあった。新体操部員として一緒に暮らして、同じように泣きもしたし笑いもしたが、「だれかもう一人いてくれたら。いてくれるだけの力が自分にあったら。時々だけど、考えましたよ。やっぱり」。

自分で切り開け

一九八四年ロサンゼルスオリンピック日本代表への最短距離の座にいる山崎浩子（二十二）は、

高校から新体操部に入った。小学校時代、一〇〇メートルも走ると保健室に担ぎこまれるくらい貧血気味だった山崎は、入部六カ月の夜、合宿所から実家に電話をかけた。

母親・治子(四十九)が、懐かしそうに思いだす。「涙声でした。〝きついから、かあさん、やめるよ〟。やめてもいいから、一週間考えてごらん。確か、そんな返事をしました」。

電話の後、合宿所のふとんにもぐりこみながら、山崎は隣の上級生に、やめますとつぶやいた。「じゃ、今すぐ出ていきなさい、と言われました。あたし、鹿児島市には親類がいないんですよねえ。夜中に出ていけと言われてもねえ。じゃ、やめるのやめます、で終わりでした。でも何度もやめたいと思ったけど、やめようと思ったのは一度だけでしたね。後にも先にも、あの時だけ」。

コロコロ笑いながら、山崎は話した。出ていきなさいの一言がなければ、「どうなったかな、その後」。遂にハハハと笑いだした。上級生の言葉が、本気だったのかどうか、山崎にもわからない。「たぶん、引き留めてくれたとは思うんですけどね」。

尾辻監督が、なにかの拍子でもらしたことがある。「もっと気持ちをぶつけてほしいんだけど、こちらのできることにも限りがあるし、結局は、自分で切り開くしかないんですよ。あの子たち一人一人の青春なんだから」。ため息をついた。

卒業生

1982.1.13

四十一年の創部以来、純心新体操部の卒業生は、三十八人にしかならない。

四十五年、初出場の岩手国体で初出場初優勝。四十六年、四国でインタハイ初優勝。

モコさん・内田茂子（二十九）が、一六二センチの体をコートに包むと、スラリと際立つ。二十代前半の尾辻監督に徹底的にしぼりあげられた初優勝時のメンバー。今もバレリーナのような姿勢を失っていない。

「そりゃあ、すごかったんだから、もう」。手がよく出た。体育館の床に倒れると、バケツの水が降ってきた。練習がうまくいかない。背中を向けていすに座ったきり、監督は振り向こうとしない。ばつの悪い思いをしながら立ち続けていると、監督の手が出た。コーヒーが飛んできた。

それが、また、ミスをした選手によく命中した。「先生も私たちもお下げ髪でした。ユニホームもナス紺で、今の鮮やかさはとてもなかったですね」。三十八人が卒業していく間に優勝記録が積み重ねられていく。

「私たちのころは〝勝てばよかった〟だったけど〝今は勝たなければならない〟でしょう。かわいそうだなと思う時があります」

青春を形にしたい

尾辻監督は枦元に手をあげそうになった。五十六年八月、インタハイ宿舎の藤沢市のホテル。軟らかいベッドは腰が沈んで、体によくない。山崎浩子も宿泊先のホテルだと、腰にバスタオルを巻きつけて寝る。

ベッドを取り払ってふとんを敷いた部屋に演技する六人が寝た。翌朝、枦元の調子がおかしい。夜中にトイレに起きた。狭い部屋でのざこ寝。帰ると、すき間がなかった。みんな疲れている。起こしたくない。不自然な姿勢でもぐりこみ、そのまま寝た。起きると、体中のすじが痛い。

監督は、なんとか思いとどまった。もう長いこと、部員に手はあげていない。〝ばかだねえ、枦元ちゃん。ちょっと声をかければすむのに〟、そう思ったが、「試合前になにを考えているのね、あんたは」、怒鳴っていた。

「家に帰れないことを除けば、学校の体育と新体操の練習は変わらないと、私は考えています。勝つつもりで練習しているわけでもありません。だけど、これだけ練習して、私みたいな女に怒鳴られて二位だったら、意味はありません。矛盾ですよね、確かに。でも、青春という目に見えないけど大事なものをかけてやっているんだから、それを優勝という形にしてあげる。監督であり教師でもある私の義務なんだと思います。どこまで続くかは私にもわかりません」

夢のなかで

「お願いしまあす」。野元は目が覚めた。夜中だ。だれが練習しているのだろう。野元は寝返りをうった。「すみませーん。おねがいしまあす」。また聞こえた。もう一度、寝返りをうった。「すみませーん」。隣の上級生の寝言だった。私も言ってるのかしら、思いながら、野元はまた眠りに落ちた。

十二月二十六日、全日本二位の麓久美子は空路上京した。空港までの車の中で、大きな目から涙が玉になって落ちた。見送った内田は、「寂しくなったんでしょう、彼女も」、麓の涙を説明した。

一人でなにからなにまで手配してブルガリアに留学。中学生で初めて全日本選手権に出場した才能。麓は一人が好きだ。大学でも独自の道を歩んでいる。「合宿所に帰ってくればね。みんないるし。熊のプー子、昔着たユニホーム。思い出が形になっているし、帰りたくなくなりますよね。私も大学時代、よく夢で見ました。合宿生活の……」。内田の言葉が途切れた。

1982.1.14

苦しみがなんだ

五十六年十二月三十一日午後十時。十一人の部員、三人の卒業生、尾辻監督がひっそりとした街に飛び出した。赤、青、白に塗り分けたトレーニングウエア。灰色のパーカーを着た卒業生の坂元紀子（十九）が先頭に立つ。伊敷町の梅ケ渕観音まで約八キロを走る。観音さまの前で新年を迎える。

明かりが途切れなく流れていく。大みそかのだんらんの声が時折もれてくる。「こら、あんたたち。ちょっと、ペースを落とさんね」。最後尾を走る監督が声をあげる。横を走る山崎浩子がクスリと笑う。

走りながら山崎は思う。ことしは大学卒業だ。進路は決まっていない。経済的な裏付けはないが、新体操を続けたい。しばらくすねをかじり続けるしかない。とうさん、ごめんね。以前は、霧島の一〇キロランニングがおおみそかの行事だった。倒れると先生が背負って走ってくれた。今でも先生は私をおんぶして走れるだろうか。

走り続けたい

トレーニングウエアの背中に白く抜いたＪＵＮＳＨＩＮの文字が夜に浮びあがる。自分より頭一つも二つも背の高い部員を追いながら監督は考える。合宿、勉強、スポーツ、教育。批判もある。人前では泣かずに、意地を張ってここまで来た。だが、全日本選手権の祝賀会では、あいさつの声が詰まった。年をとったと思う。

このままでいいんだろうか。なにより、親からもぎとったあの子たちの青春と、いつまで付き合っていけるだろうか。次第に年齢が部員と離れる。部員の気持ちがわからない時もある。「ほら、またあ。少しゆっくり走りなさい」。

対向してくる車のライトがまぶしい。瞬間、部員の姿が見えなくなる。部員たちの背中が遠ざかろうとしている。足を速めながら、監督は首を振る。冬のボーナスは世界選手権の視察の一部に消える。ユニホームは、一枚一万円前後、やりくり算段がまた始まる。

V9、これはしたい。V10は学園の開校五十周年と重なる。やり遂げたい。あの子たちと自分のためにも。「また、速くなったよ」。部員の背中が小さくなりかけると、声が出てしまう。いつまで、こうして走ることができるだろうか。走れるだけ走ろう。走るだけだ。

甲突川の水面が黒く輝く。身長が足りないため純心では三年間マネージャーだった坂元は、走りながら誓う。大学で個人種目のレギュラーになった途端、体をこわして入院生活が続いた。でも、やめるつもりはない。やめないわ。絶対、やめない。白く強く息をはく。

八月めざして

「ファイトォ」。かけ声を先導しながら、石田は主将選挙を思いだす。得票は野元が多かったのに、先生は私を推した。「あんたは甘ったれだから、主将にでもならないと新体操は務まらない」。妙な推薦の弁だったが、確かに主将になってから変わった気がする。欲もでてきた。私たちの時代で負けるわけにはいかない。V9が待っている。「ファイトォ」。声に力が入る。

梅ケ渕観音に着いた。しばらく息をととのえてから、石段をあがった。新年を足踏みしながら待つ。

線香とお賽銭《さいせん》をみんなが握りしめる。口に出すとご利益がなくなるから、お賽銭の額も、祈ることも、だれも言わない。「教えませんよ」。化粧のない山崎の、笑いを含んだあどけない声がする。後ろに並んでいる人の列がざわつきだした。

除夜の鐘が鳴った。

みんなで行こう
大きな夢持って希望に向かって
進んで行こう
悩みがなんだ
苦しみがなんだ
くじけちゃいけない
徒手部の仲間
〈徒手部の歌・3番〉

第Ⅱ部　日々あれこれ

風向計

鍼灸は新旧に通じ

2000.9.4

蒲生町に仕事場がある二人から対照的な残暑見舞いがきた。

一つは、絵もかけば和紙もすく野田和信さんから。はがき大の手すきの和紙に、腰から足首まで布をまとった南島の女性の版画が、あい一色で刷られている。菩薩か観音さまにもみえる女性が、涼しそうな格好でほほえむ。腕に覚えのある人の手づくりの便りは、しまうより壁に飾りたくなる。

もう一つは、本職は鍼灸《しんきゅう》師のすすむ・てつろうさんの電脳経由手紙。自分の子どもたちだろう。電子処理の写真機で撮影した海辺で遊ぶ幼子たちが、電算機に取りこまれ、回線伝いにやってきた。電算機と電線でつないだ印刷機を操作すると、親が夏休みの子どもたちに注ぐ温かい視線と夏の光線があふれる写真が出てきた。各種の情報通信機器を駆使した電子郵便の最新版も、文箱に入れるのはもったいない。

すすむさんは、電脳連絡網漫画家の仕事ももつ。英国にある連絡網の拠点の一つに、漫画家として名前と電算機の住所が登録されている。注文主はすすむさんの電算機にほしい内容や枚数を送る。作品は、電話線を通り世界のどこにでも届く。

すすむさんが鍼灸院を開いているのは、昔の武家屋敷街の一角。電算機は院の隣の部屋に置かれている。ちょっと前の先祖までは、巻紙に筆で時候のあいさつをしたためていた。子孫は、陰極管や液晶の画面に、字、漫画、写真を入れて、「暑いですね。夏ばてしてませんか」と送ってくる。

夏に水気を絞りとられた体を治療院に運ぶ。院の裏手は川が流れている。せせらぎを伴奏に灸の煙が、へその上でたなびく。はりを打ちもぐさをもむ同じ指が、電算機の前では文字盤を踊り回る。

「特に絵を勉強したわけでもありませんから、電算機の世界にならなかったら、漫画家にもならなかったでしょうね。電算機で絵をかいて遊んでいたら、見かけた人が評価してくれて、いつのまにか仕事になってしまいました」

鍼灸は新旧に通じますか、と下手なしゃれを飛ばしながら、秋の便りを期待する。墨の色や絵の具の香りが漂いだしそうな和紙の音信もいいし、情報技術の発展がうみだした来信もいい。野田さんはどんな絵柄だろう。すすむさんはなんの漫画をかいてくるだろう。

おんな三代歌ごよみ

2001.2.5

祖母、母、孫とつながる女性三人から、歌集が届いた。

「夜の床に手の甲つまみていいし母のかかる仕草を吾もしている」（『七滝』河野君江、短歌新聞社）、「前半生過ぎてしまひし身体かな湯槽《ゆぶね》に腰かけ歯を磨きゐる」（『家《いへ》』河野裕子、短歌研究社）、「ひかえめは美徳といえず組む脚の浮いているほうのつまさき揺らす」（『日輪』永田紅、砂子屋書房）

孫の紅さんは大学院生で、未来を切り開こうとする足には張りがある。母の裕子さんの歌からは、ふろ場でもらすため息とまだ捨てたもんでもないかと居直ったつぶやきが聞こえてくる。祖母の君江さんの手つきは、うちのばあちゃんもやっていた。人生を乗り切るうちに肌は水を失い、つまむと離してもすぐには元に戻らない。

ひねってもまだ跡さえ残らないだろう紅さんにはぜいたくな時間が広がっている。「またすぐにとらえることもできる気がして放ちたり葉桜のかげ」。離したのはホタルかもしれないし、恋人かもしれない。裕子さんにはつかまえた幸福を逃がす気はない。「じやがいもを買ひにゆかねばと買ひに出る　この必然が男には分からぬ」。決然と買い物に家を出る足が、君江さんになると、おぼつかなくなる。「自転車で転びし闇に二人分の菜拾いいる車こぬ間に」

足取りは確かでも、若さは自分で地図を書かなければならない不安にもつながる。紅さんはあけっぴろげにむせぶ。「二十代湯水のように怖ければまた泣きもせむ日輪の下」。裕子さんは娘を見ながら「割烹着のポケットに両手をさし入れに来しことありきこの下の子は」と思いだしている。

君江さんの歌には、義理の息子、裕子さんの夫で紅さんの父の歌も出てくる。「眠るだけ眠らしておきたし朝日射す部屋に和宏氏のながき脛」。和宏氏は、南日歌壇選者の永田和宏さん。義母はむこに優しいが、娘は父につれなくて、父はなげく。「この頃は髪も、肩さえ触らせてくれぬ娘を本気で憎む」（『華氏』雁書館）

結婚、出産があたりまえだった世代とひとりでいても世間がひそひそ話をしない世代。血で結ばれた三人の女性は、自分と家族の新しい時代をどう歌っていくのか。ドラマの続編を期待する気分で次の歌集を待っている。

2001.7.10

海から吹いてくる風

島旅作家、旅行写真家の河田真智子さんから、新著『『島旅』の楽しみ方』（三笠書房・王様文庫）が、届いた。

奄美をはじめ日本から世界まで、島をめぐる旅の魅力と、荷づくり、服装の注意が書かれている。扇風機の前に座りこみ読んでいたら、島を囲む海から吹いてきた風を思いだした。

河田さんとは、十年ほど前、出張先の奄美・加計呂麻の民宿で、泊まりあわせた。長女の夏帆さんと二人旅だった。

「ナツホは脳障害なもんですから、夜中にうめいたりするかもしれませんけど、ごめんなさいね」。歩けない話せない夏帆さんと車いす、荷物を抱えながら、河田さんはヒョイヒョイ、軽々と島を回っていた。

たまたまの出会いは手紙のやりとりにつながり、かろやかにみえる旅が、周到な準備で支えられているのを知った。夏帆さんを連れていけない旅には、夫や友人など面倒をみてくれる人の輪をつくって、出る。

夏帆さんと一緒の旅では、荷物がかさばる。身軽にしようと工夫の限りをつくす。トイレットペーパーがない島もある。一回あたりの使う長さを実測、持っていく個数を割りだす。

自分が置かれた状況を正面から見つめる母の目、女の視線は、本のなかでは綿密な気配りとなり、旅に必要で便利なこまごまを教えてくれる。

加計呂麻の朝、民宿の庭で海風に吹かれていると、夏帆さんを連れた河田さんに「眠れましたか」と声をかけられた。夏帆さんに「おじさんのイビキで眠れなかったんじゃないかな」とこたえた。

「旅をしてると、みんな、ナツホに話しかけてくれるんです。あたしにも、風邪ひかすなよ、日に当てるなよって」

本には、二人の奄美への初旅行、数年前の再訪の旅も掲載されている。幼女から少女になった夏帆さんは重くなり、車いすは大きくなり、日用品は増えただろう。旅の達人は、抱えている重さも大きさも数の多さも感じさせずに、ヒョイヒョイと、また、島を回っていったのだろう。

ツルの目で見た北薩

2001.12.11

鹿児島とソウルを結ぶ大韓航空の空路を地図でたどると、溝辺から北薩、韓国内陸部を貫くほぼまっすぐの線になる。

十一月下旬、午後一時二十分溝辺発の便は、霧島連山の上に広がる青い空にのぼった。高度一万メートルから窓の下をのぞく。阿久根の海岸線、阿久根大島、出水平野が見えてきた。ツルの目だなと思った。

稲の刈り取りがすんだ高尾野と出水のたんぼで冬をすごそうとしているツルたちは、飛行機が目指すソウルの仁川空港近くの干潟と北薩の間を、渡りの道の一本にしているらしい。

視線はもっと低いかもしれない。ヒマラヤの山なみを超えていく渡り鳥もいるから、なかには、飛行機と同じくらいの高さを飛んでくるツルもいるのかもしれない。

ツルの目になって北薩におりていく。黒っぽい陸地が次第に緑に変わっていくのだろう。青いじゅうたんだった海に白い波が見えてくるのだろう。

ソウルから帰ってすぐに、北薩の観光関係者と会う機会があった。ツルの目の話をした。仁川の干潟はドカッドカッと豪快に盛り上がり、大ぶりの貝やカニがいくらでもいるおいしそうなエサ場に見えた。阿久根や出水の海と陸は、長旅を優しく迎えるネグラに見えた。

関係者は言った。昔は北薩一帯にツルがきた。全体で受け入れていたら、はるかに大きな観光資源になっていただろう。

資源は残っているじゃないですかとこたえた。川内の西方から北へ延びる海岸線はツルから人の視線になっても、落ち着きたくなる印象を与えてくれる。

海岸が見える鉄道もいつまで残れるか、関係者の返事はため息だった。

生活や通学だけでなく、乗ってみたくなる視線も考えた鉄道にしたらいい。速さを求める人は新幹線、海岸線を見たい人には、個性的な駅弁を用意する、中身は電動で、汚れない煙をあげる観光蒸気機関車でも走らせる。考えこむ関係者を、変わらないでいいものは変えずに、残さないといけないものは残しましょうや、と励ました。

2002.6.24

有事は軽く祈り深く

天の高みから爆弾を降らす米軍機に届いているのかいないのか頼りない高射砲で応戦していた

ら、すぐ近くに鉄の雨の一滴が落ちてぶっ飛ばされた。三日三晩、幽明境を行き来した。爆発があとちょっと間近だったら「オレはいないし、オマエは生まれていない」。

学徒動員で戦争に駆り出された亡父から折に触れ聞かされたせいだろう。爆弾は字を見ただけでアッカンベーと舌を出したくなる。

爆弾が核だったら、舌を出そうにも存在がない。長崎の歌人竹山広さんの「全歌集」（雁書館・ながらみ書房）を開くたびに背筋が寒くなる。「附着せる皮膚もろともに剥ぎ捨てしシャツにたちまち群がれる蠅」「這伏《はふふく》の四肢ひらき打つ裸身あり踏みまたがむとすれば喚きつ」

竹山さんは八十歳を超えている。「芝の秀の臀に痛きを言ひて立つをとめごよその肉うごく臀よ」「囲はざる岩湯に淡き裸見えあやまちに遇ふ思ひのごとし」。枯れてるんだかないんだか、しゃれた歌をつくる人だなと思っていた。

既刊の歌集五冊と最新歌集「射禱」を一冊にして昨年末に出版した「全歌集」は、迢空賞、詩歌文学館賞、斎藤茂吉短歌文学賞と今年の短歌の主要な賞をさらった。好きな歌人が評価されるのは楽しいが、六歌集の底を貫く長崎の原爆の光は、まぶしい、つらい、息苦しい。

「射祈禱」はカトリック信者の日々の短い祈りをいう。短くても日々を重ねれば原爆の光を見すえる目の強い光になる。「雪だるまの解けゆく腹に現れて椿は保つそのくれなゐを」「紫陽花のいとけなき白けふ淡く藍をふふめり爆心園は」

なにが「有事」かを説明できないまま「有事」を連呼する声の軽さ。「血だるまとなりて縋りつく看護婦を曳きずり走る暗き廊下を」の傷つけられた肉体と人を傷つけるなとの祈りの重さ。祈りながら「唇赤きひと玄関に立ちゐたり春一番といふ風の日に」とつぶやく竹山さんには、二百歳くらいまで祈りとつぶやきを続けてほしい。

2002.12.2

故郷はきょうも潮騒

いつかいっぱいやりましょ、約束が実らないまま、遠い世界に行ってしまう人が多くなってきた。十月二十七日に亡くなった歌人の石田耕三さんとも、電話のたびの別れ文句は「折を見てちょいとひっかけますか」だったのに、会えずじまいに終わってしまった。

石田さんの歌と初めて出合ったのは十年前になる。「串木野の夜ふけ炉端焼沖ノ島糸縒《いとより》鯛は刺身につくれと光る」。いける口でないと、魚の方からよろめいてきて、お刺身にしてなんてすがりつくはずがない。電話をしたら、やっぱり、だった。

串木野は島平の出、短歌誌「長流」を編集している、住まいは東京は渋谷のマンション、おや、あなたもシブヤさん、奇遇ですなあ、やりますよ、酒は浴びるくらい、ところがだ、糖尿でね、とんといけなくなって、昔しか知らない人が送ってくるもんだから、家中が酒蔵になってしまって、ちょうどいいや、送るから飲んじゃってよ、いやいや、ためてるだけじゃ、酒たちもかわいそうだし、東京に来たら、ぜひそのあたりできこしめしましょ、なめる程度の相方でもうしわけないんだけど。

病気は進んでしまう。「弓なりの吹上浜の尽きるところわがふるさとは月夜潮騒」。月と星と波に包まれながら、一升瓶を抱えてふらつく姿が見えそうな歌をつくった人が、つえを離せなくなる。

お見舞いと新歌集の取材を兼ねての電話も最後はいつもの言葉だった。なめるくらいはなんとかできるからね、上京したらほんと寄りなさいな、飲ませたい酒がいっぱいあるんだから。

送ってもらった酒は飲み干した。アジの干物をお礼にはしたものの、酒の帳尻で言えば、おごられっぱなしになる。割り勘に戻したくても、できない。

すいませんと謝りながら歌集をめくっていたら、一首、目についた。なるほどな、さすが酒豪だった人だ、いいね、真似させてもらおう。夫人に石田さんの行きつけだった店を聞いて、カウンターに座る。で、「亡き友の行付《ゆきつ》けの酎亭捜しあて残しある焼酎瓶の腹撫でてやる」。

優しいバスが走る春

2003.5.12

鹿児島市は車いすが乗り降りできるバスを走らせている。昨年の四月、電動車いすが乗るのを手伝った。バスの床が低くても、歩道と段差があれば車いすは入れないし、人が乗った電動の重さは百キロ単位になる。運転士さんや席を立ってきた人たちと数人がかりで運びこんだ。

「ありがとうございました」「どういたしまして」。乗り合わせた客の手助けで、バスは優しくなれた。

車いすに心配りのバスは、乗降口を低くしたから、割を食った面もある。座席は少ない、後方通路には段差ができた、運転席後ろの席は、寝台列車の二段目にのぼる感触を思いだす。

チグハグは、車いすが乗るのを実際に目にして、消えた。体の自由がきかない人にも乗りやすくしよう、掲げた目的は正しい。過程で生まれた不都合は改善で乗りこえられる。

今年の四月、ツツジがこぼれだしたい日、黄色の車体が目印の気配りバスに乗った。お年寄りを中心に満員だった。

つえを突いた男性が乗ってきた。不自由な足にも、バスは乗りやすい。年配の婦人が席を譲り、彼女には若い女性が席を勧めた。外は春、中も春。

つえと連れに助けられ半身が動かない男性が乗った。連れに支えられて立っている。

男性のそばの席には、世界大戦や戦後の混乱を生き抜いてきたらしい女性がいた。こちらと同じ停留所から乗った人で、ベンチから立つなり割り込み、席に腰をおろした。老いてもたくましく、ほれぼれした。

体も心もたくましくても、ままにならない体の人が立っているのは、見過ごせない。どうしよう、年からいやアタシの方が上そうだけど、と迷いが目に浮かんでいる。

優しく心を配り気を使いお金もだして手段や施設をつくろうと、最後は人にかかる。座っているのがつらそうですね、人生の腕っこきさん。

　外の春に包まれながらバスを見送った。窓は紫外線防止仕立てで中は見えない。今ごろ男性は座っているだろう、女性は照れているだろう。

米泥棒は大ばか野郎

2003.10.19

　二十歳のころ、東京の米屋で働いた。六〇キロの米袋をトラックからおろす。口を開け精米器に流す。終わると、板張りの床をほうきではき、こぼれた米を集める。一粒でも残っていると、雇い主のオヤジさんは怒鳴った。「つくった人の苦労を考えやがれ、バカヤローめ」

　滋賀で収穫直前の米が盗まれた。オヤジさんなら「オオバカヤロー」とわめくだろう。量は八四〇キロ、金額では二十二万円の被害、一トン近い米の値段にしては、安い。

　六〇キロで一万六千円、政府買い入れ価格などを標準にすれば妥当な数字なのかもしれないけれど、始まりは縄文前期の六千年前説もある稲作国の一員は、田にしみこんだ汗に思いが行く。農家の難儀を勘定に入れれば、被害額はもっと高くてかまわないし、苗から育てる荒れた手の痛みに目をつむる泥棒には、オオバカヤローを繰り返し投げつけていい。

　秋の日がたまった鹿児島県内の田んぼの一枚で稲刈り中の女性と話した。七十歳、刈り取りの機械を運転していた夫も同い年、しくしく泣くヒザをのぞけば元気、北の方は冷害でもおかげさまでまあの出来、受け答えは進んで、品種の話になった。

滋賀でバッサリやられた米と同じ種類だった。もうけねえ、自分で食べる分にも回すからどうなんでしょう、機械は新車、三五キロ以上になる玄米の袋運びがきつくて、農機具会社が売りこんできた田んぼでは袋詰めがない機種にした、トラックで家に持っていった後、乾燥させ袋に詰めて農協に出す、機械を新しくしたからといって、三五キロを運ぶ仕事がすっかりなくなるわけじゃない、ヒザは泣きますよ、やっぱりねえ。

二十歳でも六〇キロはこたえた。七十歳にとって三五キロはどれくらいの重さになるのか。

米づくりは経済性を重く見た道を進んでいる。効率化、大規模化、ブランド化の言葉が踊る。小さな田んぼの米に手を出すな、泥棒よ。なくなっていくかもしれない日本の風景なんだから。

2004.3.21

表通りより裏通り迷い道

表通りより裏通り、快速より鈍行が好きだから、肥薩おれんじ鉄道と九州新幹線の開業で沿線六首長の談話取材を分担する際、新幹線がとまらない阿久根、野田、高尾野を迷わず選んだ。「地域発展には新幹線より鹿児島線複線化」を訴え続けた阿久根の主張は、新幹線がトンネルをくぐり抜けだした今も正当性を失わない。「鹿児島県全体を見回し在来線がいるかどうか考えるべき」と力をこめた高尾野の平原三男町長の持論も正しい。

阿久根の隠れた名菓「さざえ最中」を買いこんで肥薩おれんじに乗り、阿久根から川内の西方まで続く海岸線に酔いたい、在来よ、なくなるな、と祈りたい。

鹿児島中央駅に名前を変えた西駅周辺でも、足は、玄関よりも勝手口の西口に向かう。なじみの飲食店もある。道路をはじめ整備が進み、駅前らしい顔になってきたのは、新幹線が来たおかげか、一度くらいは高速体験もいいか、いつためすかなと胸算用中に、お出かけダイスキでせんさくトクイのマダム二人から、西口の悪口をたっぷりと聞かされた。

薩摩切り子の塔が見栄えがしないわね、もっと高い台座に据えたら見られたかもしんないのに、交番とトイレが見分けつかないくらい似てんの、トイレもひどいのよ、手を洗うとこは四つあるのに、トイレは二つ、なに考えてんのかしら。

好みの街をくさされると反論したくなるけれども口で勝てるわけはないので、ほこの先を玄関の方に向けてもらう。

表口は表口なんでしょうけど、なに、四角のバスターミナルなんて、だれが設計したの、自動車教習所じゃないんだから、クランクの練習ばっかさせられてる気分になるんじゃないかしら、バスの運転手さんたち、ターミナルの外にとまるバスもあるんでしょ、ターミナルって言えるの、だいたい、JRの駐車場も分かりにくいし、百年に一度の街づくりのチャンスって言ってた割にはねえ、観覧車もいいけどさ、足元がさえないわね。

丸い地球を四角に渡りたい人たちがいるんでしょとあいづちを打ったら、「しゃれとしては三十点の出来ね」だった。

今はまだ温かいけれど

2004.8.22

韓国に行くと、安い店で飲む。日本人の観光客はいない。地元のオジサンやオバサンたちに囲まれて、豚を焼き、地酒のマッコリをあおる。一リットルで二百円くらいの安い酒だから、置いていても商売にならないのだろう。マッコリは、近くのコンビニで買って持ち込む。持ち込み料なんて概念はない。青とうがらしをボリボリかじりながらマッコリを流しこむ。店のオネエサンに「アンタ、黙ってれば韓国人みたい」と笑われた晩もある。

市場も日本人が足を運ばない場所に行く方が多い。豚足がおいしい。日本の豚足と違い、韓国豚足は、足一本をモモからつま先まで金属の棒を突き通して火にかけ、タレをかけながらじっくりと焼きあげる。チャーシューともハムとも違う味わいで、酒のさかなにもおかずにもなる。一キロで千円、品定めしていると、店のオバサンから早口の韓国語で攻めまくられる。うまいよ、安いよとまくしたてているのだろうと見当をつけ、「そうねえ」と答えると、「アラ、日本人か、珍しいねえ」と言っているのだろう、口は止まらないけれども、目を丸くする。

豚コレラや鳥インフルエンザへの心配で、外国からの肉製品の個人持ち込みは難しくなる。豚足も気軽におみやげにできなくなるかもしれない。検疫の充実を考えれば、豚足持ち込みに壁ができてもあきらめはつく。壁にならなければいいけれどと気がかりなのは、韓国政局に浮上している「親日行為」問題。日本の植民地だった時代、統治に協力した行動を洗い出す特別委員会を国会に設置しようとする動きが出ている。父親が旧日本軍憲兵をつとめていたとして、与党議長（党首）は十九日に議長を辞任している。

サッカーアジア杯での中国内の反日騒動と合わせてみたり、韓国人で日本語が話せる人が多いのは押しつけの結果だと振り返ってみれば、日韓中の近現代史に刻まれた戦争は遠い過去ではすまされないと気がつく。韓国人だけの店や市場で冷たい目に出会った経験はまだない。視線の冷却化を防ぐには、戦争への鎮魂と反省を続けていくしかないだろう。

2005.2.6

テレホンカードの穴

南日歌壇選者の永田和宏さんから手紙が来た。「一九九二年に選を引き受け今年で十四年目、出合って忘れられなくなった投稿作を後世に残すため今年も紹介に努めます」と、四首、並んでいた。

「逝きし夫《つま》のバッグのなかに残りいし二つ穴あくテレフォンカード　玉利順子《よりこ》」「亡き夫の財布に残る札五枚ときおり借りてまた返しおく　野久尾清子」「事件あればアップで映る鋭利なる検察庁の庁の字の撥ね　鮫島逸男」「身を伸ばしようやく触る互いの手日朝会談のテーブルの距

離　山口龍子」

永田さんは一読覚えてしまう名歌と四作を評価し、力は「小さな具体」に宿ると指摘する。生活の片隅のささやかな具象が、大きな情感へ広がっていく。

電話用カードの穴（もっと電話をかけたかったろうな、今だったら携帯に残ったメールかも）財布の札（欲しいものも買わないうちに）検察庁の看板（頼りになるんだかならないんだか）外交協議の卓子（両者のへだたり、溝の深さ）

玉利さんに聞いた。歌は、夫僚《さとる》さんが六十四歳で亡くなった九八年につくった。「肝臓がんでした。朝から晩までパンをつくり続けた人生の疲れがたまったんだろうと思います。休み下手の人でしたから」。伊集院駅前の店を切り回す妻に、夫は、入院先の鹿児島市の病院からカードで電話をかけては「一人で苦労させて、すまんなあ」と謝った。

カードは百五度数、穴は百と五十の間にあいている。残った五十度数は、何回分の「すまんなあ」になるだろう。店にはカードも商品で置いていたけれども売れなくなり、店の前の公衆電話も撤去され、店自体も二〇〇三年に閉めた。

「駅前も年々寂しくなって、最後はひいきにしてくれた高校生になるだけごちそうして幕としました」。カードを使うつもりはない。五十度数分のすまんなあは残り続ける。先輩の電話機を固定電話と改名させた携帯に押され、病院などをのぞけばカードの出番は少なくなった。直径ほぼ一ミリの穴から、家族の歩み、時代の流れ、日本の姿まで見えてくる。

火の竜に乗る騎士たち

2007.4.8

彫金は冷たい金属にたがねで文様をあたたかく描く。旧宮之城町出身、彫金作家の故帖佐美行さんの工房は、東京の住宅街にあった。もうだいぶ前になる。訪れて話を聞いていたら、締め切りが迫っていた作品に意識が向いたのだろう、突然、カンカンと素材の銅にたがねを打ちつけ始めた。三十分以上たっても終わらない。ほぼ二時間が過ぎても同じ。

およそ四時間目くらいか。銅におおいかぶさっていた猫背が振り向いた。「おお、ゴメンな。話の最中だったな。すっかりほったらかしちまった。早いとこ仕上げにゃならんってことで、許せや。ところで、どうだった、実際、間近に見た彫金の仕事は、地味なもんだろ」

「一瞬、竜が見えました」と答えると「なんだ、そりゃ」。素材の銅は飛び上がる竜、彫金作家は、はねまわる金属と組んずほぐれつの騎士でしょうか、そう見えました、と補った。帖佐さんは「そうか、この老いぼれた手も、まだそんなに力強く見えるか。元気が出るな」

冷たい銅でさえ竜を見た気になる。土の造形を陶磁器に変身させる登り窯に火入れから付き合うとなると、窯が火を吐く竜に見える瞬間がいくつもある。

窯の方々に開いたのぞき穴にはふたがかぶさっているけれど、燃え盛る炎は、ふたのすきまを見つけて、四方八方で踊りだす。焼き物職人は脱水症状の一歩手前で踏みとどまりながら、竜と化して飛び回る火を、乗りこなしていく。

窯の火力がガスや電気でも、火と付き合う点では、作者は竜の騎士にならなければならない。素直に従ってくれる相手ではない。何度も振り落とされる。

鹿児島市の黎明館で開催中の鹿児島陶芸展、一作品の前で足が止まった。花器でも置物でもよさそうなおおぶりの箱形で、茶がかかった薄墨色が全面に流れている。微妙に中心を外し対称もややゆがませた奇妙な安定感を見せながら薄桃色の群落が浮かぶ。これか、最高賞は。確かに「春宵」の作品名の通り、桜ふくらむ春の夜が見えてくる。竜に乗った騎士のたずなさばきに心で拍手を贈った。

2007.9.16

「われは宰相たりうるか」

内閣総理大臣を縮めて、総理、首相。宰相、とも言う。宰は、屋内で仕事に携わる人を表し、訓は、つかさどる、になる。宰だけでも百官の長の意味を持つ。同義語のはずなのに、首相でも傑出した存在を宰相と呼ぶ例が多い気がする。

思い浮かぶのは、メッテルニヒとかビスマルク。二人とも、王国やら帝国やらがウジャウジャの十九世紀欧州で、政治の舞台を切り回した。ビスマルクにいたっては、宰相の上に、鉄血の二字までつく。「ドイツ統一は演説でも多数決でもなく、鉄（兵器）と血（兵隊）である」と議会に豪語したから「鉄血宰相」。

日本には、ライオン宰相がいる。髪型だけなら前の首相も有資格者だろうけれど、話は戦前にさかのぼる。第二十七代首相を務めた浜口雄幸《おさち》。一九三〇（昭和五）年に東京駅で銃撃され翌年に亡くなった。いかつい顔に堂々たるひげ、頑固な性格から、ライオンの冠がついた。

鹿児島には「幻の宰相」がいた。幕末の薩摩藩で城代家老の任についた小松帯刀《たてわき》。正面写真が残る。太いまゆに見開いた目、ギュッと結んだ唇。頭の回転も速そうないい男で、京都では、芸者と遊び回る。いさめる向きには「女遊びではなく情報収集である」と答えたらしい。

小松を幻の宰相としたのは、旧日吉町の教育長だった故瀬野富吉さん。八七年に南日本出版文化賞を受けた「幻の宰相　小松帯刀伝」には、小松が日本の初代宰相としていかにふさわしかったかを裏打ちする業績と識見が詰まっている。

公武合体、尊皇、攘夷《じょうい》。もつれる歴史の糸を西郷隆盛や坂本龍馬らと力を合わせ、ほぐし束ね、江戸から明治への時代転換に力を尽くしながら、病気には勝てず一八七〇（明治三）年に三十六歳で死去。もし小松が健康だったら、西南戦争はなかったろうとする歴史家もいる。

権力を投げ出した現首相は入院した。激務か、任ではなかったか、いずれにせよ、早く回復してほしい。能力と体力の限りを要求するのが首相のいすだろう。次の首相にはせめて覚悟くらいはしてもらおう。「われは宰相たりうるか」と。

海で助けるのが使命

2008.2.24

漫画家かわぐちかいじさんの「ジパング」は、海上自衛隊の現代最新鋭のイージス艦が、第二次世界大戦時の太平洋に時間移動してしまったら、を主題にしている。単行本の三十二巻では、戦艦大和の大口径の主砲から発射された対物破壊砲弾が、イージス艦「みらい」の対空、対水上レーダーを、ほぼすべて壊す。優れた目の機能を失った艦を、一乗組員は「ミサイル運搬艦」と自らあざける。

運搬艦ならまだいい。売りの優秀な監視能力が傷ついていたわけでもないだろうに、七七五〇トンの自分より千分の一以上も小さい漁船を真っ二つにして、乗っていた二人を見つけられもしないイージス艦を、なんと呼んだらいいのか。艦名の「あたご」は、漢字で書けば京都の地名の愛宕。名前自体に責任はないにしても、いつくしんだり守ったりの意味を持つ愛の字がそらぞらしく見えてくる。

日本を守るにふさわしい地位をと望んで庁から省に昇格したはずなのに、背広組の元最高責任者はゴルフざんまいのデタラメ次官、国民の盾のはずのイージス艦は、衝突直後は海上にいたかもしれない親子を見失う。いつ飛んでくるかもわからないミサイルへの備えなんかいらない、とは言わないけれど、建造費に千四百億円もの税金を使って、人一人助けられない自衛艦が必要なのか、本当に。

イージス艦本家のアメリカは、制御不能に陥り有害な燃料をまき散らす恐れがあった偵察衛星を、艦から打ちあげたミサイルで粉々にした。約三百キロ先の宇宙空間を漂う物体を外さない技術が、なぜ目の前の人命を救う力に応用されない。海を漂う命を発見し救助する能力も磨かないとただの暴走自衛艦でしかない。

「ジパング」は、搭乗機が海上に墜落した大日本帝国海軍の将校を、みらいが救うところから話が始まっていく。歴史を変えるかもしれないとの反対論を、海上自衛隊員が海で命を見捨てるわけにはいかないと幹部が説得する。事故直後、あたごではどんな会話が交わされたのだろう。早く助けろ、急げ、の怒声が飛び交ったと信じたい気持ちはあるけれど。

ウラ霧島オモテ霧島

2008.8.3

霧島国際音楽祭は今日、霧島市のみやまコンセールのファイナル・コンサートで幕を閉じる。鹿児島県などの主催で来年は三十回。重ねた歴史は「ウラ霧島オモテ霧島」という隠語も生み出した。舞台裏で演奏家たちが使う。

近況や予定をおしゃべり。「ウラ霧島は」と聞かれ「東京だよ」とか「アメリカなの」とか。霧島音楽祭の期間中がオモテで、ほかの日々はウラになる。世界を回る一流音楽家が暦を見ながら

「そろそろオモテ霧島か」とつぶやく姿を思い描くと、鹿児島人としては、楽しくなってくるじゃないか。

辞書によってはドヴォルジャークとも書くドボルザークを故郷のチェコ語ではどう発音するのか、なんて愉快な雑学も演奏合間の息抜き一言で、チェロ奏者から教えてもらった。「ダボッジャ」。みそ汁を飲みながらくしゃみをすると現地語に近くなるらしい。

最強音はのびやかに解き放ち再弱音はそっと拾うコンセールのホールを、演奏が満たし、軽い冗談が流れ、笑いがさざめく。チェロ界最高峰の一人で霧島の音楽監督・堤剛にしても、弓を手にすれば一音一音をゆるがせにはしないけれども、オモテの期間中に迎える誕生日の余興には、相好を崩す。

講師と受講生が総出のチェロ臨時交響楽団は、スーザの行進曲を披露。曲中で大きな役割を果たす大太鼓の音はどうしたかと言えば、数十人が一斉に片足をあげて、床を踏み鳴らした。

ウィーン交響楽団の新年演奏会の客席は、タキシードとドレスが埋め尽くす。夏の霧島は、半袖、短パンにペタペタサンダルも多い。盛り上がりの最中に客席で携帯電話、の際も弾き手はおおらかに微動もせず曲は進んだ。

第二次世界大戦中、爆撃にさらされながらフルトベングラーに耳を澄ますドイツ国民もいた。平和にかしこまらずに、が積み重なる幸せな音楽祭。大赤字を背負っちゃいても、知恵と金をひねりだし、三十回以降も続けていきましょうや、鹿児島のオモテ霧島を。

パイナップルの缶詰

2009.1.11

国道3号を北上して薩摩川内市に入る。バイパスではない旧来の道を行くと、左に菓子店舗とつながった石壁の建物が見えてくる。入ると中も腰高まで石張りの喫茶室兼ギャラリーで、名前は「のせ菓楽工房U1スペース」。

展示中の絵の一枚は縦長の構図、パイナップルの大きな缶詰が、降りしきる雪に埋もれている。缶詰の上の雪空には、パジャマの少年を抱いた白衣の看護師。少年の頭に髪の毛はない。

一九八六（昭和六十一）年四月、旧ソ連、現ウクライナのチェルノブイリ原発で大事故が発生した。ウクライナの隣国のベラルーシにも汚染が及ぶ。少年は重い白血病にかかり亡くなる。

悲しくて切ない題材で雪も冷たいはずなのに、絵の色調と描線には、人の体温のぬくもりがこもる。直線が柔らかい曲線のつながりに見えてくる。

並んでいる絵は、少年を治療した医師の鎌田實さんの絵本体験記「雪とパイナップル」の原画で、旧祁答院町出身のイラストレーター・唐仁原教久さんが描いた。無機物の石にさえ呼吸を与える唐仁原さんの優しい絵筆は、絶望を許さない。雪の空に希望を探す。

食欲が出ない少年は「パイナップルなら」とつぶやく。鎌田さんと一緒に来ていた看護師の日本人女性が、冬の貧しい北国にあるはずのない果物を、探し回る。うわさを聞いただれかが缶詰を届ける。缶詰は、少年、治療団、善意の人々、みんなの希望の象徴だった。本を読み、あらためて絵を見る。希望が、いっぱい詰め込まれているせいだろう。缶詰が、ふくらみだす。

唐仁原さん自身も、身体の弱い少年だった。冬は、一日中、こたつにこもり、好きな絵を描き続けた。体験は人をつくる。大人になり登山をしょっちゅうするくらい丈夫になっても、弱者の視線は忘れない。人の痛みをひとごとにはしない。現代日本が忘れかけようとしている心に、消えるなよとささやきながら、灯をともし続ける絵の展示会は、十四日に最終日を迎える。

2009.6.29

天国支える地獄の体験

鹿児島市の天文館、路地の一角に、もう三十年以上続く酒場がある。広くて長いカウンター越しに、店主の久永義仁さん（七十六）と時折、言葉を交わす。話題は、天気だったり景気だったり。先日は、言葉ではなく、印刷物を渡された。題は「体験した地獄」。読み出し、目を離せなくなってしまった。

時は、日本と米国が戦争を展開していた一九四四（昭和十九）年の六月。場所は、太平洋に浮かぶ北マリアナ諸島の一つ、サイパン島。占領していた日本軍は、米軍の空襲、艦砲射撃、上陸攻撃に押しまくられ、七月には全滅する。玉砕戦は、民間人も巻き込む。少年だった久永さんも、両親など家族とともに、戦火に追われて、島の北端のがけにあった洞穴に身をひそめる。

姉が連れていた二歳の男児が、水を欲しがり、小さな声で泣く。一緒に隠れていた兵隊の一人が「米軍に見つかる」と、絞め殺す。家族はぼうぜんと夜を明かす。決断した父は、孫の遺体と洞穴に残る。久永さんたちには「逃げろ」。姉はがけを登る体力がなく、洞穴に戻る。米軍に保護されたのは、久永さん、母、もう一人の姉、兄。七人で逃げたのに四人になっていた。

久永さんは、おいを殺した兵を、「戦争がさせたこと、と責めず、戦争体験者は残酷な歴史の歯車に踏みにじられた証言者として、いつまでも、語り・書き・訴えたい」と書く。戦争はもうご免だ、そう思いながら戦後を生きている、との結びは、米国で会った元海兵隊員の言葉と一緒だった。

狙撃手だった隊員は、太平洋の島々を転々としながら、同僚を殺され、日本兵を殺した。「地獄はもういい、あんな戦争はご免だ」。心に戦争の地獄を抱えながら生きている人たち。平和を天国とするなら、支えているのは、人が人を殺し合う地獄を見た体験かもしれない。天国を守っていくために、いつまでも話し続けなければならない地獄がある。目をそむけずに、聞き続けなければならない地獄がある。

2009.11.30

「いい人生だったナ」

ズシリと重い歌集が届いた。「吉海江遙全歌集」（ジャプラン）。短歌結社「黎明」主幹で鹿児島市に住む吉海江さんは、八十四歳になる。人生が詰め込まれているせいだろう。化粧箱に入った六七九ページの本を体重計にのせたら、目盛りは一・五キロを指した。

つくりは重厚でも、平明が身上の作品はスルリと軽やかに、心に入ってくる。「十五年間民生児童委員勤めたる妻が花束抱き帰り来ぬ」「ねぎらいのことばは言わず表彰状荘重に読みあげ妻に手渡す」。月日を重ねた夫婦の日常が見えてくる。不器用な夫は、妻がもらった表彰状の文面に「ごくろうさん」の気持ちを託す。芸達者な役者、女優なら奈良岡朋子、男優なら故宇野重吉を起用したら、小味のきいた映画になりそうな気がする。花も嵐も過ぎ会話も少なくなったけれども、刻んだ思い出は多く静かに流れていく時間。

そんな人生にしたいんなら今からしっかりなさい、と背中をたたくのは、ファイナンシャル・アドバイザーの榊原節子さんの「凜《りん》としたシニア」(PHP研究所)。大きく言うなら財政顧問、平たく言えば家計お助け人の著者は、老後の資金・死ぬまでもたせるには、などズバリ一言の項目を並べ、死ぬまで堂々と生きましょう、そのためにはネと、こまごまと教えてくれる。

凜の本来の意味はすさまじい寒さになる。凜凜と重ねれば、勇気と勢いにあふれた顔を表す。揺らぐ年金、見えない先行き、寒風列島の今の日本で、シャンと背筋を伸ばしていくには。

重い問いに答えた本なのに、読みながら笑ってしまう。「人の名前なんか出てこなくなったっていいじゃない、神さまは人生での最重要事を見せるために、年とともに細部をあいまいにしてくれているんだから、アタシなんか中学のころから、私服を着ているのを忘れて制服を重ね、スカート二枚で登校していたんだから」と笑い飛ばされると、あたたかいてのひらが背中を支えてくれている気分になってくる。

心はそよいでも

2010.4.26

初心者標章がいつになったら外せるのか、心もとない政権のせいだろう。漫画家いしいひさいちの皮肉を思い出す。「あなたのリードで、日本が揺れる」。いしいの寸言はだいぶ前の首相に対してだったから、変わらないもんだと考えれば、気が楽にならないでもない。十年前、二十一世紀の入り口の二〇〇〇年にしても、日本は震えていた。

有珠山、三宅島が噴火。自民の首相は「日本は神の国だ」と発言、総選挙では民主が躍進。鹿児島は、川内原発3号機増設の環境影響調査申し入れ、公共関与の産廃管理型処分場の候補地をめぐっての大論争。宮崎では、口蹄疫《こうていえき》が発生。鹿児島市の山形屋では、十五代沈壽官の襲名展が開かれていた。

今、同じ百貨店で、十五代襲名十年展が開催されている。ひと昔と形容される時間の間に、日本は揺れ続け、かなりの数の百貨店が閉まり、陶磁器業界も不景気にあえぐ。一方で、三百年過ぎようが四百年たとうが、途切れない営みもある。透かし彫りを三重に重ねた白薩摩の香炉を見ているうち、どれだけの手が舞い指が踊れば、透明の一歩手前まで空間を刻んだ焼き物ができあがるのか、気が遠くなってくる。

会場の入り口に、十五代の心境が書かれていた。「薩摩が極めようとした美の実像、それを現すための旅はあまりに標《しるべ》無く、不安との道連れ旅」。心はそよいでも、作品の視線は揺るがずに世界を見つめている。茶室、洋室、ちゃぶ台、地面、地球のどこに置こうがどう使おうが、手になじみ、なお、日本であり薩摩である器を目指す焼き物が並ぶ。工房としては日本一の自負を、作品がいかりとなって支えている。

緑のアマガエルが縁にとまっている白薩摩の皿があった。カエルは皿のどこかを見ている。たどると、一匹、黒いオタマジャクシがいた。見守るまなざしは、炎で焼き付けられて、ぶれない。心はそよぐ。政治家の目は泳ぐし社会も動けば世界も変わる。ふらつかないでほしいのは、あれと、これと。

2010.10.4

手書きの会報

アメリカはロサンゼルスに住む鹿児島県出身者から電話がかかってきた。南日本新聞のホームページで、いちき串木野市の薩摩狂句の会が例会六百回を重ねたと伝える記事を見た、邦人の仲間に記事を紹介すると、こりゃおもしろい、会の別の句も読みたいと頼まれた、何句か送ってもらえないか、との依頼だった。早速、コンピューターのなかに取り込んでいる作品群から取捨選択して、電子郵便で送った。

受け取った相手からすぐ返信。申し訳ないけれど、ほとんどが理解不能、時事的な作品はアメリカに住んでいると日本並みの知識がないものだからチンプンカンプン、らしい。なるほどねと納得して、記事になった狂句会「くらげ」の石野弘人会長に電話した。

一九四三（昭和十八）年生まれの石野さんがコンピューターに作品を保存していれば、いちき串木野からロサンゼルスまで電子郵便でちょちょいのちょい、だったけれども、イヤア、なにせ会報自体がまだ簡易印刷に毛が生えたようなもんで、と一九六〇年に結成された伝統を大切にする会らしい答えだった。

会報を借りに、石野さんの自宅に行く。鹿児島市からの道中、遅れていたヒガンバナも目につきだし、空は秋晴れ、仕事なんだか、なんなんだかのうちに到着。六〇五号まで出ている全編手書きの会報のうち、新しい方からいくつか選ぶ。石野さんが感心する。すごい時代ですなあ、コンピューターに入れればまたたく間なんですなあ。

確かに、すごい時代。コンピューターの網を張り巡らし、自国から遠く離れた国を無人の爆撃機で攻撃する戦争も展開されている。顔を見せない悪意が達者な悪口を広めたりもする。戦争の方は、いっそ遠隔操縦の無人兵器同士で闘えば、少なくとも人命は失われない。悪意の方は無視に限る、か。

手間はかかるにしても、くらげの会報は手書きのまま、電子化されない方がいいな。色づいたミカンをおみやげにもらったから言うんじゃないけど。

2011.2.28

三十一文字の叙事詩がある国

年のはじめの宴席で、ほろ酔い加減の村長さんが「では、今年も新年をことほぎまして」と、自慢の歌や踊りを披露するのは、世界中のどこでも見られる光景だろう。人口が一億を超える大所帯で、国の象徴が年初に三十一文字の短歌をつくる、となると、これはもう日本をおいてほかにはないはずだ。

俳句より十四字多い形は、叙事も盛り込みやすくなる。南日本新聞の短歌投稿の「南日歌壇」に寄せられた歌を紹介しよう。「アメリカもイラクも言い分あるらしく罵る声の聞き分け難し」（野間口敬さん）、「原爆を落せし国に従《つ》く派兵憲法九条の孤独深まる」（永重順一さん）、「朝刊は石油の臭ひ漂はせ砂煙覆ふイラクを報ず」（抜水ふく代さん）。抜水作品は、「朝刊はインクの」としか思い浮かばない新聞記者の固定観念を、ぶっ飛ばしてくれる。

イラク戦争は二〇〇三年三月に始まった。開戦理由の大量破壊兵器は見つからず、日本は自衛隊の派遣に踏み切り、砂漠は戦場と化す。三首合わせて九十三文字には、戦争という字は入っていないのに、くっきりと「あの戦争とはなんだったのか」を問いかけてくる。

南日歌壇選者の高野公彦さんは、朝日新聞の歌壇も担当している。一月に発表された第二十七回朝日歌壇賞の高野選は「六二三《ろくにいさん》、八六八九八一五《はちろくはちきゅうはちいちご》、五三《ごさん》に繋げ我ら今生く」（西野防人さん）。数字は一九四五、四七年の日付で、六月二十三日は沖縄戦終結、八月六日広島原爆、八月九日長崎原爆、八月十五日終戦、五月三日は日本国憲法施行になる。

現代史だけではない。薩摩守平忠度《さつまのかみたいらのただのり》の「行き暮れて木の下蔭《かげ》を宿とせば花や今宵のあるじならまし」。桜と酒に酔ったおもむきだけれど、一一八四年三月に源平の一の谷の合戦で敗れ、なきがらから見つかった書き置きの歌との言い伝えを知ると、転戦に次ぐ転戦に一息つきたくなった叙事詩にも見えてくる。ジャスミン革命、リビアのうめき、ニュージーランドの悲しみ。どんな三十一文字が刻まれるのだろうか。

ムニエルはうっすらと

2011.8.8

七月二十八日付の南日歌壇の永田和宏選に、鹿児島市の山本ゆうこさん作の短歌が掲載された。「ムニエルの粉は茶濾しでうつすらと振つてください永田先生」。「思わず笑ってしまった。そうか、まず粉は濾《こ》してから振りかけるのか。過日放映のＮＨＫの番組をご覧になったのだろう。ハイ、次はそうします」との選者評もついている。

ムニエルはシタビラメに代表される魚料理で、小麦粉をまぶしバターで焼く。永田さんは、昔風に言えば、六尺近い。大きな手が盛大に小麦粉を魚にばらまいたのだろう。作品と選者評であらかた情景は浮かんでくる。男がムニエルをつくる、撮影されて電波に乗る、見た一人が調理法を歌にする。

景色は背景が支える。永田さんは、二〇一〇（平成二十二）年八月十二日、妻で歌人の河野裕子さんを見送った。あなたたちのおかあさんに生まれてきてよかった、ご飯を毎日つくれて幸せ、河野さんは家族を歌い続けた。命をさらうがんとのつきあいも長くなったころの河野さんから「なあ」と聞かれた。「ウチがいなくなったら、ナガタは、ご飯、どうする思います」。「ガシ（餓死）、でしょうね」。笑いにまぎらすと、河野さんも「そやろねえ」と笑った。

サンマとイワシの区別もつかないと年中妻から冷やかされていた夫は、亡くなる日も「あなた、ご飯は」と気遣われている。京都産業大学総合生命科学部学部長として飛び回りながら、外食はしない。妻があれだけ案じていたのだから心配させたくなくて「それなりにけなげに自炊していると思う」（「日本経済新聞」二〇一〇年十二月二十六日付）。

東日本大震災では家族の絆がおびただしく断ち切られた。永田さんと河野さんの歌集や随筆の出版が相次ぎ、テレビ番組まで制作されているのは、二人が、日々のご飯をはじめ、家族とはなにかを問いかけ続けているせいかもしれない。番組で永田さんは大根をカツラムキしていた。なかなかのもんじゃないですか、とほめたくなった。

ダイジョウブだな日本は

2012.1.16

なぜだろう。食事にしろ買い物にしろ行列はダイッキライなのに、初詣待ちで車の列に並ぶのは、ちっとも苦にならない。日本には八百万人もいるらしいカミサマが「人生はゆっくり、のんびり」と見守ってくれているのかもしれない。今年も二日に霧島神宮で一時間半ほど待って駐車場に入り、三が日で三十三万人を大きく超えた初詣客の一人となって、世界の安寧から身勝手な願いまで、いろいろ頼んできた。

本殿に向かって右手に鎮座されるご神木の杉にもお目にかかって、身の丈三三メートル、腹回り七メートル、おん年七百歳以上の貫禄に、今年もお元気ですなと声をかけておいた。帰りしなの砂利敷きの参道、すれ違った若い女性が、砂利から顔をのぞかせる石段に、つまずいた。何かを抱えたまま、かばい手もせず砂利に突っ伏した。抱えた何かは、見ると、六カ月もいっていない赤ちゃんだった。大丈夫ですかと気遣う前にさすが母親、と声が出てしまった。

膝を突いて立ち上がった女性は、赤ちゃんが深く寝入ったままなのを確かめてから、振り向いて「ありがとうございます。どっちも大丈夫です」と笑顔を咲かせた。もう一度、さすが母親とほめた。笑顔が、満開になった。

かなり遠い昔、年始の酒に酔っぱらい、数カ月もいかない長男をアパートのコンクリートの廊下に落っことしたダラシナイ父親は、本殿に向かう女性の背中に、三度目の「さすが母親」をつぶやいた。東日本大震災でも、津波から逃げる途中、高齢で足がままならない自分は置いといて先に行けと家族を助け、自らは大波にのまれた女性がいた。なんにせよ突発事の際、自己よりも他の存在を反射的に優先する人がいる、と思うと、ダイジョウブだな、日本は、とシミジミ身にしみてくる。

赤ちゃんをかばったアナタ、冬の厚着とはいえ打ち身にはれ身でしょうけど、今年はいいことずくめですよ。だって、目の前ですもん、カミサマたちが見逃すはずはないでしょうから。

2012.6.4

「ヤマト」は待てない

読者室に寄せられたお便りを拝見していて、でしたねえ、とつぶやいてしまった。宇宙戦艦ヤマトが、十四万八千光年かなたのイスカンダル星へ出発したのは、地球が放射性物質で汚染されてしまったのが原因だった、とお便りにはあった。放射能除去装置を見つけるために旅立つ。往復で三十万年近くもかかれば間に合うのかな、心配はいらない、時間も空間も飛び越えてしまう航法装置を、ヤマトは備えている。

お便りは、科学の力で放射能を除去して、と結ばれていた。ヤマトの出発は、二一九九年、二十二世紀の終わり。今からほぼ二百年先、宇宙の先輩から教えてもらった時空超越の技術はこなす人類なのに、自前の放射能除去装置は持っていない。作者の松本零士さんの目には放射性物質の取り扱いの難しさが映っていたのだろう。大いなる知恵は宇宙のはるかにしかない想定は、人の限界を示唆している気もする。

川内原子力発電所1号機とは、つきあいが長い。核燃料の初搬入は一九八三（昭和五十八）年4月二十三日。燃料を原子炉に入れる初装荷は七月十一日。燃料のウラン235が一定して核分裂する初めての臨界は、八月二十五日。最大出力八九万キロワットに達したのは、八四年の二月十九日。七月四日に営業運転を始めている。

節目節目の取材の最初は、燃料の搬入。茨城の東海村にある燃料製作所を出た輸送トラックは、陸路一六〇〇キロを走った。熊本の八代で高速から国道3号に入り、一陣が、二十三日午前二時五十分、二陣は同三時五十分、原発敷地に入った。二十四日付の朝刊で書いた。「原子炉を運転する際に生じる放射性廃棄物処理は、現状では安全な処理方法が確立されていないし、原発の安全性に関する国民的な合意もできていない」

三十年近くが過ぎても福島原発が爆発しても、同じ趣旨の文章を多くの媒体で目にする。社内のアニメ通に聞いたら、ヤマトは装置を持ち帰るらしいけれど、眼前には、ヤマトを待つわけにはいかない現実が横たわっている。

十代で短歌の君たちへ

2012.11.19

今年の夏、鹿児島のかなりの人数の中学生と高校生が、おそらく指を折りながら、三十一文字の短歌を詠んだ。鹿児島市鹿児島玉龍中三年の中畑花織さんは「おみそ汁おにぎり煮つけたまご焼き私が受け継ぐこの家の味」。君は嫁入り前かと冷やかしたくなる一方で、得意料理を定型に盛り込む手際には家伝の味は手中にの自信も見える。

中畑さんはじめ中高生がつくった短歌はあと少しで二万首に届く数となり五回目を迎えたまごころ青春短歌大会で最多の応募となった。十日に薩摩川内市の国際交流センターであった表彰式で、大会実行委員長の入来院重朝さんは「微妙な陰影に富む四季と風土が培った日本語の力が、君たちの歌に、結集している」と、声に力をこめた。

ナンノコッチャラとぽかんの生徒もいたけど、十代で短歌を残しただけでスゴイじゃないか、天才の寺山修司と同じ短歌歴の出発点になるんだから。

薩摩川内市入来中三年の岩月直人さんは「父の背におぶられ歩いた夕暮れ道今では肩を並べて歩く」。もうすぐおとうさんを追い越すだろうけどね、身長ではね、でもね、薩摩川内市川内商工高一年の橋口泰典さんは「父親を背では抜いたが勝てないや家族を支える大きな背中」。そうなんだよなあ。

鹿児島市郡山中二年の有川湧人さん「涼しさを求めて通った図書館で圧倒されたペンシルの音」。焦っただろうな。汗かいたろうな。「やっと寝た我が子の寝顔を見ているとなぜか無性に起こしたくなる」。ウンと確認したら鹿児島市開陽高通信制二年の廣瀬ゆうきさんの歌だった。子育てと勉強、自分もちゃんと睡眠とってくださいよ。

「やなこったへそまがりだと言われても我が道をゆく私は自由だ」は姶良市加治木高二年の佐藤葵さん。率直でいいね。「とじんなか電話で祖父が言ってるが意味が分からず返事ができない」。薩摩川内市川内南中三年の原雛代さん、素直なのはいいけどサビシイヨの鹿児島弁、早く覚えてほしいな。

南風録

2008.4.28

車や飛行機、現代のほとんどすべては、電線の束がないと機能しない。束はコネクタで結んでいく。与論町に、そのコネクタの工場ができた。スタンドがついた事務机が並ぶ教室みたいな建物だった▼日本語で連結器になるコネクタは、束と束を結んだり別の機器に接続したりと、情報伝達の重要な部品になる。こんなに簡単な工場でつくれるのか、と思ったのは、素人の早とちりだった▼教室に見えた製造室は、気圧を変化させる空気調節で、塩分やホコリが入り込めない清浄空間を維持する。与論の青い海がすぐ目の前のサッシ窓は、風速七〇メートルの台風でもびくともしない高層マンション用の製品が入っている▼地味な平屋の工場は金がかかっていた。海が好きな社長が率いる会社は、インターネットで自治体の企業誘致画面を点検。いくつか現地視察をしたうえで、鹿児島から六〇〇キロ離れた与論に決めている。トップの好みも影響した▼最も大きかった要因は、昨年四月上旬の三泊四日の現地視察から、間髪入れず、町が動いたこと。南政吾町長は、社長の後を追うように横浜の本社に出向き口説いた。鉄は熱いうちに打て、恋はアツアツのうちに成就しろ、だ▼サンゴ礁に囲まれ二作目のサトウキビが揺れる島では、世界でも初めてだろう電線を使わずにレーザーで各種情報をつなぐ未来のコネクタの生産が始まろうとしている。

2008.5.11

東京の大手出版社の編集員が二人来鹿、昼は鹿児島市の三十年以上なじみの店で、ラーメンをおごった。両人、ため息をついて「おいしい。人気の店特集に掲載したいけれども、行儀の悪い観光客が押しかけたら、地元の人に迷惑だし」▼次の目的地の宮崎に送った際も車内に鹿児島礼賛が渦巻いた。街の近くに海、山、川。食べ物はうまい、人はいい、通りを歩く女性はすてきだし。女性賛歌は、遅筆で有名な大物作家の専属女性編集員。せわしい毎日を思い出したのか、帰りたくない、を連発した▼連休中も客で、県内のホテルや旅館をあたったけれど、どこも満室だった。霧島の牧場ではソフトクリームを買う長い列。県外ナンバーの車も目立った。篤姫もテレビでやってるし、そんな人たちで大入り満員だったのだろう▼男性編集員は、イモ焼酎しか飲まなくなった、らしい。女性は、しゃぶしゃぶは黒ブタ至上主義。当地は牛もいけます、と返しながら思う。生産者をはじめ品質向上の努力が花開いている▼おみやげには、鹿児島の歴史をかじってもらう。一番、受けたのは、薩摩藩の五百万両の借金に、家老の調所広郷が考え出した二百五十年賦の返済法▼証文がいきているとしたら、完済は二〇八〇年代とまだまだ先、と披露したら、親子三代ローンなんかなにするものぞ、人生長く見ようという気になりますね、だった。

2008.5.26

「大きくなってたんだね、君は。ボタンが、かけられないじゃないの」。まだ温かい遺体に中学の制服を着せてくれていた看護師がつぶやく。家族が泣き崩れる。二十年前、おいは小六で目を閉じた▼小児がんは伸び盛りの身体と競うように進行が速い。おいは発病から一年、だった。サッカー少年が足を切断もしたのに、がんは去ってくれなかった。入学できなかった中学校の制服はきちきちだった。大きくする気があるなら、病気になんかしなくてもいいのに▼昨年末、がんとの闘いの人生を終えた鹿児島市の小学男児もいる。直接会ったことはない。男児の父親が経営する飲食店に、たまに顔を出していたので、闘病生活は知っていた。おいの話をして「君は負けるなよ」と伝言を頼んだりもした。負けてほしくなかった▼色彩感覚に恵まれた男児はよく絵を描いた。原色をそのままたたきつける筆致は、がんへの闘争宣言だったろうし、病院から出られないうっぷんの解消でもあったろう。すごみ、が漂った▼昨年十二月はじめだったか、久しぶりに店に行き、具合を尋ねた。父親は「あまり、良くなくて」と言ったっきり、顔を上げず刺し身をつくり続けた▼泣いてしまうと考え葬儀には行かなかった。絵に感動した放送記者が男児と家族に寄り添った番組が、二十九日午後二時から鹿児島テレビ放送（ＫＴＳ）で放映される。

国会答弁では修辞の限りを尽くしても役人は語彙《ごい》不足。後期高齢者という言葉は、その象徴だろう。人の人生を勝手に区切って、もう後がないよと言わんばかり▼あなたは年です、とわざわざ指摘されなくても、お年寄り自身が一番考えている。たとえば、南日歌壇選者の石川不二子さん。最新の第八歌集「ゆきあひの空」で「六十歳《ろくじふ》は何でもなくて七十歳《しちじふ》になるは覚悟の要る感じなり」▼石川さんは昭和八年生。東京農工大卒。みんなが平等な社会を目指す牧場の運営にも携わる。平等はいいにせよ、ある年齢以上は年金から保険料を差し引く時代が来るなんて、いろいろと用意した覚悟のうちにもなかったろう▼「誕生祝のセーターいつか既製品リューマチ長く病めるいもうと」。手編みのセーターが毎年の贈り物だったのに編み棒が握れなくなる。もう十分に切ない高齢者を、政策までがいじめる▼「微睡《まどろみ》のあまき老年の入口に死よりおそろし長く病むこと」。病気に対するおそれを、ますます強めかねない高齢者対策。「三寒四温の三寒に身は疲れたり凍てよろこびし若さはろけく」▼役人には短歌を必修課目にしたらいい。言葉の重要性も学べる。石川さんの歌集も読んでもらおう。スラリと流れる五七五七七にひそむ老いの悲しさに気づき、みんなに優しい政策をひねりだす努力を全力で積み重ねるようになるかもしれない。

2008.6.8

いい絵には力がみなぎっている。鹿児島市の黎明館で開催中の南日本女流美展。一つの洋画の

2008.6.22

前で足が止まる。中近東かアフリカか、市場、バザールで、豊かな上半身をはだけた女が鶏を売っている▼女流展審査員・田村能里子さんの作と知らなくても、目は引きつけられるだろう。値段は一銭たりとてまけないよと言いたげなまなざし。売り物のはずの鶏たちも、ダシにしたら承知しないよとにらみつけてくる。おー、怖い▼ある裸婦展で最高賞を獲得した作品は、女流展の審査会終了後、荷ほどきされた。現れた鶏の目に射すくめられて、突かれたら痛いだろうなとつぶやいたら、田村さんはニヤリと笑い、脅かした。「痛いどころじゃないわよ」▼殺されるわよ、と続けられ、でしょうねえと答えた。以下は、審査会場で田村さんが高い点をつけた作品を見ながらもらした言葉になる。「風のそよぎが聞こえるよね」「なんか懐かしいわ。雨の日、昔の自分が見えてきて」▼二十六回を数える女流展は、鹿児島の女の力を引き出そうと始まった。女も男も同格の現代で女流と銘打つ意義があるのかなどさまざまな意見が寄せられているけれど、それぞれの女が全力をたたきこんだ作品群は迫力に富む▼鹿児島市立美術館の東光展は今日が最終日。女と男の力を比べたり、田村発言の作品を探してみたり。雨支度を整えて出かけよう。

2008.7.6

国文学者・折口信夫の歌号は釈迢空。下の二字を冠した迢空賞は短歌界最高の賞で、選りすぐりの歌集に与えられる。四十二回目の今年は宮崎市に住む伊藤一彦さんの第十歌集「微笑《びしょう》の空」に決まり、先日、地元で受賞を祝う会があった▼六十四歳の伊藤さんは、早大哲学科在学中に作歌を始める。東京の自由な空間に不安を覚え、五七五七七の定型に、故郷の安らぎを見つける。帰郷し高校教師を定年まで続け、今は大学教授。カウンセリングの専門家でもある▼祝賀会は宮崎賛歌の場と化し、都での就職を考えもしなかった地方人・伊藤さんも大きな声で言った。「いい緑、素晴らしい太陽、豊かな雨、住めずにおれんですもん、こんな良かとこ」▼書名は収録された「梅の林過ぎてあふげば新生児微笑のごとき春の空あり」からつけた。学生時代から評価された歌人の故郷にかけた思いが伝わる歌が並ぶ。「朝の日に照る吾亦紅さいはひはどこよりも来ずどこにも行かず」▼歌人・馬場あき子さんは宮崎日日新聞への寄稿で、宮崎から中央歌壇に力強い発信を続けている、と感心している。第二の若山牧水だとする声もある▼「たかはらの老人ホーム世の音を遮断して世の一切があり」。高齢化、自殺の多さなど現実を直視しながら、それでも「宮崎を愛し続ける」歌人への記念品は大量の原稿用紙。秀歌がまた生まれ刻まれる。

2008.7.20

水ギョーザが売りの小さな中華料理店が薩摩川内市にある。休みは一定していない。理由は、ハルビン出身の女性店主の喬暁芬《キョウギョウフ》さんに通訳の仕事がよく入るから▼数年前、新聞購読の相談を受けた。ある程度読めるようになってからでもと言うと、早くそうなりたいからと頼まれた。勉強熱心な母に似た長女も、日中の言葉の垣根を自在に飛び越し、英語も習得。この秋に米の大学へ進む▼第百三十九回芥川賞に初の中国人として選ばれた女性もハルビン生まれだった。日本語学習は大人になってからという経歴も喬さんと重なる。新聞紙に穴があくくらい強い視線で活字を追いかけ続ける姿も同じだったのだろう▼二〇〇三年度の南日本文学賞は、上海出身で鹿児島市に住む陳躍《チンヨウ》さんの詩集に贈られている。日本で大学院を出た陳さんも日本語に挑んだのは二十歳過ぎ。猛勉に猛勉を重ねて磨いていく▼書く力に注目して小紙に随筆を依頼した当初は、朝から晩までの二人三脚。面白い言い回しだけど日本語としては不自然と指摘し草稿を返すと、夜中まで書き直しの原稿が追いかけてくる▼繰り返すうちに注文のつけようのない出来で第一稿があがってくるようになった。喬さんは読む力もつき新聞記事を客との話題にもしている。不定期の休みにぶつかって水ギョーザを食べ逃しても、今日も日中友好かと感心しながら帰っている。

2008.8.3

作品を愛するあまり作家を監禁してしまうのは、アメリカの作家スティーブン・キングの「ミザリー」。京都に住む予備校講師の豊田伸治さんの場合は、熊本大学の学生のころから還暦まで後二年の人生を一人の詩人にささげてしまった▼詩人は井上岩夫。島尾敏雄が、ああまだこの世に詩人が生き残っていた、と高く評価した作品群を残し一九九三年に他界した。豊田さんは心に決める▼鹿児島や九州にとどまる詩人ではない、多くの人に知ってもらうにはどうしよう、よし、作品を集めて全集をつくろう。何度も来鹿し資料を収集する。著作集の一巻目は九八年、世に出た▼戦争、という詩。「戦争について語ることも、書くことも、今は空しい。殺し合いの現場に行きもしない人々によって、戦争はあらかた語られ尽くしたようだ。唯一つ、これだけはつけ加えておこう。どうしても読解できない緊急作命によって一つの部隊が行動に移ることがあるということを　後略」▼暑熱にだらけた居ずまいをただしたくなる筋の通った著作集は、全詩集、小説集に続き、エッセイ拾遺、が先月末に発刊され、十年がかりで完結した▼自ら数多く買うなどの苦労を重ねた豊田さんにあらためて頭を下げたい。井上と親交のあった熊本の評論家・渡辺京二さんは、眼と心のある人に広く読んでほしい、と望んでいる。出版社は福岡市の石風社。

2008.8.17

江戸から昭和までの時代、鹿児島市は、三度の戦争に焼き払われている。薩英戦争、西南の役、第二次世界大戦。西南と大戦の被災の状況は、写真が残っている▼どちらも城山のほぼ同じ位置から撮影したのだろう。正面に桜島、鹿児島湾をはさんで、焼け野原が広がる。木造と鉄筋など年代の差異のほかに大きく違うのは、緑。西南では木々が残るのに、大戦ではほとんど見あたらない▼爆撃機による空襲をはじめ、西南とは比較しようもない規模の火力は、街路樹も林も森も奪い尽くす。韓国や中国で木々のまばらな山を登っていると、案内人からささやかれる。「朝鮮戦争で」「日中戦争で」焼けた山々という▼戦後六十数年で回復してくれた緑に感謝したい。竹林を合わせると六十万ヘクタールを超す鹿児島の森林。守りたい気持ちは、木への愛、と言い換えてもいい。ズバリ、「愛樹」の言葉を冠したコンクールを続けている村も福岡にある▼熊本と接する矢部村。民間と共催の「世界子ども愛樹祭コンクール」は十八回を数える。樹木や森が題材で、中学生までが対象の詩や作文、絵と年齢制限なしの木はがきを今年も募集中だ▼矢部村の人口は二千人足らず。小さな村が「みどりの森につつまれて地球のほほえみを」と副題をつけて、世界に呼びかけている。大きな志に拍手を送りたくなる。問い合わせは、0943(47)2055。

2008.8.31

宿題は済んだかな。どうして毎年こうなんだろう、早くしておかないから、と怒られながら机に向かっている君もいるかもしれないけれど、一息ついて、夏休みのあれこれを楽しく思い出し、明日からの新学期へやるぞと元気を出そう▼何しろ、君たちは可能性にあふれた宇宙なんだから。大げさではない。身長が高くて二メートルの人間は、約六十兆個の細胞でつくられている。細胞の核にはDNA(デオキシリボ核酸)があって、すべてのDNAを全部つなぎ合わせて一直線に並べると一千億キロになる▼太陽と地球を三百往復した距離といえば、多少は想像がつくだろう。「ちっぽけな頼りない自分という存在は、一方では宇宙的な数値を秘めたコスモス・宇宙でもある」。京都大学再生医科学研究所の永田和宏教授の口ぐせだ▼細胞生物学が専門の先生の研究室は、最近、細胞の中で誤ってつくられたタンパク質を分解する体の仕組みを解明した。認知症や牛海綿状脳症(BSE)の新治療法につながる成果という▼永田教授は南日歌壇など短歌の世界でも先生。若いころは細胞を培養しようとして、小さなごみと間違えたなどの失敗もあったが、へこたれない。すぐに次の新しい道へと頭を切り替える▼細胞の話は、先生の新著「タンパク質の一生」（岩波新書）から引用している。君が高校生なら、新学期の一冊として挑戦してみよう。

2008.9.14

熊本の五木村の民謡「五木の子守唄」は、子守奉公のつらさを切々とうたいあげる。歌詞は伝承者により少しずつ異なる。故人を含む土地の古老五人の歌を見比べると、二人が同じ文句を伝えている▼「水は天からもらい水」。程よくもらえるならいいが、川辺川ダム砂防事務所の調べでは、五木村を流れる川辺川流域の年平均降水量は約三〇〇〇ミリ。全国の平均より一〇〇〇ミリ以上多い▼宮崎県境の山から流れ出す川は五木を通り、相良村で球磨川と一緒になる。多雨は昔から二つの川の周辺に洪水をもたらす。一七〇〇年代に起きた山津波では五百人を超える死者を出した記録が残る。昭和の時代も犠牲が続く▼先日、五木を訪れた際も雨。下流の相良にダムができれば、五木は水没地域が多くなる。代替地には、真新しい住宅や小学校が並んでいる。人がいなくなった家並みはひっそりぬれている▼代替地には道の駅もできて、特産品を求める客でにぎわっていた。ダムを前提にした生活が始まっているなかで、熊本の知事はダム反対を打ち出した▼水系の自然を守り洪水も防ぐ道を探すという決断なのだろう。「子守唄」には、父がいるからあの山に行きたい、との文句もある。「おらすと思えば行こごたる」。ゆっくりとした短調の歌が似合う山は雨に煙ると青さと深さが増す。知事の決断公表には涙が伴った。苦悩の深さか。

五十年前の一九五八（昭和三十三）年、首相・岸信介が日米安全保障条約の改定交渉に着手したころ、鹿屋市で文芸の同人誌が生まれた。誌名は「火山地帯」。編集人は作家の故島比呂志さんだった▼活火山を多く抱える鹿児島らしい誌名は、だれの考案かは判然としない。「わが同人諸氏は、火山を爆発させて、地球を変形させ、そこに巨大な文学碑を建てようというのである（中略）火山地帯と名づけられた所以である」▼この発刊の辞を書いた島さんに生前、命名者を聞いた時の答えは「覚えがない。自然発生」。だれが名付けたにしろ火山地帯は、ハンセン病と闘い隔離政策や偏見を告発し続けた編集人を中心に、名前にふさわしい大樹に育つ▼芥川賞候補などになる作品も掲載しながら積み重ねてきた百五十五号が、創刊五十周年記念号となった。編集を受け継いだ立石富生さんは、「知命の齢」と題した随筆を巻頭に寄せている▼論語の「五十にして天命を知る」が下敷きの同じ題で、島さんも創刊五十号の時点で歴史を振り返っている。題の踏襲は物故同人への敬慕の念だろう▼立石さんは五十年は通過地点と書く。題とは裏腹に天命知らずの続刊への決意がうかがえる。安保は米の原子力空母が横須賀を母港とするまでになった。創刊百年ではどんな日本に変わっているのかわからないけれど、記念号は出ていてほしい。

2008.9.28

今から百十年前は一八九八（明治三十一）年。ロシアは旅順を清から租借、日本では初の政党内

2008.10.12

閣が成立、鹿児島にも憲政党の支部ができた。そんな年の三月、東京の料亭に奄美出身者たちが集まる▼話し合いで決めたのは定期的な会合。翌一月、上野で新年会を開き、東京奄美会が船出する。以来、大正、昭和、平成と会は歴史を重ねた。次の日曜の十九日に渋谷で百十周年大会を開く▼沿革史を見ると、第二次世界大戦など戦争中でも会合はほぼ途切れていない。戦後の公職追放が原因の会長交代、一九五〇（昭和二十五）年に新宿駅で訴えた「鹿児島縣大島郡日本復帰促進運動」。歴史のうねりが見えてくる▼現会長の佐藤持久さんによると、関東一帯まで含めて出身者はおよそ二十万人。今年の大会には、会場が満席となる約二千人が出席する。島唄《うた》を基礎に活躍している歌手二人の舞台もある▼電気関連企業の代表取締役会長を務める佐藤さんは与論出身。口ぐせは「なにもない島でも人がいる。人こそ財産」。会も人材育成に早くから取り組み、大正年代には奨学金制度をつくる▼設立趣意書が残っている。「我郡絶海の孤島なりと雖《いへど》もその奨励保護の方法宜《よろ》しきを得るに於いては人材の輩出豈《あ》に他の地方に譲らんや」。永遠の大計を立てないと後世百年の悔いを残す、ともある。文の格調の高さはそのまま志の高さだろう。

2008.10.26

「うち起こし又鋤《すき》かえし野も山も開くぞ民の幸せなりけり」。歌自体は率直すぎて面白みに欠ける。環境への配慮がないと感想を持つ人もいるかもしれない。作者は、西郷隆盛や大久保利通と同じ時代の薩摩人と明かせば、どうだろう、明治の心意気が見えてこないだろうか▼歌ったのは三島通庸《みちつね》、今の鹿児島市育ちで、山形県の初代県令（知事）を務めた。業績は「鮭図」で知られる画家の高橋由一《ゆいち》筆の絵となり残っている▼標題は「山形市街図」。一八七七（明治十）年ごろにできた街を写生した作品で、大通りの正面に県庁、両側に学校などが並ぶ。旅行中の外国人を驚かせるくらいの近代的な街並みだった▼道にしろ建物にしろ建設の際、三島は民間に寄付を強制し税も課す。山形の後に県令を務めた福島では民権派と対立。「人の嘆きを横目に三島それで通《つう》庸《よう》なるものか」のざれ歌までできる▼「和宮お側日記」などの著作がある作家の阿井景子さんは「高評、悪評。固まった歴史のイメージはどちらも疑った方がいい」と、二十年がかりで三島の足跡を追い近著「鬼県令　三島通庸と妻」（新人物往来社）にまとめた▼山形名物のサクランボの仕掛け人、現場での率先作業者など三島はいくつもの顔を持つ。赴任先で惜しまれ慰留運動もあった。もっと知られていい明治人を掘り起こしてくれた阿井さんに感謝をささげたい。

2008.11.8

十二万八千二百六十六と一万三千百六十一。前者は、鹿児島県内の小中高生から募った南九州市かわなべ青の俳句大会の句数、後者は中高生を対象にした第一回まごころ青春短歌大会の応募数になる▼俳句大会の方は第十回を迎える。十万を超える作品数は定着ぶりを物語ると言っていい。短歌大会の方は関係者が驚いた。予想をはるかに上回る数が寄せられ、歌に埋もれての選考だった▼俳句は今月末に特集を組む。短歌は六日付の文化面で特別賞などを紹介したが、掲載できなかった秀作も多い。「あと一歩そんな思いで見送った帰る電車の後方車両」。加治木高・西祐貴君の一首には、切なさと負けてなるかの両者が併存、まるで人生じゃないか▼末吉高・広瀬玲奈さんは「青空に紙飛行機を飛ばす君その背景に夏は映った」。三十一文字が若い一幕を鮮やかに切り取っている。吉野中・仮屋エリナさんの世界は「空の青水の中から見上げたらちがう世界が広がっていた」▼笑ったのは「今どきメロスのような単純馬鹿がいるのかと問うてみたら俺も」。川内北中・徳留尚澄君、君に明日を任せる、いい日本にしてほしい▼任せたいのはもう一人いた。池田高・牧田陣君。「牧田陣三文字だけど枠を出る型にはまらぬ俺の生き方」。まだ一年の牧田君、悩みも涙も待ち構えているだろうけど、来年も、元気な短歌を寄せてくれよ。

2008.11.23

不景気風が吹き荒れるなかでの勤労感謝の日となった。振り替え休日よりも勤労できる仕事の方が欲しい人もいるだろう。年越し算段に頭が痛そうな顔も見える▼小紙に八島太郎の評伝を連載中のノンフィクション作家・渡辺正清さんが先日、在住先のロサンゼルスから来鹿した。不況風を発生させたアメリカの景気の悪さを実感を交じえて教えてもらう。「車もとにかく売れませんね」▼渡辺さんの父は日本の自動車製造会社の技術者だった。一九三〇年代の創業時から勤めていた数十人の一人。薄い木の板に柔らかくて濃い鉛筆で設計図を描いていた父の背中を覚えている▼元号でいえば昭和十年代。日本は中国との本格的戦闘に入り、アメリカとの開戦も近づく。

渡辺さんが米に住み始めるのは終戦後しばらくしてから。日本の車は米企業の販売店の隅を借りて、細々と商売を開始した時代だった▼着々と米に浸透していく日本車。渡辺さんは父が勤めていた会社から車を借りて、アメリカの古い道を数千キロ走った経験もある。故障一つしなかった。米各地で日本車の工場が増えていく▼渡辺さん親子の歴史は日米の経済のつながりの深さと長さにつながる。アメリカでは九月に労働祝日がある。失業状態にため息をつきながら過ごした人も多かったに違いない。勤労の喜びを国民が共有できるような知恵と対策が出てこい、早く。

2008.12.7

明日は日米開戦の日。たたきのめされた日本の戦後は焼け野原からの出発となる。一九四六（昭和二十一）年、静岡県浜松市のススキがたなびく土地に本田技術研究所ができた。今のホンダである。工場はバラックに近く従業員は十数人▼四七年ごろ、社長夫人が会社の経理に顔を出す。用事は「お父さんが家に一銭もお金を入れてくれない。お買い物ができないから悪いけれどお金を貸してちょうだい」。従業員の給料を最優先し、女房子供は後回しにしていた▼ホンダの社史から創業風景を紹介してくれるのは、近刊の「カイシャ意外史――社史が語る仰天創業記」（日本経済新聞出版社）。鹿児島市出身で社史を研究している村橋勝子さんが書いた▼六年前には、明治期からの社史約一万点を分析した「社史の研究」も出している。ライブラリアン（司書、専門的文献管理者）としての本業の腕は近著にもふるわれ二十一社の誕生を描く▼読まれない出版物の代名詞にも使われる社史だが、村橋さんは、企業の歴史と情報の宝庫と評価する。特に、社史から見える明治や第二次大戦直後の起業家の志の高さには感じ入るという▼「私たちは、それらの人々の遺産で食いつなぎ、生きてきたのではないかとさえ思う」。村橋さんの感慨は日本への激励にも聞こえてくる。不況だと嘆いてばかりいないで、志を高く掲げて、出発しろ、と。

2008.12.21

「転移したらしくて」「そうですか」。家族のだれかをがんが再び襲う。つぶやきを聞いた方は返事をしたっきり何も言わない。日本人の死亡原因は、がんが最多になった。今日も声を落とした会話がどこかの片隅で交わされるのだろう▼「日向にはふふつと椿咲き初《そ》めて癌は誰にも他人事ならず」。がんとの日々を作品にしてきた歌人河野裕子さんが、最新歌集の「母系」を出した。八年前に発病、この夏転移が見つかった▼「八年まへ車椅子にて運ばれきあの青空がやつぱりねえと降《お》りて来たりぬ」。河野さんの夫は南日歌壇選者の永田和宏さん。「貼り薬貼りくるる君の掌がポンと叩いて背中を離る」。妻を励まそうと音を立てる夫のたなごころ▼母のがんとも向き合う。「数知れず検査を受けゐるこの身体死なむとしゐる母も見舞はず」。負けないわよの心もにじむ。「美しく齢を取りたいと言ふ人をアホかと思ひ寝るまへも思ふ」▼女だからかかった種類のがんだが「をんなの人に生まれて来たことは良かつたよ子供やあなたにミルク温める」。書名の母系が女性賛歌に見えてくる▼あとがきに河野さんは書く。母という生命の本源は、歌人としてもひとりの女性としても、私の最も大きなテーマだった、十三番目の歌集になる母系は必然の歌集名だった、と。「焼きたてのホットケーキは甘いのよ娘に言ふこゑ私はお母さん」

2009.1.3

小紙の元日付で、読者から寄せられた作品を新春文芸として掲載した。川柳の一席は「ほのぼのと明けて一息つく介護」。題は朝。直接に使わなくても題を詠み込む手練が光る。介護に追われる日々に正月もないだろうけれど、穏やかに明けたのは元旦としても違和感はない▼薩摩狂句は「よろしくち飛《と》っ出《で》っ来《く》そな賀状《がじょ》ん牛《べぶ》」が二席に入った。そういえばそんな年賀状が来てた、来てたと、ひざを打った人もいるに違いない▼俳句の一席は手前みそで気がひけるが「初刷の我が意を得たる社説かな」。活字離れや媒体の多様化で新聞は部数減など厳しい坂にある。共感できる記事を求められていると再認識。川柳の三席も「街はまだ寝ている朝を走る記事」。励ましの声にも聞こえてくる▼短歌の三席は「新幹線の工事より帰る夫待ちて打つ新そばの厨《くりや》に匂ふ」。あと二年で、全線がつながる九州新幹線鹿児島ルート。現場の活況が見える▼「出直しのきかない齢《よはひ》今さらにあるいはもしや夜半の大波斯菊（コスモス）」が、短歌の一席。なににせよ遅すぎる年か、まだまだあきらめないでいいか、が歌の意味。正月だしあきらめずに行こう▼次の世代へ大きな期待をかけるのは、俳句の三席。「地球たのむと豆科学者へお年玉」。科学者だけではないな。文学でも音楽でも美術でも、未来の世界をになっていくすべての大きな可能性へ、お年玉を。

新年早々、作曲家の吉俣良さんと話す機会があり、初詣での話題になった。「霧島神宮で駐車場に入るのに百三十五分待ったうえ、みんなのお願いが長くて賽銭《さいせん》箱になかなかたどりつかず」と言うと「そうそう、当方も」と吉俣さん▼東京の自宅の近くに神社があり足を運んだ。番が来て手を合わせたが、隣の人の願いがいっこうに終わらない。後ろには延々と順番を待つ列。不景気だから願い事も多くなるのかもしれない、首都も地方も、とうなずきあった▼霧島神宮では高校生くらいの女の子も目をつぶりなにかつぶやいていた。大学の合格祈願と見当をつけた。今日はセンター試験の初日。あの子もドキドキと試験開始を待っているのだろう▼自分の場合はどうだったか、試験前の正月は遠い昔で、祈ったのやらどうやら、覚えがない。一つだけ思い出せるのは、親から渡された福岡の太宰府天満宮の札。遠くの神社まで足を延ばせば御利益も倍になると見込んだ親心▼初詣で行き合わせた君、解答に詰まったら、静かに深呼吸しよう。背中はいろいろな祈りが押している。身近な人から、君が一心に願った神々まで▼「受験後をふさぎゐし子や合格す」（根岸善雄）。ああできなかったと元気をなくしたわが子を、はらはらしながら見守っていた父親が大きな喜びを静かにかみしめる。君も、きっとこうなる。健闘を祈る。

2009.1.17

雇用調整や派遣切り。人が調整されたり切られたりする冷え冷えとした言葉が、大手を振った

2009.2.1

一月だった。もう二月で立春もすぐそこだし、どこかにあたたかな春は来ていないかと探してみたくなる▼薩摩川内市には来ていた、いっぱいの春が。第二回まごころ文芸コンクールに寄せられた随筆の数は、一万を超えた。昨年の応募より千点以上も多い▼「人の心の中にまごころのとりでを築きたい。あなたが体験した心あたたまる出来事を文章にしてください」。冷たい風にさらされながら、ポスターの呼びかけ文を目にして、規定の八百字以内にまとめた人たちもいるだろう▼昨年の入賞作も、ぬくもりにあふれていた。本部とけんかしてまで新入行員のミスをかばい続けた銀行の課長。照れくさいので家族には内緒にしながら、夫にバレンタインデーのチョコを贈り続ける妻。肉親でもこうはいかないというくらい介護に徹する施設職員▼審査員たちは「このような方々によって日本は支えられているのだ」と評した。「いいな、人間っていいなを再認識した」とも言った。今月中にある入賞発表に向けて、今年の審査会でも、地球の営みに欠かせない人のまごころへ称賛と感嘆が渦を巻くに違いない▼薩摩川内ではまごころ青春短歌大会も二年目になる。会を重ねて応募作がたまるうちに、なりはしないか、薩摩川内まごころ市に。

2009.2.23

役人は後期高齢者などと情もしゃれもない物言いをするけれど、お年寄りは、実は、図書館であり、博物館でもある。しわも、老化ではあるにしても、蓄えた知識、歩んできた歳月の刻印ではないか▼鹿児島市在住の民俗学者の下野敏見さんが、二十五巻に及ぶ「南日本の民俗文化」の発刊を始めた。論文集十二巻、記録写真集十三巻を足かけ三年で出す。七十九歳。出版元の南方新社の向原祥隆社長は「先生が元気なうちに」。当の本人も「頭が働く、うちに」▼並みの宝庫ではない。写真は五十年前から撮りためた二十数万枚から選ぶ。下野さんでなければ、いつ、どこ、だれ、なにもわからない。録音テープも数百巻。広大無辺な知の在庫である▼高級カメラは当時の月給と同額だった。夫人を拝み倒し月賦で手に入れた。フィルムは湿気を遮る茶箱に入れ自宅の一番いい部屋で保存。焼き付け担当のカメラ店が驚くくらい状態がいい▼膨大な記憶と資料を盛り込んだ全集は、論文集の「トカラ列島」が口火を切った。刷り上がった本を繰りながら著者は「この人は死去。この人も」と指を差す。足を棒にした長年の野外活動が出あった多くの人々と風習や生活▼図書館や博物館だった人たちの足跡が残った幸せをかみしめたくなってくる。中国には、道に迷うと老いた馬に先導させて難を逃れた故事が残る。「老馬之智」という。

2009.3.1

第十四回中原中也賞は、詩集「先端で、さすわさされるわ　そらええわ」（青土社）が受賞した。作者は、川上未映子さん。昨年、小説「乳と卵」で芥川賞も受けている。詩と散文の壁を飛び越える才能に、審査員たちは高評価を与えた▼受賞を報じた山口新聞の電子版は審査員の発言を紹介している。「日本語という言葉を矛盾なく広げている手法は、これからの詩壇を勇気づける」と絶賛したのは、詩人の佐々木幹郎さん▼「メジャーリーグ級の詩人が出たと感じた」と激賞の言葉を重ねている。文学賞は、審査員の力量も問う。才能を発掘する楽しみの一方で、選定を間違えてはならない、との重圧がかかる▼佐々木さんは、今日、みなみホールである南日本文学賞の選考会に臨む。中也賞の選考は中也ゆかりの旅館の一室だが、文学賞は選考経過を見られる公開方式。選ぶ圧力に加え、審査員の一挙手一投足に観客の視線が注がれる▼作家の大城立裕さん、宮内勝典さんら三審査員は、候補作を何度も読み返す。何年か前、宮内さんからは小さな字で克明に書き込まれたメモを見せてもらった。真剣での果たし合いなんですよ、とのつぶやきが耳に残っている▼称賛の言葉が飛び出すか、未熟とたたきのめされるか。審査員が、真剣を携えるように研ぎ澄ましている評価が切り結ぶ選考会は、午後二時半から。だれでも見られる。

記者の目

◉川内支社時代

さようなら、アトム

1983.4.22

十一日で三十一歳になった。うろ覚えの勝手な記憶でいうと、初めて原子力という概念に接したのは、おそらく手塚治虫の漫画「鉄腕アトム」だろうと思う。

たしか、アトムは体内に小型原子炉を持っていて、空も飛ぶしかわいい顔をしているくせに、めちゃくちゃ強くて人類の平和を守っていた。力の源の原子炉はハートの形をしていたような気がする。

なにも、原子力にかぎったことではないにせよ、現実は子供の印象をそっとしておいてはくれない。

九州電力が川内市久見崎町に建設中の原子力発電所の燃料は、ウラン235とウラン238を混合した低濃縮二酸化ウラン。ウラン235が一トン核分裂すれば、石油二四〇万キロリットル、石炭で三〇〇万トン相当のエネルギー量になるというから、燃料としては超優等生になる。〝百万馬力〟というアトムの主題歌の一節が聞こえてくるような話だ。

ただし、この超優等生の力を引き出すためには、燃料を合金製の被覆管で包み、鋼鉄製の原子炉容器に入れて、それをコンクリート壁で覆い、原子炉格納容器におさめ、最後にコンクリート壁でまた覆うという道具立てが必要になる。

地上六一メートルという巨大な川内原発の外部しゃへい壁をみるたびに自分のなかから懐かしいアトムが消えていき、ICRP（国際放射線防護委員会）が定めた年間放射線許容線量は、一般住民で〇・五レムだったなと、もう一つピンとこない数字を思い浮かべたりする。

九州電力の五十八年度施設計画は「原子力をベース電源の中核として開発を進め」、六十七年度には総電力量の四二％にするとしている。一昔前のバラ色の夢とは違い、厳しい監視の目を必要としながら九州の原子力時代は本格的に始まろうとしている。川内原発1号機運転開始まで後一年二カ月。

1983.6.3

案ずるよりうむが

東郷町議の十六人のみなさん、ご苦労さんでした。四月二十四日に議席を得て激しかった選挙戦の疲れをいやしていたら出てきたのが、町商工会からの「町民に抱負を聞かせてくれ」という要望。五月十四日に要望文書を受け取ったみなさんは二十一日に全員協議会を開きました。

「新人が六人もいて勉強中」「住民の洗礼は選挙で受けている」「話上手な人はいいが、口下手な人だっているし」。結論は出ずじまい。前園雅美議長に言わせると「土曜日でしたから会も早く終わりましてね。原則として受け入れようとはみなさんは思っていたはず」。ただし、ある議長は「一方的じゃないか、との意見もありましたな」。

二十八日に、中央公民館であった「議員との町民のつどい」では森田米盛商工会長が冒頭あいさつでこの点を痛烈に皮肉りました。「すぐ受けてもらえると思ったのに。住民の手足になるというのは選挙の時だけかと残念でした」。居並ぶ十六人のみなさんは、議会の時の当局者のような神妙な顔でした。

しかし、二十四日に再び全協を開いて満場一致で受け入れを決定したみなさん。全協の取材は「新聞記者がいるとちょっと」でできませんでしたが、一部に「無投票なら話は別だが、選挙で選ばれたのに」との思いはくすぶりながらも受け入れを決めた良識に拍手を送らせていただきます。

案ずるよりうむがやすしだったじゃないですか。口下手とちゅうちょしたわりにはなかなかどうして。百四十人の町民の反応もヤジ一つ飛ばさず好意的でした。最後の早崎清春町長のあいさつもよかった。「一生懸命勉強している議員をいい議員に育てていくのは町民の責務です」。ちょいちょいやっていいいんじゃないですか、こんな会。

買える川内会議

1983.7.15

すこし毛色の変わった会議が川内市で六月にスタートした。川内地域雇用開発推進会議という名前がついている。メンバーは川内公共職業安定所管内（川内市、樋脇町、東郷町、甑島四村）の川内市長、樋脇町長、川内総合高等職業訓練校長、職安所長の行政代表、北薩地区労事務局長、川薩地区同盟書記長の労働代表、川内商工会議所会頭、川内地区雇用開発協会長の民間代表から成る。

目的は川内地域の雇用開発。地域特性と民間活力を生かすというただし書きがついている。労働省が五十七年度から始めた事業で全国で五十地域が指定されるが、鹿児島県ではおそらく川内地域が唯一の指定地域になりそうだとみられている。

指定地域になるためには、まず雇用状況が悪くないといけない。職安のまとめだと、六月の同地域の有効求人倍率は〇・一九。十人の求職者に対して二人分の仕事もない現状だ。ただ悪いだけなら県内どこも似たような状況だろうが、なおかつ発展の可能性を秘めておかないと初年度二百二十万円という国の予算がおりるこの事業は適用されないらしい。

テクノポリスのような華やかさはないが、むしろ予算もささやかで性格も地味だという点で川内会議は買いたい。行労民の三者の合意のもとに雇用方針を打ち出そうという姿勢もいい。雇用に限らずとかく開発話はふろしきを広げる側とまゆにつばをつける側の対立という図になる。両者がアイデアを持ち寄れる場はなかなかない。せっかくの会議だ。たたき台を行政に任さず、労働、民間代表ともにこれからの川内地域をどうするか具体的な提言をぶつけてほしいと思う。方針発表は九月に予定されているが、論議白熱でズレこんでもちっとも構わない。

駐在さんとサイダー

1983.8.5

川内警察署の刑事課二係で世間話をしていたら、警部補が「もう一度駐在所勤務に戻りたい」ともらした。キツネやタヌキばかりの知能犯相手にうんざりしたかといえば、そうではなくて「付近の人と親身につき合えるのが魅力」と理由を説明した。

その数日後、川内のある町に取材に行ったら飲ん方になって、隣に座った人が、「以前いた駐在はひどかった」という話になった。町の会合には駐在さんも呼ばれる機会が多い。「まあ、会がすめば飲ん方。そうすると、その駐在は姿を消して、あたいたっが帰るころ道路に現れて飲酒運転だ、とこうくるわけです」。飲酒運転をする方が悪いに決まっているにせよ、本当の話としたらあまり感心できる取り締まりとはいえない。

一日は川内署の東郷駐在所に行ってきた。旧暦の七夕を前に子供たちが交通安全七夕を駐在さんにプレゼントするという話だった。子供たちを引率してきた人が「会合にもよく出てくれる

──相談にも乗ってくれる──」と評した駐在さんは、駐在所に寄る人には必ずコーヒーかサイダーを出す。自分の給料のなかから用意して。

いい話悪い話とりまぜてみても、もし県内約二百四十人の駐在さんを対象にするなら、印象の悪いお役所の筆頭というアンケート結果がはたして出てくるかどうか。シンガポールが日本の交番制度を輸入した理由の一つは親しみやすさ。本家本元だ。たぶん「うちの駐在さんはいい人です」という答えの方が多いに違いない。

警部補は、駐在所時代の友人ともう三十年つき合っているという。複雑化する犯罪捜査に対して機動力は充実しなければならないが、駐在さんが来客に出す茶菓代ぐらいの予算は、なんとか組めるんじゃないですか、県警さん。

寄付ってなんだろう

1983.9.9

川内市が毎月出している「広報せんだい」九月号に、こんな断り書きが載っている。「香典返し欄の物故者の名前はとりやめ次号から寄付者の名前、住所のみ掲載。理由は、おくやみ欄の新設で物故者全員を寄付にかかわりなく紹介することにしたため」

二カ月ほど前になる。市役所内で広報文書課長から声をかけられ、「知恵を貸せ」という。聞けば「広報紙には前々月の誕生者を全員載せているが、今度から物故者も載せるようにしたい。ついてはスペースの関係もあるので香典返し欄をやめたい」。

　同席の市社会福祉協議会事務局長は「とんでもない」という。「香典返しは社協の大事な自主財源。その欄をやめたら寄付者の行為を広く示す手段がなくなり、寄付が減るのは確実。香典返し欄は必要不可欠である」

「もともと善行は隠れたもの」「いやそれは建前。香典返しは世間に示すことで成立している」。ない知恵は貸しようもないから「取材があるので」とかなんとか、その場を逃げた。カンカンガクガクの結論は、両者の主張がそこそこ入っている。

　五十七年度に社協に寄せられた香典返しは八百万円。民間寄付の九五％になる。「生活困窮者への小口貸し付けなど自主事業に欠かせない金。なるほど寄付は隠れた善行だが、香典返しは本当に社協に寄付した、だから特別な儀礼はしないという証明がいる」

　広報文書課は「載せてくれるなという声もある。名前が載らないから寄付しないというのははたして寄付だろうか」。どうなんだろうか。なんとも言いようがない。どちらの言い分ももっともだという気がする。ここはもう一度逃げて五十八年度末の結果を見よう。寄付ってほんとになんだろう。

危険都市・川内？

1983.10.7

正直いって、ドキッとしたね、聞いた時は。なにしろ「いざ戦争になったら川内市は真っ先に攻撃されるんじゃないか」というんだもの。九月定例市議会である議員が一般質問のなかでもらした言葉に、眠気が吹き飛んだ。

なぜ攻撃されないといけないのか。冷水町に近々移駐の陸上自衛隊第八施設大隊。兵員基地は攻撃の第一目標になるということらしい。「現在の世界情勢を見ますと、日本の領土をどこかの国が攻撃するという状況ではないと思います」という当局者答弁もあったりして、市議会はしばらく国会並みの〝品位〟をかもしだした。

どの国の攻撃か、通常戦か核戦か、核戦なら戦術核か戦略核か。いろいろ前提を置かないとこの種の論議は進展しない。自衛隊がいるから攻撃されるなら、鹿屋、国分の両市もご同様だし、鹿児島市も県都という攻撃される理由がある。どう展開するのだろうとドキッの次に耳をそばだてたが、そう国会並みが続くわけはない。次の質問に立った議員が「ここは国会じゃございませんん」と笑わせたくらいで幕。

記者席でまた眠くなりながら考えた。「戦争を持ちだしたあの議員は川内を危険都市と形容したけど、そういやそうかなあ」。久見崎町の原子力発電所があり、港町のＬＰＧ（液化石油ガス）基地がある。いずれも、防災は完璧《かんぺき》を期さないといけない。ＬＰＧ基地の用地はごていねいにも危険物用地という名前がついている。「エネルギー用地とかいろいろ言い方はありそうなもんだが。ネーミングでごまかすつもりはないという市の姿勢だろうか」

きなくささを全く感じさせない大学誘致話は今のところはかばかしくない。「ぱあっと明るい話がほしいな」。最後はそう考えた。

手軽で便利だけれど

1983.11.11

知人に頼まれてクレジットカードを鹿児島市でつくった。知人の販売成績が向上すればいいだけだから、カードはつくったきりたんすの隅へ。使うこともないと思っていたが、手形を落とせない別の知人に頼まれて川内市で初使用。

覚えとく必要もないとすっかり忘れた暗証番号を、本人であるとの証明をしたうえで教えてもらい、自動引き出し機へ。ボタンをポンポン。ずらり並んで一万円札が出てきた。まるっきり信用貸しなのに便利で手軽。〝軽薄時代〟にふさわしい操作でかなりの札束が借りられる。

年がら年中金に困っていた学生時代、よく質屋にいき古本屋で本も売った。なじみになって質屋は期限が過ぎても質草をとっといてくれ、本屋もこちらが買い戻すまで売らないでいてくれた。今の借金には、質屋ののれんをくぐる時の気恥ずかしさや、古本屋のがんこおやじに本を差し出す時の、気の重さはほとんど感じないですむ。店内も、あのころの質屋や古本屋とは比べものにならないくらい明るい。

それでいて、暗い話はないて捨てるほどある。

現在、川内市内の消費者金融機関は大から小まで百三十あまりを数える。借りる時は手軽でも、返せないとなると金はずっしり重い。市役所市民相談室にことし寄せられたサラ金苦相談は、それがもとでの離婚話まで含めて三十件を超える。例えば、金策に走り回って仕事ができない。ますます金づまりになるからやけで朝から酒をあおる。当然夫婦間はゴタゴタ。全国の都市で繰り広げられているのと同様の、サラ金地獄図のあれがありこれがある。

「知人に頼まれて借金したのに返してくれないという相談も多い」。係員の説明を聞いてギクッとした。

冷汗三斗の初体験

1983.12.9

まったく、ざまあないったらありゃしない。川内市久見崎町、九州電力川内原子力発電所1号機（加圧水型軽水炉、出力八九万キロワット）、の原子炉が蒸気バイパスバルブの作動不良で自動停止した二日正午過ぎ、ちょうど2号機原子炉の据えつけ作業の取材で原発敷地内にいた。午後二時まで取材して、同三時からは市役所であった市長の予算説明会に出た。

原子炉が止まったその時刻に現場にいて、さらに午後一時には九電から連絡を受けていた市のトップ連と会いながら、なんにも気づかない。午後六時前にやっと知るというていたらく。「新聞記者としては首だ」といわれたら、その通りですと首を差し出すほかない。おそまつの一語に尽きる。

鹿児島県で原発の初めてのトラブル。苦さこのうえない初体験で再認識したのは壁の厚いこと。放射線を密閉する二重、三重の壁は、都合の悪いことは隠してしまえと当事者が思いさえすれば、外部の目をさえぎる防御壁にも簡単になる。ある原発関係者が話すように「隠していい子づらをするのは昔の話。今は公表することこそが市民権を得る手段という原則」ではあるにせよ、原発は壁に包まれていることを肝に銘じなければなるまい。

当然とはいえ、公表した九電の姿勢は評価したい。ただ、国や県と話し合ったうえでの、国、九電本社所在地の福岡、県、川内市とほとんど同時刻だった記者発表。方向が公表だったからいいようなものの、逆だったらどうなったか。公表にしても情報操作をされたらどうだったか。いろいろ考えると冷や汗が出てならない。

無能な新聞記者はつくづく思う。「原発の壁が、中から見えて外から見えないマジックミラーと逆の機能を持つ壁ならいいのに」

知恵の行きつく先は

1984.1.13

「ザ・デイ・アフター」の試写を見た。昨年アメリカで大評判を呼んだという。〝もしも核戦争が起きたら〟という映画である。テレビ番組だったらしいが、日本では放映権利を映画会社が買い取ったため映画館で流されることになった。九州では福岡と川内市で十四日から、鹿児島市では二十一日からロードショーが始まる予定だ。

試写会に行く前に核分裂にくわしい人、広島の原爆を体験した人、川内市内の二人の知人と長話をした。核分裂にくわしい人からは改めて核爆発というものを教えてもらった。「原子核が分裂すると分裂したものを合わせてももとの原子核の質量からは減るんです。つまり減った分の質量が熱、光、放射線というようなエネルギーに変わるんですね」

広島の原爆を体験した人はしみじみ言った。「それはひどいもんでした。十六歳の兵隊でしたからいったい何発の爆弾が爆発したらこうなるんだろうと考えていたら、京都大学出の見習士官が、これは一発だ、原子爆弾というんだと教えてくれました。信じられませんでしたねえ」

九州電力川内原子力発電所1号機は七五％出力試運転で八四年を迎えた。フル出力八九万キロワットだから約六七万キロワットを発電していることになる。誤解している人も多いが、この電気は捨てているわけではない。すでに送電線を通って工場や家庭に供給されている。映画館だってこの電気がきている。

原子力による電気で見る核爆発による世界の破滅。人間の知恵の行きつく先がどれだけ離反しているか、ミサイル発射や核実験など実写を多用した爆発場面を見ながらそんなことを考えた。映画の印象？　ニュースはテレビだとばかりに新聞がぜんぜん出てこない。さすがテレビ会社製作だ。

ジョグ駅伝のすすめ　*1984.2.10*

昨年四月に住民票を入れた新参者とはいえ、一年近く住んでりゃなじみの酒場もできて、土地に愛着がわいてくる。福寿十喜市長が逝った日には、車を飛ばして手を合わせたし、川内をいい街にしようという熱意を持った人に後を継いでほしいなとも考えていた。冥福《めいふく》をお祈りします。

新聞のスポーツ面でも川内市周辺のチームにまず目が行く。バスケットボールは強いな、ホッケーはお家芸か、小さな活字のチーム名からいろいろ連想する。一月二十三日は疲れた。前日加世田市であった鹿児島県下職域高校新人駅伝の結果を追ったのだが、京セラ川内工場を別にすると、ご当地チームがなかなか出てこない。

ぎっしり詰まった活字を読み進んで、やっとあった、さらに進んで、ここにもあった、そうか、最下位から探した方が早かったか。

クロウトからシロウトまで走る大会だから、成績は下の方でも構いはしないのだが、実力差の大きいチームが多く集まると、シロウトさんたちはほとんど繰りあげスタートになる。息も切れ切れにたすきを渡す感動はないし、タイムや順位は大会終了後に計算しないと出てこない。駅伝本来の楽しみを十分味わえないかわりに「大会運営者にご迷惑かけているんでしょうか」と、ばつの悪さを味わうことになる。

どうだろう。いっそ遅けりゃ遅いなりにデッドヒートが楽しめるシロウト駅伝を川内市で開催してみたら。ジョギングとチームプレーを同時に満喫《まんきつ》できるジョギング駅伝だから、お年寄り区間、女性区間を設けてもいい。校区対抗など小さな場はあるが、県内のシロウトさん総集合という大きな場はまだ少ない。

それでもご当地が下に集合したら？　ま、いいんじゃないですか。

1984.3.16

さようならは「再見」

鹿児島出身の日系米人を取材して記事にしたら、怒りを買ったことがある。「どんなにアメリカナイズドされていてもぼくの心は日本人だ。あなたの記事はその心がわかっちゃいない」

そうかなと思った。島国暮らしで確かに日系米人の祖国観など本当のところはわからないかもしれないと考えた。だから、釈明もせずただ頭を下げた。五年前の話になる。すっかり忘れていた。

山崎豊子の「二つの祖国」を原作にしたＮＨＫテレビドラマの米国内放映が延期された。日系米人の微妙な祖国観を配慮した処置らしい。五年前の話を思い出していたら、また〃二つの祖国〃を持つ人物を取材する機会を得た。鹿児島生まれで四十一年ぶりに中国から帰ってきた華僑の祖国観は明快だった。「私の祖国は薩摩です」

それでも「中国もよくなった。各段によくなった」という言葉はついた。記事にその言葉を入れるかどうかで迷ったが、結局入れた。どちらが心を伝えることになるのか、日系米人と華僑に再会して聞いてみたい気がする。

それにしても、川内で五年前と似たような取材をすることになろうとは思わなかった。きっかけをつくってくれたのは、ニイハオ会。五十六年に「日中友好川内市民の船」が中国を訪れた。同じ班で起居をともにした市民たちがその後も時々集まり、親交を深めている会である。ことし初めての集まりには、華僑、薩摩郡樋脇町の企業研修に来ている中国人が招かれ、こちらにもお呼びがかかった。

華僑の日本語は流麗だった。日系米人の日本語もすきがなかった。日本語が通じるだろうかと心配した自分の不明を、今度も五年前もはじた。別れ際に、華僑は初めて中国語を使った。さようならの中国語はいい。再見、再び会おう。

くらいついて　みせるぞ

1984.4.13

正式な晩餐会《ばんさん》に呼ばれて、腹をすかして帰った経験がある。うまそうな料理が並んだのに、食べ方を知らなくてろくに手が出なかったのだ。だれかの小説に「ドライマティーニのオリーブは、どうやってつまんで食べるの？」と悩む話があったが、そんなかっこういいもんじゃない。帰りにラーメンをかっこんで、空腹を満たした。

金が食べられるものなら、九州電力川内原子力発電所は、とびきりのごちそうだ。なにかといっちゃ億単位。運転をとめて点検する費用にしても、数十億円というべらぼうな額になる。食べるのはだれか。もちろん、食べ方を知っている連中だ。建設にしろ点検にしろ、それ相当の技術がないと仕事は回ってこない。

なにも原発だけを食おうってんじゃないが、川内市の電気工事など中小三十七業者が技術力向上を目指す川内技術開発協会を、先月下旬につくった。会員の業者は、従業員を川内高等職業訓練校に入校させて、大手に対抗できるような技術を身につけさせる。

必要な費用は雇用保険が能力開発事業として負担するし、なんで今まで大手がおいしそうに食べるのを指をくわえて見ていたのか。ある会員に言わせると「その日食べるのでさえ必死。新しい食べ方まで覚える余裕はない」。

少ない従業員。一人勉強に出しただけでも仕事のやりくりはきつい。新しい技術を習わせて辞められたらどうするのか。はたで見てるほど楽に船出した協会ではない。「夢と不安半々。団結できたこと自体が感動」（川畑吉明会長）。

食べ方を覚えたからってごちそうが回ってくる保証はないが、くらいついてみせるぞとまとまった協会の前途に幸多かれと祈る。こちらもナイフやらフォークやらの使い方を覚えてみるか。もう遅いか。

1984.5.18

中二にも飲めるのよねえ

田中裕子の「タコが言うのよねえ」は、できのいいCMだとは思わない。好みで言うなら、大原麗子の持つ近代的な古めかしさを引き出したウイスキーの宣伝の方がいい。三十二歳はそう考える。

中学二年生、十四歳の目に女優がどう映るのかは、ちょっと想像できない。十四日、串木野市の路上で呼びとめた十四歳は、こう答えた。「どっちもきれい。でも大原はおばさん。田中の方が若い」。そりゃ、まあ、そうだ。

新聞、テレビともに大きな扱いで報道された串木野西中学校のウオツカ入り飲料を多くの生徒が飲んだ問題。飲んだのは六十四人だが、買ってきたのは十四人。別にしめしあわせたわけではないというから、飲料を宣伝している田中の人気は普遍的ということだろう。

人気があるのは悪いことではない。人気を利用して宣伝をつくるのは悪いことではない。人気商品を売るのも悪いことではない。未成年でも「おつかいです。お父ちゃんが飲みます」と言ってくれれば売るだろう。

では、買って飲んだ六十四人の十四歳たちだけが悪いのか。そんなことはない。自校の不都合を自ら公表した校長は「中学生を取り巻く社会、そして教育というものを考え直す出発点にしたかった。多くの人に、どういうことで起こってくる問題なのか、考えてほしかった」と、自宅で着物姿の腕を組みながら話した。

こういう話には決まり文句の監督不行届きとかそういう薄っぺらな言葉は、校長の口から出なかった。問題の深さを自覚していたのだろうと思う。

「三月に発売して以来好調な売り上げです。中学生が買って飲んだというのは初耳です」（サントリー大阪本社広報室）。本当にそうか。氷山の一角ではないのか。

1984.6.14

皆で歩こう怖くない

危機が身近に迫れば、走って逃げるのが普通だろう。危機に備える訓練でも、走って逃げるのはすこしもおかしくない。真剣に考えていると褒められこそすれ、文句をつけられる筋合いはない。ところが、その文句がついた。

つけられたのは、九州電力川内原子力発電所。つけたのは、五日に川内市と串木野市で実施された鹿児島県原子力防災訓練の関係者。十一日に鹿児島市で開いた訓練反省会の席上、複数の口から「原発構内で、従業員が走って避難したのはよろしくない」という趣旨の発言があった。

なぜ、よろしくないのか？　原子力災害は一挙に危機の頂点には達しない、逃げる時間は十分にある、だから歩いてもだいじょうぶということらしいし、走って逃げると原発は危険だという印象をことさらに与えかねないということでもあるらしい。

役所的発想で漫画的論理のつまらない文句をつけるものである。安全をことあるごとにPRしたがる事業所が走って、安全を見守る側が走るなというのだから、ますます漫画的になる。せっかく、日本で先例が二つしかない総合訓練を実施しておきながら帳消しもいいところ。しょせん安全PRの訓練と指摘されても、返す言葉に窮する以外することはあるまい。

どうせなら、次の訓練からもっと漫画をおし進めたらどうだろう。「原発防災　みんなで歩こう怖くない」とでも看板を掲げて、ゆうゆうと逃げればいい。

「住民参加の訓練という意見もあろうが、原発への不安をことさら住民に持たせるのもいかがであろうか」（六日、定例記者会見での鎌田要人知事発言）。お上はおせっかいなくらい不安を持たないように配慮してくれる。笑いたくなるくらいにくすぐったい気配りだ。

小さな記事のなかに

1984.7.20

小さな記事だった。「川内警察署が、同級生から金をだまし取った男を逮捕」という内容の一行十五字で十一行、一段、新聞社内でベタと呼ぶ小さな記事だった。

この小さな記事が被害者に大きな悩みをもたらした。「事実に間違いはないその通りの記事だが、わずかな金で同級生を〝売った〟と一部から白い目で見られている。私だけでなくほかの友人もやられていたので、これ以上の被害を防ぐことが彼にとっても周りにとってもいいと思い捜査に協力したのだが……。悩んでいる」

男は、同級生、恩師、友人から同様手口で金をだまし取っていた。送検段階では十二件、そのうち九件で起訴された。余罪の多さは十分報道に価すると考えて、鉛筆を握る寸前まで取材した。一人の事件関係者から耳打ちされた。

「男の縁者が精神的にまいっている。余罪記事は追い打ちになりはしないだろうか」

どうするか。気持ちが決まらないまま、十七日、鹿児島地方裁判所川内支部で開かれた男の求刑公判を傍聴した。

検事が男に聞いた。「起訴事実以外にも友人などからお金をだまし取っているのでは？」。男は答えた。「はい」。弁護士が男に聞いた。「自分が犯した犯罪に対する現在の心境は？」。男は答えた。「深く反省しています。被害者への返済はもちろんですが、その前に謝罪して回りたいと思います。心から謝罪したいと思います」

弁護士は「友人の信頼をもう取り戻せないかもしれないことで、友人関係という社会のなかで制裁を受けている」と、情状酌量を訴えた。検事は、懲役一年六カ月を求刑した。

「必ず人生をやり直します」。男の言葉を思い出しながら、今、この記事を書いている。

終戦の日の特攻隊員

1984.8.17

僕は戦争を知らない。知ろうとも思わないが、知っている世代と話をすると相手をいらいらさせたり、投げやりな口調にさせたりするものだから、話の種に困らないくらいの知識は本で仕入れるようにしている。

終戦の日に宇垣中将以下最後の特攻隊が大分から出撃したことはなにかで読んだ記憶があったが、うち一機がエンジン不調で川内市の西方海岸に不時着水していたことは全然知らなかった。

三十九年ぶりに今度は陸から西方を訪れた五十八歳の元海軍パイロットは、海岸の茶屋でイチゴ水のかき氷をおごってくれた。

サクサク。骨太の体格にがんこそうな顔をしたおじさんは、赤いかき氷を食べながら、しきりに海を見た。「そうか、あんたは二十七年生まれか。わかってくれってんじゃないが、おれは十九歳だったよ、ここに落ちた時は。紅顔の美少年ってとこか。にしたって、もう面影があるわけねえやな。」最後の特攻隊を本にまとめるため、おじさんに西方行きをもちかけた版画家も海軍パイロットだった。

「所属部隊は違うが一期後輩。西方再訪問を提案した時、行きたくてたまらないくせに、なかなかうなずいてくれなかった。聞くんですよ、彼が。飛行機の後ろに乗ってたのか、操縦桿《かん》を握ってたのかって。操縦桿と答えて初めて、じゃ行こうと言ってくれた。それならおれの気持ちがわかるだろうと言いましたね」

なぜ終戦の日に出撃しなければならなかったのか。そのまま死んでいった戦友に対してどういう気持ちでいるのか。ぼくは聞かなかったし、おじさんも話さなかった。「おれの乗ってた飛行機は、まだあの海に沈んでいるらしいな。新聞社が引き揚げてくれないかな」「そうですね。できたらいいですね」。

1984.9.21

〝五人の侍〟上映間近

川内市役所で〝五人の侍〟のキャスティングが注目されている。「七人の侍」なら黒沢明の言わずと知れた名作だが、五人の侍は名作の評判を得るか駄作に終わるのか、今のところはっきりしない。

侍たちの肩書は部長という。三役を別にすると、最高職は課長という市役所が、機構改革の旗のもと五人の部長による部制を導入しようという脚本。市長部局を例にとると、現在は二十三課六十三係。これを来年四月から五部十七課五十六係にする議案が、九月議会の最終本会議に提出される運びとなっている。

係長になれば課長、課長になればなったで部長になりたいと思うのが一般の人情。だから市役所の課長さんたちも、部制導入を真剣に考えているのかといえば、もちろん？　そうではなくて、製作目標は「量、質的に多様化した現代行政のより一層の民主的にして能率的な運用を目指す」。簡単に言うと「今は決裁権限が市長、助役に集中し過ぎ。部長に権限を持たせて早く処理しょう」。課長に持たせればいいような気もするが、川内程度の類似自治体（人口六万人以上十万人未満）は全国で百四十六。うち課長しかいないのは十団体。「部制導入の一つの説得力にはなるかも」（一職員）。

市民のためになり、会議などで肩身が広くなるのなら別に文句をつける筋合いはない。ないけれども、この前の議会で「課長でだめだから部長にするんでしょ。その部長にだめな課長がなるなら結局一緒でしょ」と皮肉られた点や、給料をどうするか、そのまま、それとも特別手当をつけるかどうか、人件費増で財政を圧迫しないかどうか、上映までにかたづけるべき問題は多い。名作になるか駄作になるか。監督のお手並みを拝見といきましょう。

市長のライフスタイル

1984.10.19

鹿児島市政を担当していた時の知り合いと、今でもよく電話で話す。山之口市長の自宅建設の話題になった。「結構立派な家になるそうです。どう思います?」と聞かれて「自分でかせいだ金でつくる分には、豪華な家だろうがなんだろうが別にいいんじゃないですか。そう思うけど」と答えた。

市長だから清貧にあまんじなければならないという義務はない。市長だからこそいい家に住むという論理も成り立つ。山之口さんの給料は月に八十一万一千円。給料の額からいえば、いい家に住んでも不思議でもなんでもない。

六十万円あまりの給料をもらっていた故福寿川内市長から、背広のにおいをかいでくれと頼まれたことがある。「いったいなんの話ですか」と聞くと「くさくないかどうか教えてくれ」。

夏から秋への変わり目で合服を出したが、ズボンの前のファスナーがさびついていて動かない。しようがないから、それまで着ていた夏物で登庁したが、ずっと着っぱなしだから、汗くさいような気がする、どうだ、くさくないか、という話だった。夫人が悪いわけではない。「口酸っぱく言われるんだが、めんどうくせえからなあ」と福寿さんは笑った。

政治家のポーズだったとしても「おれはもともと貧乏人。狭い家の方が性に合っている」とごくふつうの家で暮らし続けた福寿さんを見習ったわけでもないだろうが、給料六十六万八千円の仁礼市長もごくふつうの家に住んで「なにせ貧乏人のこせがれですから」と、いい家をつくる気はないらしい。

鹿児島市の知り合いは「選挙ではどっちが有利ですかね、いい家とふつうの家と、どっちかなあ」と聞いた。答えた。「どちらに住もうが市長の勝手。どっちを選ぶかは住民の勝手じゃないかな」

君の名は白衣の天使

1984.11.23

この前のある日曜日、子供の足の指にトゲが刺さって困った家族が川内市にいました。当番医の外科に行ったのですが、急患やらで順番が回ってくるのはいつのことやら。あきらめて整形外科に電話したら「トゲ抜きは外科の領分」とあっさり断られました。

怒ったおとうさんは「川内でみてもらおうとは思わない」と言うなり、新聞の当番医欄で東市来町に小児科を見つけ、子供と一緒に車を走らせました。不案内な町で、目指す病院はなかなか見つかりません。たまたま目についた内科で道順を聞くことにしました。

出てきた若い看護婦さんは優しく「ちょっと待って下さい」と言うと、年かさの看護婦さんを呼んできてトゲを抜いてくれました。お金を払おうとすると「医療行為ではありませんし、いただくわけにはいきません」。おとうさんは看護婦さんたちと病院の門と、二回、深く頭を下げました。

県医務課の話では、看護婦さんたちのしたことは確かに医療行為にはならないそうです。それでも、おとうさんは用事で鹿児島市と川内市を往復するたび、トゲを抜いてくれた内科の看板に頭を下げるようになりました。

「お医者さんの悪口はよく聞くけど、看護婦さんを悪く言う人はいないなあ。白衣の天使はまだ死語ではないんだなあ」と考えるようになったおとうさんは、看護婦さんのたまごと会いました。

子供のころ迷子になったお礼をアルバイトのお金で十数年ぶりに果たしてホッとしたという十九歳の串木野市の女の子でした。「姉も看護婦になったんです。患者さんからこの人でよかったと思われるようなナースになれたら」。うれしくなったおとうさんはお金持ちでもないのに、ピラフとチョコレートパフェをおごってしまいました。

1984.12.21

川内城上排ガス心中

まだなにもわからない。二十二歳の彼と二十歳の彼女が、紫尾林道近くの川内市城上町の山中で、どうして死ななければならなかったのか、もうだれにもなにもわからないのかもしれない。

二人は冬の木もれ日がたまった山道に車をとめ、マフラーからビニールホースで排ガスを引きこみ背もたれを倒した座席のなかで死んでいた。発見後を配慮したのだろう、運転席の扉はロックされていなかった。

車の外に出された女性の閉じたまぶた、通った鼻筋、形のいい唇が光に洗われて白く輝いた。「排ガス自殺は遺体が美しいから救いだけどね。それにしても、こんなにきれいになるまで育てて死なれたらかなわんぞ、親は」。警察官がつぶやいた。

遺体は川内警察署構内の道場に安置された。離島と他県に住む親たちが駆けつけた時、道場には明かりが入りストーブが燃えていた。明かりがこぼれる道場の玄関に入る親たちを刑事部屋から見ていた刑事課長が聞いた。「ストーブは仏さんと離してあるか。冬場とはいってもな」。刑事が答えた。「ええ、離してあります。食事はどうしますか、あの人たちの」「注文を聞いてくれ。食欲はないだろうけど、いちおうな」

道行き、心中。言葉はどこかはかないが、遺体は重たい。女性の親は遺体を運ぶためワゴン車を運転してきた。男性の親は遺体の運搬方法を葬儀社と話し合った。長男を失い二女を失った親たちは事情聴取で首を振った。「交際していたのは知っていますが、自殺するような心あたりはありません。反対するもなにも、結婚話自体が出ていないんですから」

だれにもなにもわからないまま二人が死んでいった山道で、親たちが手向けた花が枯れている。

出番じゃなかったの？

1985.1.25

今、鹿児島県知事選挙。違反を取り締まる警察関係者は、そんなに忙しくないらしい。川内署の刑事の話。「なんかいい話と思って聞きこみに回ると、数カ月先の川内市議選の話が始まってね。知事選気分はちっともねえな」

どっかで似たような話を同じ刑事としたなと思っていたら、昨年三月の川内市長選の時。「市長選てな気分にならんぞ」「ですねえ」とやっていた。

舞台と配役が違うのにどうして同じ話になるのかと思ったら、共通しているのは、ブルペンで投げるかっこうだけは盛んにやっていたのに、試合が始まったら姿が見えなくなった投手がいたこと。

投げないなら投げないで最初から「投げない」と宣言すればいいのに、いちおうシャドー・ピッチングはしてみせるのが、この投手の特徴。川内市長選の時も「ご当地投手がいい」「いや、外人選手でも登板させるべき」と、さんざっぱらやって、結局試合には出ずじまい。こんな投手でも結構ついているファンは当然ブーイング。

珍しく出た県都の試合であえなくKOされたのがたたったのか、知事選でも出るの出ないの気をもませただけ。川内のファンがもう一度怒るのは当然。「大都市のファンにゃ姿を見せて、地方のファンが見る機会は奪うのか。ドサ回りはしたくないってのか。だから足腰が弱いって言われるんだよ」

ユニホームをろくにそろえられない、あれこれ言うコーチが多過ぎてピッチングフォームがなかなか定まらない。同情したくなる点もいろいろあるものだから、優しいファンは次の登板を性こりもなく期待しているみたいだが、ドラフト一位に指名されて消えていった投手も多いのが世の常。

「出番ですよ」って言ったのはこの投手だったはずなんですがね。

1985.2.22

なにか趣味をお持ち？

三文小説でよくある物語。仕事バリバリの男にちょいと生意気そうな女が別れの言葉を投げつける。「仕事を離れた時のあなたって、なんていうの、ただの人ね」。働きながら家族を支え日本経済に貢献している男に対して、ただの人ねもないもんだが、小説では、だいだいそういう言葉で、サヨナラ、サイナラとなる。

安出来の小説にあるからといって、世間に本当にある話なのかどうかは知らない。ただ、世界から働きバチと冷やかされながらも働き続けているけなげな日本で、仕事を離れても輝いて生きていくのは大変なことなのだろうと思う。だから、仕事以外で輝いている人に会うと感服することにしている。

昨年末は二回感服した。川内市の金属加工屋さんと樋脇町の石材業のおかみさんは、光り輝いていた。金属加工屋さんは、星空好きが高じて天文台を自宅の屋根の上につくってしまい、おかみさんは、家事とご主人の仕事を手伝う合間に短編小説を編んだ。

「空ぐらい見なくちゃ。せちがらい世の中だからこそ宇宙の大きさを認識しなくちゃ」（金属加工屋さん）。「ただの主婦だけどね、女だからね、そこを大事に生きていく自分もあるわよね。小説はその手段なの」（おかみさん）

金属加工屋さんは、近所の子供が遊びに来た時のために、ただ今、プラネタリウムを天文台のなかに製作中。星座に使う電球を探し回っている。おかみさんは「いつかは自分の生きてきた軌跡を書いてみたい」と話していたから、イメージを着々とたい積中だろう。

二人は仕事もすごい分量になる。「労基局から逮捕されかねないくらい」（金属加工屋さん）。「不景気だから必死じゃないと食べていけませんよ」（おかみさん）。なにか趣味をお持ちですか、みなさん。

◉宮之城支局時代

タヌキはお人よし？

1989.4.3

薩摩郡のある山に気のいいタヌキが住んでいました。人間の通る道路が良くなるにつれ多少住みにくさは出てきたものの、それでもまだ自然はあるし、人には人の生きる都合もあるだろうからと、車の音や排気ガスにも折り合いをつけて暮らしていました。

早耳のウサギが言いました。「お前さん、引っ越さないといけないかもしれないよ」。理由を聞くと「郡内のあちこちでゴルフ場建設の話が持ちあがっているからさ」。

（1）ブームはまだまだ続く（2）空港と結ぶ道路の整備で県外客が見込める（3）温泉やレジャー施設を関連づけ家族客も呼ぶ――それやこれやで、二、三話が進んでいるというのです。

「寝ぐらが芝のコースにでもひっかかれば住んじゃいられないし、手入れに農薬を使うというから、もともと住みかに適さないだろうし」。暗に引っ越しを勧めるウサギにタヌキは聞きました。

「自然をいかした建設？　芝を敷きつめたりなんなりするんだから、生態系に影響はでるんじゃないの。低農薬？　配慮をするところもあるらしいがね。ゴルフの目的？　健康増進とか遊びとか」

人と闘い続けてすっかり皮肉っぽくなったイノシシが話にわりました。「だいたい県都にしてからが、海を埋め立てといて人工の釣り場をつくるような土地柄だからね。おれたちのことなんか考えちゃくれまいよ。さっさと見切って引っ越したらどうだい」

タヌキはどうしたかというと、地域の暮らしに役立つならゴルフ場もいいだろう、きっとそんな振興策としてのゴルフ場なのだろう、自然にも気をつけてくれるはず、かけがえのなさは人もわかっているのだから、なにより動物と人は共存しなければならないのだし……引っ越すつもりはなさそうです。

もしピアノが弾けたら

1989.4.24

徳丸一文先生は入学式の朝、三つぞろいを着ました。先生は薩摩郡薩摩町求名小学校狩宿分校の担任です。分校は二年まで。在校生五人、新入生一人。でも、式は本校並みです。

三着持っている三つぞろいのうちで一番いいグレーのを着ました。靴下は木綿の白。トータルファッションとしては首をひねるところでしょうが、下ろしたてとみえ真っ白でした。

前夜零時過ぎまでかかって教室を式の会場に模様替えした先生は、目をショボショボさせながら、新三年生と一緒に本校の入学式を済ませ、分校にとって返しました。

寝過ごし気味で朝食をとれなかった先生は、父母たちが昼食用に準備している料理をだいぶつまんでから、子供たちと式のおさらいをしました。

「さあ、いいよ、始まるまで外で遊んでて」。もう遊んでいた来年の一年生二人に六人が入り、校庭はいっぱいになりました。

先生は赴任五年目です。児童はたくさんいたときで十人。でも。

「寂しいところに来たもんだと思いましたが、違いましたね。のびのびにぎやかで目が回ります。それに、教えるというより教えられるんですね。教育とはなにか、子供の本当の姿はなにか。教師として貴重な経験を子供たちがぼくにくれ続けている、そんな気がします。小さいからこそ少ないからこそできることがあるんだ、つくづく思います」

先生は式の度にピアノが弾けたらと考えるそうです。「もし弾けたら、よく来たなと思いをこめて弾きまくるんですがね。自分のピアノで子供たちを迎えられたら……。できないのが残念です」

分校には立派なピアノがあります。走り回る子供たちと一緒の先生に練習時間はなさそうです。

1989.5.15

シンプル温泉ライフ

朝な夕なの温泉通いを覚えてしまった。夕なはいいにしても朝なの方は「温泉地にいるのだから」と勝手な理屈をつけてみても、世間が動きだす時分にあごまで湯舟につかっていると「すいませんね」とつぶやきたくなる。

鹿児島市にいる時もあちこち朝ぶろにいったが、習慣にはならなかった。超音波やらサウナやらとりそろえてあって、いちおうためさないと損したような気になるし、全部ためすとなると面倒くさいしで、一回いくとそれっきり。

設備でいえば、こちらはなにもない。あるところにはあるのだろうが、なじみとなったふろ屋には湯舟と洗い場、脱衣場があるだけ。

ふんだんに湯舟のふちからあふれる湯を見ながら、おじさんたちの話に耳を傾け、時には加わり、たまには隣から腰にタオル、豊かな胸あらわのおばさんが「父ちゃん、私はもう使ったから、はい、シャンプー」と渡しにくるのを目の隅にしていると、お湯さえあればほかになにがいる、ってな気になる。

薩摩郡のある町で例の「ふるさと創生基金」を使って観光開発を企画、対象地を町民代表に視察してもらったら「自然のままの方がいいんじゃない？」という声が出たらしい。ふるさとをつくる金でふるさとが壊れてしまったらなんにもならないということだろう。

壊さないような知恵をどうしぼりだすか。気前のいい首相がいて町の担当者もご苦労なことだ。それにしても、わざわざ〝創生〟しないといけないくらいに、日本のふるさとにはなにもないのだろうか。くれるというんだからもらっとけばいいようなもんだけども。

ふろ屋の主人の声がする。「朝晩ふろで、はんな仕事はいつすっとけ?」。さて、そろそろ、あがるとするか。

命をかけた恋なのに

1989.6.5

山も川も初夏をまとった日、熊本の歌よみ人が、薩摩郡宮之城町にある与謝野寛、晶子の歌碑を訪れた。白に黒をスッキリ散らしたワンピースの佳人は「二人は新婚旅行でお宅の轟の瀬に来て、歌をよんでいるの。二人を何十年ぶりかに追いかける旅なのよね」と話し「できたら、どこに泊まったのか、そのあたりをお教えいただきたいんだけど」と、聞かれた。

お教えするもなにも、碑があるのさえ初めて知った文化に疎い記者は、町役場商工観光課の田畑勇課長の知性秀でた額を思い出し、歌人をお連れした。

「わからないんですよねえ」

ロッカーの古い資料をひっくり返し、碑が昭和四十一年三月にできたのはわかったが、後は歳月のほこりが舞うだけ。

いらんことはわかった。二人は轟の瀬を題材に十三首よんでいる。晶子の「舟一つ轟の瀬をばながれいづ　命をかけて恋するごとく」が、碑にはどうかと問題になったという。

碑に彫られた二首は、亡き椋鳩十さんの意見を聞いて選んでいる。しゃ脱で鳴った椋さんがヤボな話に耳を貸したわけでもあるまいけれど、命をかけた恋は選ばれていない。命をかけた恋だからこそ青少年教育はうってつけじゃないか。恋愛の原則の一つにけちをつける暇があったら、二人はなにを話し、どこに泊まり、去ったのか、調べて資料を残しといてくれてもよかったんじゃない？

「当時は大まじめに論議したんでしょうねえ」（田畑課長）

「まあ、でも、時代に抗して女の感性で生きた晶子の新婚旅行だもの、足跡なんておぼろの方がいいのかもよ」（佳人）

そういや碑も草ぼうぼうだった。

1989.7.3

笑顔はすてきだけど

何年前になるか。鹿児島郡三島村のデート予算を記事にした。村の若者に本土の彼女ができて、デートをするなら、足代を出そう、お茶代も出そうといういきで悲しい日本で初の予算だった。日本で初は鹿児島県が太鼓判を押してくれた。過疎にもがく財源少なき村のせめてものアイデア予算を後押ししたかったのだろう。こちらも入れたが、県も自治省に問い合わせを入れるなど協力してくれたと覚えている。

十日ほど前になる。薩摩郡祁答院町の「育児手当」で、県に電話した。「過疎に歯止めをかけるため、第三子以降の児童養育者に手当を支給したい。大分に例はあるが、鹿児島では初」（朝隈峯雄町長）。鹿児島で初を確認しようと軽い気持ちの電話だった。

「職掌が違うのでわかりませんね。育児手当だったらあちらの方かも。電話、回しますか？」。ぶっきらぼうサンから回してもらった電話は、なにか勘違いしたのか、切口上サンだった。「なにをお聞きになりたいのか知りませんが、うちの担当じゃないんじゃないですか」

冷たくされようが話し続けるのも仕事のうち。ご説明申し上げて収穫のないまま切るときも「すみませんでしたお忙しいところを」と明るく声を弾ませた、つもりだ。

忙しいときにろくでもない用事で電話がくればぶっきらぼうにもなるだろうし、担当が違えば知らないことは知らないと言うだろう。前は親切だったから今度もと思いこんだ方が悪いし、役所としてはごく普通の対応なのだろう。

職業的訓練こそ多少積んだものの人間ができていない新聞記者は、なにか八つ当たりをと考え、すてきな笑顔と人間味あふれる言葉満載の県広報誌を見つけ、くずかごにたたきこんだ。

1989.7.24

森が悪くなると地球も

「インドネシアの子は遊ばないのよ。わかる？　家の手伝いがあるからね。学校から帰ったら遊ばないのよ」

子供たちはなにをして遊んでますか？　薩摩郡宮之城町の流水小学校の児童から質問された鹿児島大学留学生のインドネシア人男性は、子供たちにもわかるような日本語をつむぎだしながら、言葉に託せなかった思いをこめるように手を振り、目を見開いてこたえた。

「ぼくの勉強しているのは生態学。エート、木を切ると森が悪くなりますね、森が悪くなると地球が悪くなりますね。そういうことを勉強しているんですよ」

小学校の体育館であった留学生との集いには、中国人男性とフィリピン人女性も顔を見せた。「私の国の首都は北京。最近よく新聞やテレビにのりますね」「好きな食べ物は、ハンバガ、ハンバアガア、ハンヴァガァ」

熱帯雨林がなんのためにだれのために切られているのか、中国がどういう情勢にあるのか、英語でわかるかな、日本語ではこういうのかなと三回も好きな食べ物を言ってくれたフィリピン人女性は、どうして英語がうまいのか。

フィリピンはハワイにあると思っていた一年坊主から、三国とも地理知っている六年生まで、今はまだなにも知らなくていいだろう。土人とかなんとかアジアの国の人々をさげすむ言葉が、日本語にはどうして豊富なのか。そんなこともまだ知らなくていい。

お別れのフォークダンスで子供たちと三人の留学生は手をつないだ。大きな手に小さな手がすっぽりおさまった。小さな手が大きくなったとき、手をつながなければ日本もアジアも世界も生きていけない、地球が悪くなるのを止められないと考える人々が、今より増えているだろうか。

切なく甘くひとかじり

1989.8.21

台風11号が引き連れていた風雨の朝、宮之城警察署の迫田覚交通課長と車を飛ばした。課長は非番を利用しての道路や信号機の点検、こちらも被害状況の取材。大型変圧器つきの電柱が折れた現場を見た後、課長が言った。「リンゴ園に回るか」「リンゴ園?」「観光農園だけどね。やられたろうな」

やられていた。薩摩郡祁答院町の桑波田大さんの二二アールも八割が落果、木も折れた。停電で暗い家のなか、桑波田さんは笑った。「実がつくようになるまで、まあ四年。そうしたら、もう七十歳。今でもそうだが、もっといい年になりますよ」

かっぱをずぶぬれにしながら桑波田さんが拾ってきたリンゴを、妻のマスさんがむいてくれた。「そのままにしといてもしょうがないんだから、どんどん食べてください。あちこち視察に行ったりしておとうさんが自信をもって育てたんだから、おいしいはずですよ」

おいしかった。帰り道、迫田課長が「おいしかったけれども」と話しだした。「そうは食えんよな。悪いような気がするし切ないし」「リンゴはもともと悲しいのかもね」「うん?」「なんかそんな歌があったんじゃなかったのかな」「そうか、リンゴは悲しくて切ないのか。こっちとしては、頑張って下さいと言うしかないし。せめてあとかたづけしやすいように、あした晴れりゃいいんだが」

晴れてくれた。桑波田さんの家では外に出ている子供さんたちの家族も総手で、落ちたリンゴを拾い集め洗った。薄い緑、赤がさしたの、赤の方が強いの。八月の光と水が次々にリンゴを洗っていく。太陽のなかで、桑波田さんの笑顔は前日より少し明るかった、のだろうと思う。「もぎ取りは残った分でやりますから、遊びに来てください。おいしいですよ」

1989.9.11

来年も行けたらいい……

九回裏、二死フルカウントまで追いこまれた。敗戦取材か。残念談話でもとるか。グラウンドに背を向けたら、いい音がした。急いで振り向くと、浅い春の早い夕暮れが落ちた甲子園で、白球が一筋、野手の間を抜けていった。

昭和五十七年三月二十六日、第五十四回選抜高校野球大会初日の第三試合。鹿児島商工は徳島の鳴門商に逆転サヨナラ勝ちした。教育の一環だ、スポーツはみんな平等だとかなんとかいっても、高校野球、それも甲子園でとなると、新聞は大きく扱う習性がある。

おまけに、なんて、ドラマチック。絶えない歓声のなか、聞きとるのに苦労しながら喜びを集め、電車の席で書いた原稿は、翌朝「校歌かき消す大歓声　抜ける白球……やったあ」と見出しがついて、新聞のかなりの面積を占めた。

「おっ、白髪増えましたね。だれかと思った。四月から宮之城？　そう」。夏が日差しをたたきつけている薩摩郡宮之城町総合グラウンド、八月十八日。枦山智博監督と久しぶりに会った。「勝てたんじゃないですか」「いや、大越の球は速くて速くて」「そろそろ準決勝ぐらいいかんと。名監督がいるんだから」「またまた」

宮之城で練習すると、鹿商工野球部は、次の年必ず甲子園に行けるという。そんな話を監督としていると、うずくまる選手が目についた。「ひ弱なのかな、やっぱり、近ごろの子は。暑さにやられて、そこの病院で何人も点滴してますよ。おい、だれか梅干しをあいつにやれ。ない？　だったらあそこの店でもらってきてくれ。おい、だいじょうぶか」

「さて、そいじゃ」「ああ、また」「来年も行けそうですか、甲子園」「ゲンかつぎをしているけどね、どうなるか」「行けたらいいですね」

1989.10.9

まぶしく輝く男五十八

もう絶対酒なんか飲むものか。守りそうもない誓いをたてながら新聞を開いたら、ますます頭が痛くなった。チキショー、巨人が優勝してやがる。ヤクルトはなにしてるんだ。池山とか広沢とかの連中め、ＣＭに出る暇があったら、練習しろってんだ。

スポーツのページをぶっ飛ばしたのに「かお」の欄まで巨人監督。しょうことなしに読んだら、年齢は五十八歳。ほう、昨夜の祝宴の主人公とおない年だ。

祝宴は退職記念。主人公は、薩摩郡祁答院町役場の開発課長をしていた押領司勝さん。退職金から五十万円はオレにやれ、なんにつかう？　飲ん方をするんだと奥さんに宣言して開かれた宴だった。昭和二十八年に入って三十六年の役場暮らしというから、二十七年生まれのこちらが生きてきた分を勤めあげたことになる。定年まで年をあましてやめたのは、自分の好きなことをしたくなったから。

親族、役場職員、友人たちの前で押領司さんはあいさつした。「歴史を調べてみたいし、押領司家のルーツも探ってみたい。今はまだボーっとしているが、そのうちに」。さすがにときおり言葉は詰まったが、昭和ヒトケタは人前では涙を見せない。最後笑顔で締めくくった。

役場職員はやめてもおとうさんをやめるわけにはいかない。大学存学中の息子の祝電。「健康に気をつけて。特にスネを」。かじられても構わないくらいの設計をしたうえでの退職。行きあたりばったりの当方としては、頭を下げるしかない人生。戦前生まれの人にはどこかかなわんとこがあるな。男五十八、まぶしいね、輝いているね、たいしたもんだ、ホント。

そうはいっても、巨人の監督さん、来年は別に優勝しなくてもいいですからね。

来なかった「そのうち」

1989.10.30

四月だったか、五月だったか。ある会合でお年寄りと席をとなり合わせた。頑固そうな顔だ、うるさ型のジイサンだろうなと考えていると「アンタ、だれですか」と声をかけられた。自己紹介したら「どうですか、宮之城は」ときく。「皆目わかりません」とこたえたら「そのうち遊びにいらっしゃい」と、名刺を渡された。

十月二十四日午後七時過ぎ、宮之城町の役場、名刺をもらっただけで「そのうち」が実現しなかった現王園直吉元町長の死去の取材をしながら、それっきりになったのは二人目かと思った。八月末に亡くなった山下兼徳さんからも、赴任当初に「そのうち」と誘われていた。宮之城町でこうじ業などを営んでいた山下さんは、町の振興に走り回った人物。「病気でもうながいことないから、早く遊びにこないといなくなっちゃうよ」の言葉通り、そのうちは来なかった。

山下さん六十三歳、現王園さん九十四歳。それぞれの年齢と仕事が積み重ねていただろう宮之城の話。二人は「おもしろい話を聞かせてやろうと誘ったのに、ぐずぐずしているから話しそこなったじゃないか。アホな新聞記者め」と怒っているかもしれない。

国会議員をのぞくと後は全部している現王園さんの経歴の資料を見ていたら、通夜の打ち合わせで田中茂助役も役場に顔を出した。病院に見舞った際、お加減はと聞いたら、よかったらこんなところにいるかと一喝されたらしい。

「一言でいえばどんな人？　ううん、そうですねえ。ううん、やめときましょ。下手なことというと、よみがえってきて雷を落とされそうですので」

おもしろい話が聞けたろうな、後悔はやっぱり遅いな。

イノシシは逃げ切った

1989.11.27

朝六時に起きて昼の一時過ぎまで。七時間かかりっきりの取材で書いたのは、十三字で十行だから四百字詰め原稿用紙の半分にもならない。写真もとても新聞に載せるようなしろものではないな、ま、いちおう本社に送り、当然ボツ。

もっと長い時間をかけた取材でも日の目さえ見ない記事もあるし、デスクに「なんだ、こりゃ」と言われるくらいで当人はなんてことないのだが、取材対象の方が気の毒がってくれて「一匹くらい出てもいいんですがねえ」。

狩猟解禁の日、紫尾の山でイノシシ猟の待ち伏せ役の一人と過ごした。「声を立てるな、たばこを吸うな」。最初は注意したハンターも、待ち時間の長さと優しい人柄から、そのうち銃を置き、昔はいっぱいいたんだけどに始まって、なんたってスペアリブが一番、塩をこう薄くかけてジュッと焼いてと、とらぬイノシシの談義も。

山の高きにいてレーダーのような耳でそれこそ聞き耳を立てているというイノシシは、食われちゃなるかと決めたんだろ、犬をいっぱい連れた勢子《せこ》、逃げ道のそこかしこでにらんでいる銃から、ついにこの日は逃げ切った。

「仕事になりませんでしたねえ」親切なハンターは慰めてくれたが、どういたしまして。シカ、イノシシのフンや足跡、チラと見かけた野ウサギ、タヌキ。紫尾の山の深さに身を置いていると、いずれも猟歴二十年を超える包囲陣からよくぞと、逃げっぷりの鮮やかさにいっそう感心したくなる。

解禁から数日後、食ったらうまそうな大きなタヌキが転がっているのを車から見かけた。支局管内ではありふれた交通事故死。生態が違うからしょうがないにせよ、イノシシに比べるとだらしないもんだと思いながら、弔辞。「おい、も少し、上手に生きろ」

1989.12.18

二十一世紀の新竹取物語

宮之城町の地域活性化集団・チクリン村の一員から福岡に行かないかと誘われた。中国領事館の門前に門松を立てるという。中洲の電飾管がちらついたが、材料と一緒にトラックに乗りこんで日帰りだというし、目は回していないけどいちおう年の瀬だし、で、行ってらっしゃいと見送った。

彼らも暇なわけではない。それぞれ仕事を抱えている。忙しいなか鹿児島市の百貨店前などに門松を七年間立て続けている。中国領事館の門松も普及促進の新趣向。「竹のふる里である貴国に門松を贈り、日中友好にも寄与したい」との趣意書を送り実現した。

押しかけ女房のようなものだが、領事館は歓迎のうえおみやげまで持たせてくれたらしい。厳しい情勢を忘れて館員もひとときほほえんだのかもしれない。

福岡行きの前に宇宙へのお誘いもあった。「竹とくれば、かぐや姫。昔話じゃ御所車で月まで帰るけど、二十一世紀も近いことだし、ひとつロケットで帰ってもらおうじゃありませんか。ついでについていきましょうよ」

さすがにこちらは夢の夢と思っていたら、言いだしっぺの一員は「月が無理なら地球周回軌道でもいい。かぐや姫も人形でもいい。飛行士に宇宙に持っていってもらい、また地球に帰ってきてもいい。新竹取物語だ。行っちゃったかぐや姫が戻ってきた。オジイサン、オバアサン大喜び」と、どうやら本気でどこかと折衝しそうな気配になってきた。

無理難題押しつけていなくなるかぐや姫より、タイやヒラメで歓待してくれ手みやげも、の乙姫がいい、絵本を広げる時分から考えてきたが、宇宙でさらにアカ抜けしたかぐや姫が輝く笑顔で「ただいま戻りました」か、悪くはないね、なかなかいいんじゃない。

サッカーのキャプテン

1990.1.8

東京のおいが、三日、逝《い》った。十三歳。小学校のサッカー部のキャプテンは、中学校に数週間通った後、大学病院で病気と闘い続けた。覚悟して上京していたカミさんに「おばさん、遠いところからありがとう」と笑顔を投げかけたのが、二日の夕方。夜、息苦しさを訴え、一時持ち直し、朝、呼吸不全で目を閉じた。

中学の制服に着替えさせながら看護婦さんが「大きくなったんですね。もう学生服がきついわ」とつぶやいたという。成長を続けさせるなら病気も退散させればいいのに、運命かなにか知らないが、そうしない方に決めていたらしい。クリスマスに贈ったサッカーボールをける時間も与えてくれなかった。

年を越せるかどうかの連絡があったころ、宮之城町であった忘年会で隣り合わせた建材業者さんが、途中で気分が悪くなり、家に帰ってさらに悪化、町内の病院から鹿児島市の病院に転送され、緊急手術で危ないところを切り抜けた。よかったですねと奥さんにお見舞いを言ったら「ええ、本当に。設備の整った病院で専門のお医者さんがたくさん集まって助けていただいて」と、手術の様子などを話してくれた。

設備、スタッフ。おいは今の日本では最高水準の医療環境にいた。交互に病院に泊まりこんだ両親も、やれるだけのことはやってもらったという区切りの思いなのだろう、かけた電話に、義姉は「かわいい顔して寝てるわよ」と、明るい声でこたえた。

サッカーボールも棺のなかにおさめられたという。もう少し頑張れば、ワールドカップが見られた。一試合ぐらい見せてやりたかった気がするが、おいがいる場所からは、イタリア各地の会場が全部見えるのかもしれない。

寒い地方の温かい人たち

1990.1.29

季節は冬でも人は温かい。二日、宮之城町の七十一歳の女性が、原付きとの交通事故で亡くなった。運転していた高校生の女の子は、現場で泣きじゃくった。母を亡くした息子さんは、葬儀の間中「事故は事故でしかたない。元気を出しなさい」と、女の子を気遣ったという。警察官から聞いた話を息子さんの知人にしたら「本当に優しい男だから」とうなずいた。

「ふるさと悠遊」で会った人たちも優しかった。ヘラブナと自然にひかれて宮之城に住みついた新留さん夫婦を自宅にうかがったら、仕事にならなかった。「仕事？　そんなものどうでもいいじゃないですか。まあ、お食べなさいよ、ほら、お飲みなさいな」。結局、二度会食して、なんとか仕事になった。

ラジコン好きの東郷さん。こちらも同じ趣味と見てとると「おじさんの写真なんか撮るより、ほら、これが、パルス・コード・モジュレーションの操縦機。今度、らっしゃいな、飛ばしましょうよ」と、やはり、仕事はそっちのけ。

難病と闘いながら絵をかいている祁答院町の徳永さんの家をおじゃましたときは、恐縮した。お茶、リンゴを用意して待ってくれていたお母さんが、二言三言、話をすると、必ずリンゴとお茶を勧める。「このリンゴはおいしいんですよ。お仕事はもういいんでしょ。食べてくださいよ」

晩酌《ばんしゃく》を途中で切りあげたお父さんも一緒になって「ねえ、お食べなさいな」。勧められる合間に仕事をした報いだろう。徳永さんに絵筆をとるきっかけをつくってくれた病院の名前を、イナツをエナツと聞き間違えた。どちらの病院もなにもおっしゃらなかったが、優しさに甘えてばかりもいられない。絵を勧めたのは宮之城の稲津病院でした。ごめんなさい。

さてどうなったかな、衆院選

1990.2.19

原稿を書いているのは土曜日。衆院選の当落は予想はつけているが、本当のところはわからない。二区を前線で取材したのは、社会部、川内支社時代に次いで三度目。

前の二度は特に印象がない。候補者はそれなりに大変だったのだろうが、思い出に残っているのは、ある候補の出陣式の写真。紙面にそのまま載せると、頭の特徴で特定できてしまう。修正で髪を生やした。本人は「オイ、オレにカツラかぶせたな」。「まあ、選挙中の写真は一枚だけ使うとなると、その人とわからなくするのが原則で」。笑い合って、それでチョン。票読みも楽なもんだったはずだ。

今度は違った。官房長官が宮之城町まで一候補の応援に来るというので、常駐のこちらを除けば久しぶりに集った記者連も「わからん、難しい、どうなるのかね」。

おまけに、応援弁士の一人が「官房長官は、本当に女らしい人。どこかの偉い女性は、おしりをさわる気にもならんが」と言ったりするもんだから、セクシュアル・ハラスメントに敏感な票は逃げるかな、体制の選択をおしりにひっかけた高遠な論理で賛同票があるかな、と、それでなくても多い混迷の要因に、どうでもいいようなことを考えたりしてしまう。

金曜の夕方は、どこかの候補の運動員らしき人が、公選法に絡んで宮之城警察署で話を聴かれていた。「いや、そんな、たいしたことないけど、ちょっとね」（次長）。さて、どうなりましたかな、結果は。

1990.3.12

お金持ち東京が見える

祁答院町一二〇ヘクタール、薩摩町一一八ヘクタール、宮之城町はたぶん一二〇ヘクタール。なんの数字か。建設中、着工目前、構想中のゴルフ場の面積。薩摩町の場合は、宿泊、会議、ヘリポートなど各種施設も加えた数字になる。

一組四人かそこらでするスポーツにしては、広大な土地を必要とするものだと思う。つくる費用にしても目がクラクラするような数字になる。祁答院に建設中のゴルフ場は、クラブハウス、隣接して建てる十四階建てのホテル、二施設だけで四十五億円。すべて足すと百億円に近くなるようなお金がつぎこまれる。

それでも大都市近辺につくるよりははるかに安くあがるし、会員権である程度投資の回収はできる。加えて、行政が地域振興の一環として誘致し、コンサルタント業務を肩代わりするくらいに協力するのだから、資金力さえあれば出てこない手はないということなのかもしれない。

三町のゴルフ場に共通しているのは、東京が透けて見えること。祁答院は、高尾野町出身の東京の建設業者さんが主力だし、宮之城は同町出身の東京の電機関係の業者さん。薩摩町でゴルフ場を含むリゾート開発を推進しているのは、日本の一流企業多数が出資した会社。東京で舞い続けるお金が、ヒラヒラと何枚か飛んでくるのだろう。

お金持ち東京にはマグロの回遊が売り物の八十億円かけた水族館がある。鹿児島の海でとれたマグロも泳いでいるらしい。建設費の巨大さに目を回していなければいいが。

1990.4.1

お安いんじゃないかな

ある新聞社の記者がさる銀行のドロドロを追っていたら、新聞社に中傷の電話が入ったという。

「おたくのあの記者はただゴルフをたかりまくっている」。たかるどころかゴルフのゴの字も知らない記者だったので、びくともせず「無芸は身を助ける」と述懐している。

ゴルフが芸なら当方も無芸なのにゴルフ場には縁があるようで、今月下旬には、薩摩町にできるゴルフ場つきのリゾート施設の着工記事を書く予定になっている。祁答院町に続き二本目の記事になる。自分がしないせいか「隣りあわせにつくって商売になるのかいな」と、薩摩町の方の会社に電話をかけた。

頭が切れそうでたぶんステキな女性の声が「まだ、薩摩町の会員権の価格設定はしていません」とおっしゃる。ならと、同じ会社が滋賀で昨年十一月に着工したリゾート施設の値段を聞いてみた。

滋賀は一二〇ヘクタール。薩摩とほぼ同規模で、ゴルフ場だけの縁故会員券の個人分が一口二千万円だという。「ホテルの利用、スポーツ施設の利用、組み合わせで九種類ほど用意しております。二千万円にあと二百万円乗せるとスポーツ施設が利用できます。一番高いの？　いちがいに言えないいんですけど、法人さんの分で七千六百万円というのがあります。投資という点でもお安いんじゃないかな。売れ行き？　ええ、おかげさまで」

縁があるどころの話じゃなくなった。どこか遠い無縁の世界では、彼女の言う通り、お安いんでしょうね。

愛したいのに愛せない

1990.4.25

冷凍庫にヤマバトが数羽転がっている。そば屋で料理人で猟師という貴重な友人が、羽をむしって届けてくれた。肉も魚も切り身に慣れているから、首がつき足も二本突き出た塊は、スティーブン・キングの作品の点景に見える。が、味はいい。

ヘッセの悩める主人公を階段で誘惑した田舎のお姉さんの趣とでもいうか。パサパサがないし、ギトギトしているわけでもない。開高健もハトは好きだったようで、ベトナムで一緒に従軍した秋元啓一に垂れている。

「エジプトの料理屋で食べるハトは香ばしくていい。ワインもいい。なにしろ銘はクレオパトラだ」「?」「ハト胸だからな」「……」

そば屋の若ダンナに言わせると、神社の境内あたりにいるハトは「とても食えたもんじゃないね」。薄汚れた外見からしてもうまそうとは思えない。

アメリカ大陸を雲のように覆っていたリョコウバトは、味がよくて、銃から大砲まで持ち出した人間の手で絶滅させられた。味が悪いのは、人との共生を押しつけられる側の知恵なのかもしれない。

ハトの害に悩む紫尾神社の記事が縁で知り合った鹿大の萬田正治先生によると、屋久島で京大の猿学者と果実をやられる農家が激論を交わした。激高した学者は叫んだ。「屋久島から猿がいなくなるのは、日本から京都がなくなるようなもんだ」。京都がなくなるのも困るし、タンカン、ポンカンがなくなるのも困る。ヒトは悩み共生の知恵をまだ見つけていない。

いい町だからいい女性

1990.5.20

松任谷由実は、作詞の際「呉田軽穂」の筆名を使うらしい。女性が思い入れるのだから、男性がグレタ・ガルボを書くと、どうなるか。ある新聞の一面のコラム。追悼を「それにしても現代、なんといい女が少なくなったことか」と締めた。

そんなことないでしょ、あそこにもここにもと指を折りたくなるが、薩摩郡の二、三の首長も「いい女性がいなくて」とぼやく。なにやかや誘致したはいいけれど、働いてくれる女性が見つからないのだという。

「景気がいいせいか、みんなどこかに行ってしまって」。自分の町だけでは足りず、周辺まで手を広げてなんとか充足した例もある。「働く場がなくて外に出ていく層を引き留めたくて誘致したのに」

人集めを任せた首長のぼやきを気にしない業者もいる。「確かに、ゴルフ場のキャディーさんなんかは日焼けの問題などで敬遠されがち。要は働きたくなるような環境ですな。女性が勤めたいと思うような職場にすれば、必ず来てくれます」

悲観、楽観、どちらがあたるにしろ、いい女性がいないわけはない。鹿児島はいい女性がワンサカいる土地として名をはせている。「無定見、思想が感じられない町づくり」と鹿児島を切って捨てた後「それにしては、もったいないくらいいい女性が多い」と語を継いだアーバン・デザイナーもいた。

元来いるはずなのに見かけないとしたら、いっこうに住みたくなるような町をつくらないから愛想づかしを始めたのかも。

国際化とはいうけれど

1990.6.14

一年と少し前、知人が電話をかけてきて、ブラジルに住む親類が日本に出嫁ぎに来ている、という。「一家総出の例もあるというね。鹿児島からの移住者もだいぶいると話してる。すぐには記事にならないだろうけど、参考までに」

同じころ、東京での長期研修を終えた宮之城警察署の前の刑事課長が、いやあ、驚いた、中野周辺のパチンコ屋で働いているのは、ほとんどパキスタンとかの人たちだよ、とみやげ話をした。

今月から施行された改定入管法（出入国管理・難民認定法）は、外国人〝不法就労者〟の締め出しを狙っている。雇いたい側がいて働きたい人もいるが、間に国境があるので不法になる。国際交流、国際化という華やかだがなんのことかよくわからない言葉は、大手を振って越えていくが、切実な手が門戸をたたくとすぐ閉ざされる国境。

日系人は改定入管法の対象にならないから、移住者の出稼ぎは続くだろうし、罰金を払っても雇い続ける例も出てくるだろう。四、五年前、鹿児島の温泉町でビールをついでくれたフィリピンの女性は「どんな都会かと思ってたよ、ニホンは。来たらビックリしたね、ワタシのイナカよりイナカだたよ」。

ブローカー任せをやめて罰金覚悟で外国人女性をスカウトにアジアに出かけていった知り合いもいる。カタコトの英語で苦労するだろう。各地に外人教師を配置して力を入れているらしい英語教育。どこで使うのか。外国観光で使うのか。

1990.7.8

建具屋さんの破れ障子

建具屋さんの全国大会で入賞した総竹製の雪見障子で飲んだ。よんでくれたのは、障子をつくった宮之城町湯田の建具屋さん。暑さがよどんだ夜、川内川でとれたスッポンの生き血も並ぶ卓。雪見の宴とは趣が違うわなと思ったのもつかの間、奥さんの名前が雪美さんと聞いて、そいつはいいね、だからもっと飲みなさいな、はい、いただきましょうと、夜はふけた。

木製と比べると手間もなにもかも数倍という竹製障子。技術のさえもメモにしたのだが、生き血をあおったついでに忘れてしまい、翌朝、起きて真っ先に浮かんだのは「風通しのいい家だったな」だった。

温泉街のはずれ。建具屋さんの家なのに、雪見障子を別にすれば、障子は破れ放題、ふすまも破れ、破れていない面には元気いっぱいの落書きがおどっていた。雪見障子の雪見の部分をあげようとしたら、雪美さんが「むこうのボロボロが見えちゃう。ま、いいか。隠しても始まらないか」。

紺屋の白ばかま、建具屋さんの破れ障子。中学を卒業して三十九歳まで一筋。自分の家までは手が回らないのだろう。

宴の席にいた建具屋さんの組合の元役員によると、職人さんは年ごとに減り、県内ではかつての三分の一。「腕もあれば、新しい素材に挑戦しようという意欲もある彼なんか、ホント、貴重な存在なんです」

貴重な存在はふらつきながらも、はいて捨てるほどいるサラリーマンの一人が、タクシーに乗るまで見送ってくれた。

1990.8.1

〝美人川〟下り同時進行

七月二十九日正午　宮之城町宮都大橋下の川内川、三十七のイカダが出発。警察の救難艇に同乗。橋の上の見物人に手を振っていたら「木、き、キイ」の大声。川筋の木に、ウワア、ぶつかるう、寸前で回避。「なんだ、なんだ。一番安全そうだから乗ったのに」「だいじょうぶ。船頭は一流。へ先の見張り役が頼りないのが難点」

おおむね一時　晴天続きで少ない水量。救難艇は瀬を乗り切るのに四苦八苦と三十二苦。アユのヤナ場を示す鉄柱にぶつかりひん曲げ、転覆スレスレと次から次。「アイタコラ、カメラが濡れた」「救難艇がひっくり返ったら、だれが助けるんだあ」「うるさい、ほら、また、瀬が」。スクリューを止めて、あげて、逆巻く波にザッブーン。

おおよそ二時　イカダが岩に激突、全員投げ出され、一人足りないというので、上ったり下ったり。別のイカダにいるのを確認し、一安心。なめるのもいけないが、こわがってばかりでもつまらない。浮力の強い救命胴衣をつけていれば、たいがいは安全。盛りあがるそばから空の青にとけこんでいく緑、瀬でくだける白、宮之城の川内川は、美人だ。美人なんだから、一度水を飲んだからって、会うのをあきらめないこと。美人はきついもんなんだ、少しはトゲがあるものなんだ。

そこそこ三時　全イカダ無事到着。ゴルフコンペとどちらにしようか迷った製材所のダンナが「うんにゃ、おもしてかった。反省会をすっど」。残念、予約済み。また来年ね。

紫尾の山々が持つ深さ

1990.8.26

薩摩郡一帯を取り巻く紫尾山系には、通りがかると、腕の毛が逆立つ場所があるという。頂上には車で行けるから、落書き、ゴミも多いものの、山が持つ深さは、まだ失っていないのかもしれない。

紫尾山系では、川内支社時代に一つ、宮之城に来てから一つ、車に排気を引きこんで目を閉じる排ガス心中に出合った。山が抱いてくれると考えるのだろうか。どちらも、車で行けるところまで山の中に入っていた。

最初の心中では、車からおろされ横たえられた二十歳の女性の白い足に、血が一筋走った。「こんなに大きくなったのに」。年配の鑑識員が、血をそっとふきながらもらしたつぶやきが残っている。

二つの場所をたまに通ると、呼びとめられそうな気がして、心の中で手を合わせる。だから、毛が逆立つ話もうなずける。山の深さへの恐れが生んだ話だとしても、話を生むくらいに深い山があると考えれば、一笑にふすよりも、そうでしょうねと、相づちを打ちたくなる。

山系のほんの一部を持つ知り合いに、ゴルフ場にするから売らないかと引き合いが来たという。息抜きをする山だからと断ったらしいが、業者だけでなく地域振興を印にした行政まで乗り出しての説得に、いつまで抗しきれるか。深い山のすそをつくっている山が、また一つ、たぶん消えていくのだろう。

毛が逆立つ場所は残れるかどうか。通るたびに呼びとめる聞こえない声も、いつまで、あそこにあるだろうか。

愛が育つのはコイから

1990.9.19

コイを見て「タイだ、ハマチだ」と子供たちは呼んだらしい。子供たちは、薩摩郡宮之城町の盈進小学校の低学年生。学校に大型水槽三つを並べた淡水のミニ水族館を建設中で、入ったコイを差しながら有馬純生校長が名前を聞いたら、タイとハマチになったという。

川内川が流れる街の子供たちでも、ふだんの食卓にのぼるのは海の魚の切り身だろうし、クジラと間違わなかっただけ、まだほめていい。赴任当初、川内川の魚をいろいろつかまえて水槽に入れていたら、川の漁師さんが「ハヤが泳ぐ姿をこんなに間近に見たのは初めて。水族館みたいなところ？　ここらにはないですね」。ますます子供たちに責任はない。

川を主題にした行事では必ず「きれいに大切に川を愛そう」と枕まくら言葉がふられる。きれいにというからには、今のところどこにも見当たらない下水道整備計画も出てくるだろう、たぶん。愛そうと呼びかけているのだから、川のたくさんの生物を楽しく見て回れる水族館もできるだろう、たぶん、ひょっとして。

なにもでず、なにもできないまま過ぎたとしての何年か先、子供たちがコイをクジラだと叫んだとしても、最近の子はと嘆かれる理由は、子供たちにはない。そういう時代をつくったのはだれかを考えれば、最近の大人はと子供たちの方にこそ嘆く資格がある。

盈進の水族館がもっと大きくなればと思う。コイを知らなければ、愛を育てようもないじゃないか。

1990.10.14

権衡と均衡とつりあい

権衡という言葉を覚えた。権はおもりで衡はさお、合わせてはかり、転じてつりあいの意味になる。教えてくれたのは、鹿児島県の地方課。自治体の隔週土曜閉庁で問い合わせたら、勤務時間については、国や他の地方公共団体とのケンコウを失しないよう指導しているというので、字を聞き、辞書を引いた。

同じ電話を宮崎県地方課にも入れたが、こちらはわかりやすかった。「国家公務員などとの均衡をとる、つりあいをとるということです」

つりあいは、週平均四十時間四十五分でとられる。四〇・四五でいくと、開庁する土曜日の勤務時間を延長しなければならない。九月一日現在で、県内九十六市町村中、八十一が隔週土曜閉庁に移行、祁答院などの場合、職組との話し合いのうえ、土曜日の勤務時間を休息を含め三十分延長している。

なぜ四〇・四五なのかに対しても、地方公務員法がどうのこうのという鹿児島より宮崎の方が、歯切れが良かった。「時短という大きな流れのなかで、制度としては週休二日を目指しながら、移行段階ではガマンしないといけない条件もある。自治省の方針もあるので、四〇・四五以下の勤務時間は認めないということです」

宮之城町は、実質、時間を延長しなかった。総合窓口制度など住民サービスには力を入れており、町民の理解は得られると判断した。「四〇・四五以下は、交付税削減でお仕置き？　そんなこと、私どもの立場では申せません」（鹿児島県地方課）

1990.11.7

トラッドおばあちゃん

宮之城町の新観光小冊子に大きく「今、ミヤトラがナウイ」。ミヤトラは伝統の正統を受け継ぐ竹製品などを指す。シブカジ、ハマトラと示唆してもなんのこっちゃらと首をひねるオジンは置き去りにしよう。少なくとも宮トラと日本語を織りまぜているのだから、わかってくれなきゃ困る。わかりにくさでいえば、ウオーターフロントの方が、よっぽどわからないんだから。

日本語には水際から始まる語いがたくさんあるのに、ナギサとかミギワは宝塚のオネエチャン専用なんだろうか、海にしろ川、湖にしろ、水べに関係ある役所の書類は、おしなべてウオーターフロント。

デイ・サービスも、なんだろな。喫茶店の日替わり昼食、大規模日用品小売店舗の目玉商品。いずれも外れ。一日から始まった宮之城町のミニ・デイ・サービス事業実施要綱を借りると「在宅の虚弱老人等に対し、町老人福祉センターにおいて通所の方法により、各種のサービスを提供することにより、当該老人の自主的生活の助長、社会的孤立感の解消及び介護家族の身体的、精神的な労働の軽減を図ること等を目的とする」。

お国が使うから県も使う。予算もデイ・サービスでくるから、市町村も使う。かくて、デイ・サービスも定着していくんでしょうよ。

デイ・サービス参加者の八十三歳の女性に感想を聞いたら「ヒトイグラシジャッデ、マコテ、ヨカコッシックイヤッテ」。うん、おばあちゃん、トラディショナル（伝統的の英語）。

1990.12.2

取材はご遠慮ください

鹿児島県からの連絡には「関係者の意向により鹿児島滞在中の取材はご遠慮ください」と、ただし書きがついていた。母親が薩摩郡宮之城町出身と確認された田士傑さんは、いとこの坂元兼徳さんと、夕方には宮之城に帰ってくる。どうするか。

坂元さんは前から知っている。上京前の夜にかけた電話にも、晩しゃくを済ませてやすむところだったのに、丁寧にこたえてくれた。「厚生省からはあんまい言うなちぃわれちょっどん、はんなら言わんわけにはいかんが」。「ちょっと待っちゃい。ビールが出っで」のトイレタイムもはさんで長時間、一族の系図から確認の決め手となった写真まで事情を話してもらえた。どうするか。なるべくじゃまをしない。極力話を聞くのも抑える。いくつか決めて、坂元さんの自宅にうかがった。歓迎料理は、肉ダンゴのなべもの、煮もの。田さんは、ボストンバッグから写真をとりだすとき、しばらくポケットをさぐり、小さなカギを見つけ、バッグの錠を開けた。小柄、ネコ背、年齢にしては深いシワ。細部を押さえて談話はとらないつもりだったのに、何度か質問もしてしまった。

じゃまだったろうに、テーブルは、こちらの料理も並びしきりに勧められた。

帰って原稿を書きあげてから、坂元さん宅にお礼の電話を入れた。田さんも坂元さんも緊張しっぱなしで、とにかく眠い、一日ゆっくりします、という。「すいませんでした。ゆっくりおやすみください」。

1990.12.26

ちょっとした心遣い

吹上町の旅館にかけた電話は良かった。新年号の仕事で泊まっていた出水の西村敬天支局長を用事で呼び出してもらったのだが、本人がでるまでのおよそ十分、おカミさんらしい女性は「すいませんねえ、今、お呼びしますから」と謝り続け、「ないしょっとね、あんたは」とせかされた仲居さんらしい女性の声が「おいやらんのよねえ」と、捜して走り回っていたのだろう、そう聞こえた。

やっと出た本人に「楽しくなってしまう」と取り次ぎの様子を話すと「おれも向こうの部屋から走ってきた」。

おカミさんからせきたてられた仲居さんには悪いが、この旅館は情報化時代から取り残された方がいい。早くつながる電話よりも待たせて悪いなあの心遣いの方が売り物になる。

本題は数分で済んで、こちらも年が明けてから載せる予定の宮之城町の福祉給食の取材に。品のいいおばあちゃんだった。ご主人を亡くし、心労で入院、退院後に自分も一食で三百円を負担する給食を取りだした。「保温容器で温かいまま届けてくれる心遣いが感じられる給食です」。心の通う福祉の町を宣言している町だから、アッタカイ心遣いは当然、かもしれない。

器が気になった。プラスチック。保温容器との関係だろうが、もう少し心を使って、独人の食卓が華やぐような取りそろえができたらもっといいのに。

帰り際、おばあちゃんから大きなリンゴを一つ持たされた。プラ食器を見た後だから、リンゴの赤が、目にしみた。

先生は正月をつぶした

1991.1.7

川内支社にいたとき、東郷町出身の有名ランナーが帰郷、ランニングを教える会があった。地方面に予告記事を載せた。時間を間違えた。九時だったか十時だったか、午前を午後と書き間違えた。

本社の地方部長が受けた電話。「おかしいとは思ったんですよ。でも、忙しい人だから、昼間は時間が取れず夜するんだろう、南日本新聞が間違えているわけはない。仲間を説得して、国分から車を飛ばしたんです。夜のグラウンドにはだれもいないじゃありませんか」

地方部長はただわびるしかなかった。

昨年末掲載の年末年始在宅医が違っていた。祁答院町の黒木診療所は三日から十三日に変更されていたのに、三日で載った。翌日付けで変更された記事を載せる、と、診療所の先生に電話した。「南日本に三日と載りましたからね、三日でやります。この辺りの人は三日と思っていらっしゃるでしょうから」

正月の三日である。先生はじめ職員さんも変更した日程に沿って予定を立てていただろうと思う。久しぶりに会う家族の顔だったかもしれないし、遠出だったかもしれない。

変更の書類が支局まで届いていなかったのが原因とはいえ、間違いは間違いである。診療所まで頭を下げにいった。玄関には日程が張られ、三日は当番医と書かれていた。新聞を見て急いで書き直されたのだろう、気が重くなったが、中に入った。
「わざわざ、よかったのに」。風は木枯らし、人は春。

数百万匹のハチの行方

1991.2.12

農薬の航空散布は、ちっぽけな日本でも当たり前になったらしい。二年度の鹿児島、水稲二万三九九一ヘクタール、サトウキビ七〇三三ヘクタール、茶二〇〇ヘクタールが、航空防除の実施状況（延べ面積）。水稲の作付面積でいうと、四四％のたんぼで空から農薬がまかれた。

狭い国なのにまたどうしての質問には、県農業航空事業推進協議会の三年度方針が答えてくれる。「高齢化、兼業化が進み、コスト低減、防除従事者の健康管理面から、積極推進を図る」。宮之城町でも、昨年の七月と八月、四六五ヘクタールの水田に、ウンカ類とイモチ病防除で、アプロードゾル、ビームなどの農薬が、ヘリで散布された。

七月の散布後、町内の一人の養ほう業者の巣箱から、数百万匹のハチがいなくなった。「例年なら山形でみつを集めているが、けがをしてこちらにいたため初体験の空中散布。指導に応じて巣箱を安全だというところまで移動したのに。管理はちゃんとしていた。農薬しか原因は考えられない」

協議会、実施主体のさつま農協は、他の業者に被害が出ていない、ハチの死体がなく、原因究明ができないとし、今月を含め二回もたれた話し合いは平行線をたどっている。農薬だという証拠もない代わりに、農薬でないという証明もない。「今回のこととは別に、実際にハチに農薬をかける実験が必要かもしれない」（協議会）。空を飛べる機械が造れるのだから、まったくの人畜無害という農薬が出てきても良さそうなものだが。

かたすみでのできごと

1991.3.7

朝鮮戦争が終わった年に生まれ、浄土真宗だから、バレンタインデーに何も来なくても寂しくない。チョコは、食べたい盛りはバナナ・卵と並ぶ特別なモノで縁がなく、手が届くようになると食べたくなくなった。

来れば、うれしい。異教の風習なんてヤボは言わない。しなやかでいい加減と思いながら、送り主の女性の名前を見る。だれだっけ。黒ヂョカに登場いただいた宮之城町の酒屋兼食料品店のオカミサンだった。

電話。「初めてもらいました」「アーラ、アタシも初めてで」。お礼の電話だったのに「記事で笑いが広がって」と逆にお礼を言われた。チョコとクッキーになった笑い話のタネはなにかに似たニンジンで、店頭のかたすみを飾っていた。

かたすみでのできごとに目が行きやすい。当時の若島津が知事を表敬訪問した際、知事の談話は書かず、その分を、若島津の手が卓の灰皿をタバコを吸う知事の近くまで動かした記事で埋めた。オエライサンの話は忘れた。手は印象に残った。

湾岸戦争の死傷者は数十万人という。ささやかに営まれていた家族や友人のできごとが、陣営の別なく砕けていく。日本の八百万をはじめ神さんたちは数えきれないくらいいるのに、だれか一人くらい、つつましく大切にされているかたすみのできごとを守れないものなのか。同一宗派でさえ殺し合う宗教をいっこうに理解できない。墓参りのときだけ門徒は、ホワイトデーにお返しをしたものか、楽しく悩んでいる。

1991.3.31

がんばれよ、タイソン君

四〇〇グラムのステーキにスープとサラダをつければ、一万円が飛んでいく。サシが縦横に走った極上霜降りの網焼きとなるといくらになるのか、恐ろしくて食べたことがない。

「育てている私らだって口に入りませんよ」。笑ったのは、薩摩郡祁答院町の萩原玏さん。全国和牛登録協会長を務めた亡父・三笠さんの跡を継ぎ、牛を飼っている。おじゃましたらステーキの昼食が出た。「これは」と聞くと、奥さんが「農協の店で買ってきました」。萩原さんが出している牛の肉は、どこか遠くのレストラン、料亭のテーブルに並ぶのだろう。

高級な子供の生産元は、おしりがガッチリ張り、黒い毛が光りながら体を流れていた。精力感に圧倒されそうだけど、大きな目は優しい。「まじめに頑張ってるな、オイ」。声をかけたら、マイク・タイソンのように首と肩が動いた。

さつま農協によると、宮之城、祁答院、鶴田、薩摩の四町には、七千頭の生産牛がいる。毎年四千頭程度の子供が人の胃袋への道をたどる。自由化は心配は心配であるにせよ、競合しない高級分野で勝負すればなんとかなるのではという。

シオバラタスケは泣きながらアオを手放した。牛も農家は手塩にかけて育てる。元来していたことに、さらに、手をかけて、言うなら、日本流で外国勢と渡り合う。高い肉が食べられないのは、かいしょのなさとあきらめて、萩原さんちのタイソン君はじめ薩摩の黒牛たちの健闘に拍手と声援を送る。

投票日の夜はふけゆく

1991.4.24

「四年前の選挙じゃ町議の得票が翌日の新聞に載らんかった。地元紙なんだから今度は入れろよな」。怒りたくなるくらいに愛してくれているらしい読者の電話で幕を開けた投票日の夜。また怒鳴られるかな、はキユウで、順調にふけた。

朝の紙面にたたきこむ作業に追われていたため、問い合わせの電話を数本お断りした。気分はよろしくなかったでしょうが、出だしに冒頭のパンチを食らってまして、こころならずもの結果です。お許しを。

二十三時までに受け持ちはかたがつき、以降のお問い合わせに備え、下手な分析も合わせお待ちしていたのですが、結局無し。世の中ままなりません。

電話を待つうちに目がさえてきたので、並んだ数字をおさらいした。鶴田町長選は県議選の票の出方と似た趣があり、世代別の動向が読めそう。宮之城町議の現職の強さは目を引く。順位は別にして全員当選。危ないと自らも人も口にしていたあの人たちは〝三味線〟だったか。

現職の強さにはじかれ新人のわくに入れなかった一人は女性だった。投票数を見ると、男五千六百九十人、投票率八九・四七%、女七千百七十四人、同九一・三七%。絶対数が多く投票にも熱心でも、議場に女性の姿は見られない。

数字を眺めるかぎり女性候補が何人かいて、その内何人かは当選してもいい。男だけの議場の方がよほど不思議な気がする。男だから女の気持ちはわからないわけではないにせよ、よくわかるわけでもないにせよ。

1991.5.19

お疲れだったでしょう

八日に臨時会を開いた宮之城町議会が、十日も臨時会を開いた。八日は議長、副議長を選び、常任委員会の構成を決めて、一日中忙しくしていたら、農業委員会委員への議員の推薦手続きで間違った。推薦される議員は推薦の可否を問う採決に参加できないのに、議場に同席させたまま異議ナーシと議決した。

地方自治法一一七条の除斥を守らなかったためカシある議決、傷物議決になったので、十日にやり直した。間違いは間違いと認めて正せばいい。余分な議会費用がかかったなんて揚げ足は取らない。町民の代表として働いてもらう人には、百万円単位の給料を払ってもいいのだから。働く人ならね。

なぜ間違ったかも同情できる。当選翌日から始まったイスをめぐるあれはあれだ、これはこれだのカットウ。投票で決まった議長、副議長が十二対十の小差なら、監査委員は全員協議会の投票で同数になりくじ引きで決着をつけた。選挙戦で疲れたうえにさらに疲労が重なれば、失念してしまうのも仕方ない。まことにご苦労さんです。

イスが決まるまでの過程にしても「もう少し風格と品位を持って争えないものか」とまゆをひそめた町民もいたし、当の議員さんの何人かにしてからが「あんまりかな」と自戒したけれども、政治はどこかでキッタハッタがいると考えれば、感想を問われて答えるのは「良識の場の良識ある人たちのなさることですから」。やけに優しい？　そうか、皮肉か、ですって？　そんなつもりは、毛頭も。

川幸と海幸とムササビ

1991.6.11

灰色の空の下、川内川は流れ釣り人はさおを振った。一日、アユ解禁。型も良ければ魚影も濃いという漁協関係者の声を聞いた後、とれたばかりのアユ、その塩焼き、ヘラブナのアンかけを持って出水へ。

数日前、知り合いが電話をかけてきて「出水のアユ解禁は二日。遊びに来い」と言う。本場の宮之城に住んでるものにゴブレッサアナと答えたら「趣が違う。経験しといて損はない」。

確かに違いましたね。抽選で等分した川に刺し網を入れ、笑い声と水しぶきをあげながらとるオデバイ型だった。名人が静かにむだのない動作で釣り上げる宮之城の友釣りを見慣れた目からすると「なんかとても陽気なまき網船団みたいだな」。「まあ、言うなら初夏の花見」が、知り合いの答えだった。

花見ではあるにせよアユを相手にするのだから、作戦会議がある。網元のすし屋さんの座敷には、阿久根のすけっとがキビナゴ、アジ、イワシを持ち込み、刺し身、煮びたし、丸焼きが並んだ。海の幸にひたりながら川の幸を楽しむ相談はおそくまで続いた。

帰り、国道328号を少し外れ紫尾山のふもとに。民家の庭先の木にムササビがいて、毎夜電線を伝い山へ食事に出掛けるという。姿を現すのを待ちながら二日間で目、耳、口にした自然を数えたが、数えきれなくなりやめた。北薩の自然の象徴のような紫尾の頂上からは、天候に恵まれるとかなたに雲仙がかすむ。優しい自然の目と鼻の先で、怖い自然が暴れている。

ヒルだっていてもいい

1991.7.6

雪の紫尾山頂で知り合いになった阿久根市の石川典夫さんから「うっとうしい梅雨ですね」と手紙が来た。石川さんは雪の林道を前輪駆動車で駆けるベレーが似合うステキな紳士。

宮之城町紫尾山中腹に「ふれあいの森」完成の記事を読み千尋滝を見物に行ったら、いるのを知らなかった山ヒルにやられた。「霜焼けの手をヒルに吸わせた世代だからいいようなものの、二度と行きたくない人も出てくるのでは。いい施設を生かすためにも注意書きが必要」

おっしゃる通りで、十日の利用開始までに立て札をの心積もりだった町は、予定を早めた。建設段階で駆除も検討されたのだが、自然を優先させた。

石川さんもヒルがいて悪いとは、一言も触れていない。むしろ「施設までの道を舗装する計画と聞いたが、がけを削り谷を埋めることになりはしないか」と整備には懐疑的。

またもおっしゃる通りです。材木の積み出し道でほっておくわけにもいかないが、自然とふれあう施設には自然とふれあいながら歩いた方がいい。「ふもとに駐車場をつくり森を歩く方式にできないかと考えています」＝東仲太郎町長＝

これだけ雨が続いているのに施設までの道を縫う川は、水量が増しただけで濁らない。広葉樹の深い森が水を優しく受け入れ送り出しているのだろう。環境部門に力を入れだした目先の利く企業に見積もらせたら、森は途方もない金になるだろう。

ヒルは服装で防げる。紫尾山にはヒルだってよく似合う。

ゴルフ場からのお中元

1991.7.30

ゴルフ場から中元が来たので受け取りを断った。去年の歳暮は自分で返しにいった。業者は社会的儀礼のうちと考えているのだろうから、今後も断ったり返しにいくことになるだろう。面倒くさいが仕事のうちでおっくうがってもいられない。

儀礼を超えた菱刈町のゴルフ場開発に絡む贈賄申し込み事件を新聞で読みながら、これだけあるのに新しくつくってもやはりもうかるんだろうなと思う。甑島を除く薩摩郡を見渡せば、あるか、つくったか、つくっているか、つくろうとしているかのどれかで、鶴田町だけがどれにも入らない。

全国を見れば一つの自治体に複数の例もけっこうあるし、業者の懐を心配する義理はないが、地域振興だ、自治体から誘致されたといっても、もうからなきゃ出てはこないだろう。

「東京より日照が長く、コースを二回りする時間がある。距離が離れていないゴルフ場を掛け持ちする客が望める。自治体の税収は交付税と相殺されるにしても自由に使える金が残る。食料納入など地元は関連収入も億単位で期待できる」＝業者＝

「売った山はこんな話でもなければ金にならない。高齢化で手入れをする人手もない。林野で一〇アール当たり三十五万円に立木補償、農地の場合は百万円以上。迷わず売った」＝地権者＝

山林に平野がへばりついた国で森と水田は水を支え、森と水田を支えてきた人たちは少なくなろうとしている。ゴルフ場はこの国のなにを支えようとしているのだろうか。

伝えられなかったこと

1991.9.13

社説と読者投稿面に連載中のかごしま人紀行の字数は、十五字組みで百行と少しになる。十二字組みが普通になった新聞の紙面では分量がある方だが、四百字の原稿用紙に換算すれば、やっと四枚。取材のかなりの部分が活字にならない。

宮之城町山崎出身の彫金家、帖佐美行氏の場合。「ぜひ書いてほしいな」と希望が出た横断歩道橋の話がそっくり落ちた。

「なんとかならんもんかなあ、あの醜い歩道橋は。東大を出た官僚の連中がなあんも考えずつくるもんだから、形はひどいし、第一、人が渡る気にならない。橋を見なさい。美しい橋は歩いてみたくなるじゃないか。本当に東京はどうなるんだ」

平川出身の医師原田正純氏と弟の隆二氏。父君の仕事の都合で引っ越しを繰り返して再び平川に疎開する話をはぶいた。

「熊本市の空襲で母が焼い弾に直撃されましてね。兄は遺体に抱きついてワンワン泣いて。平川には駅から馬車でトットコ行きました。トイレは外にあるし、怖くてね」＝隆二氏＝

「福岡や熊本、弟は東京もとシティーボーイだったから、カルチャー・ショックがガツン。畑からスイカを失敬したり、ウンマカッタなあ」＝正純氏＝

なおあれがありこれがある。「腎臓が悪くなると体がカルシウムを動員して骨が弱くなるんです。高齢化社会でますます腎研究は重要になるでしょうね」＝隆二氏＝。九十九歳の元助産婦萩原道さんが足を痛めているのに、玄関まで出て見送ってくれた話も入らなかった。

1991.10.8

人はそれぞれに老いて

薩摩郡祁答院町黒木の引地さんの家の庭には日がたまっていた。当主の公秋さんは六十九歳、妻ヨシ子さんが七十一歳、もう一人、公秋さんの母のコトさんは九月二十四日で百一歳になった。隠居した母と隠居した息子夫婦が住んでいる。

長寿の人を紹介する記事の取材は、特別養護老人ホームに行く場合が多い。今年も対象三人のうち一人はホームのベッドで、一人はホームの関係者から話を聞いた。「敬老の行事で見ず知らずの人からオメデトウと言われても、なにをなれなれしくと喜ばないお年寄りもいる。お年寄りという枠組みでひとまとめにすると、個人の尊重が欠落する面もあるような気がする」＝ホーム関係者＝

コトさんとは昨年も会ったし、お元気だから自然にオメデトウゴザイマスと言えた。昨年の返事は笑いながら「コシコ生きっとゲンナカ」だった。今年は笑顔いっぱいに「シャバがイトマをクイモハン」だった。

「心配は、朝、目を覚まして、隣の部屋に寝ているバアチャンが今日は起きてくるだろうかということだけ。周囲を幸せにしてくれるありがたい人生です」＝ヨシ子さん＝

補聴器に向かって大声で質問を出すと、柔らかなカゴシマ弁が返ってくる。清涼飲料水に手を出さないでいると、ひざを進め手を添えて「ハヨ、アガッタモンセ」と優しく怒られた。

九十を超えた実の祖母が父を人に紹介する際「家の兄」と言い出したらしい。しばらく会っていない孫をわかるだろうか。

1991.10.30

公園構想と畜産の共存

宮之城町に県立の公園をつくる構想が動きだした。規模は約一〇〇ヘクタール、予算はほぼ百億円。大学教授らの検討委員会の現地視察もあり、委員の一人は「すばらしい素材」と感想を話した。基本的には自然景観をいかし芸術と文化のかおりもあふれる公園にするという。

現地視察の十日ほど前にあった今月初旬の町議会の最終本会議では、かおりではなく、においが問題になった。たぶん公園の中核的な地域に近くなるだろう場所にある町の共同畜舎を養豚団体に貸し付ける議案。審議した建設経済委員会に所属する議員の一人が反対討論、二人が賛成討論に立った。

「公園など観光構想もあるのだから、悪臭を出す施設は移転を考えるべき」の意見に対し、賛成派は「移転には多額の経費がかかる。悪臭は対策が確約された」と反論。賛成多数で貸し付けが決まった。

傍聴席には牛、豚、鶏と畜産に携わる人たちが顔を見せ、うち一人と話をした。「理想的には市街地からの移転だろうが、個人の手にはあまる。悪臭対策もコストを度外視するわけにはいかない。いい公園ができてほしいとは思う。思うがこちらの生活もある」

議員の一人とは、公園と畜産の共存の方法を話し合った。「公園内に下水処理施設を備えた完全無臭の畜舎をつくり、固形物も無臭にして畑に返すモデル養豚場をつくったら」「人間の下水処理施設もまだないからなあ」「そういうことを考えるのも構想のうちじゃないかな」

立派だった鶴田町議会

1991.11.24

国のある役所からも問い合わせが当方に来た。薩摩郡鶴田町の町営レストハウス建設の「入札金額間違い問題」。一番安い値段を入れて落札しかけた業者が、間違いでした、もっと高い値段を入れるつもりでしたというのだから、たいていの人はオヤ、ナンダ、珍しいと思う。

「入札に慣れない人が金額をひとけた間違えて落札した。札を隠して値段を当人に聞いたらやはりひとけた多い金額を言う。本来の値段に戻して落札した。一日に入札が十数件重なり、別の工事の金額を入れる例もある。救済すべきは救済すべきだが、今度のようなのは聞いたことがない。入札をなめさせないためにも間違いを認めるべきではない」＝建設行政関係者＝

全員一致の反対で工事請負契約議案を否決した町臨時議会を傍聴していた新聞記者の一人は、皮肉でもなさそうな口調で「行政の執行を立派に監視している議会だ」と感想をもらした。宮之脇睦男町長をはじめ行政も、不都合な取材に事実を隠さなかった。この手の取材では逃げ回られた経験が多いので、立派で潔いといっていい。

立派だと言えば、前畑勝議長は、臨時議会の閉会後すぐに病院で腹を切った。かいようで腸に穴が開いていたらしいから、すごい痛みだったろうに、議会中はまったく変わった様子を見せなかった。古武士のような顔の持ち主はキモも座っている。二、三日前から痛みがあったと聞いた。

入札問題がなければもっと早く入院できていたろう。早いご回復を祈る。

1991.12.17

どこかで聞いたような

大口市であった槙小奈帆さんのコンサートを聴きにいった。フランスの歌が多い槙さんは、客足が落ちて店を閉めたばかりの東京のシャンソン酒場の話をまくらにふった。歴史のある店なので活字や映像の媒体は、もうすぐ閉店を全国に伝えた。店は連日「閉めなくてもすんだような盛況」だったらしい。

どこかで聞いたような話だと考えるうちに、大口と宮之城町を結んでいた旧国鉄の廃線前のにぎやかに名残を惜しむ車内が頭の中に浮かんできた。

旧国鉄宮之城線の廃止の口実の一つも「客足がない」だった。廃止後は代替バスが走っている。利用は少なく、赤字への国の補助は来年一月十日以降減る。一便当たりの利用を増やして別の補助制度に乗りなさいとの国の方針で、便は減らされる。利用が少ないから消えた鉄路の代替措置が、少ない利用を理由にまた揺らぐ。

大国と評判の国を運営する優秀な政治家と官僚が中央にも地方にもたくさんいるはずにしては、芸のない話が繰り返され、地方の足は細くなっていく。利用数を前提にする限り、過疎地区の公共交通は「サヨナラ国鉄」「サヨナラ代替バス」と別れを積み重ねざるを得ない。

槙さんには「人生の悩みは解けはしないわ　世界の悩みもキリがないわ　どうでもいいわ」とつぶやく歌がある。黒いドレスの歌手にはよく似合う歌だが、政治家と官僚は「悩みは深い　それでも」と利用数を口実にしない地方交通対策を打ち出した方が拍手を受ける。

規則でも法律でもなく

1992.1.11

未明、宮之城町の紫尾山に雪を探して登った。八合目あたりで、豊満な体に毛並みが美しいシカのメスと会った。大きな黒い目を車のライトに少しすぼめ、また見開くと、いっせん、森の中に消えた。

雨の夜の道路にカエルが出てくるほどの暖かい冬で、雪はなかった。なくてもシカを見て満足した。同乗者とため息まじりに話した。「きれいだねえ」「うまそうだけどねえ」

見た目がいいシカは、肉もいい。宮之城近辺では、半解凍の刺し身をショウガとニンニクを入れたしょうゆで食べる。ただし、メスは食べられない。狩猟期間中、とっていいのはオスに限られている。種を絶やさないためにメスを殺さないのは、法律とか規則でしばられる以前に守る当然の原則だろう。

紫尾山に野生のシカが絶えないのは、プロにしろアマにしろ原則を守る人が多い証拠だと思うが、狩猟愛好家の一人は「偶然は別にして、メスもとる連中がいる。解体したらわからないから、その場でさばいて肉だけ持っていく」と嘆く。

ヒトがゴルフクラブを振るためなどの理由で山が開かれ、散歩場所が減ったうえに、山を知り通り道も知っている人たちの中に種を守る原則を踏みにじる連中がいるのだとしたら、シカも浮かぶ瀬がない。

原則を守らない猟が例外のうちは、紫尾山のシカが動物園でしか見られなくなる時代が来るのを心配しなくてもいいのだけれど、愛好家は「年々とれなくなっている」とも嘆いている。

1992.2.2

たまには上から見よう

この欄が載っている面の上にある「ふるさと今昔」は、手前ミソでゴメンナサイ、おもしろい。ダガシ屋があった、梅ジャムをセンベイにはさんで食べた、スズメノタマゴは一円で二個だった、いろいろホロズッパク思い出させてくれる。

祁答院町にはどんな写真が残っているかなと、藺牟田池のほとりに住む町議で宮司で、網をエイヤッとほうり投げてカモを捕る猟師でもある押領司勝さんを訪ねた。たぶん昭和二十八年に撮られた藺牟田池の白黒の航空写真が出てきた。

今は緑の周囲の山がボウズになっている。屋根をふくカヤの栽培地だったらしい。国の特別天然記念物の泥炭形成植物群も今より多く浮かんでいる。

だれが撮ったのかを聞いたら、押領司さんはニヤリと笑い「お宅ですよ」。南日本新聞社が飛行機を飛ばして紙面化した写真を新聞社までもらいに行った、狭くてゴタゴタした編集局だった、のだという。

同じ写真でもう一度飯を食うわけにもいかない。記事化は見送ったが、イチモクリョウゼンの航空写真は折にふれて撮っておくもんだなと思った。

一月に載せた宮之城町の航空写真を町議会に頼まれておわけした。額に入れて飾ると聞いた。フワフワと地面に足がついていないのも困るが、たまには空からの目でわが町をながめるのもいい。議員さんの一人は「大所高所の視点を養いますか」と言ってくれた。お役に立つなら、コストがかかる写真も十分元がとれるというもんです。

1992.2.26

プロの晩酌は焼酎四十三本

今月初旬、紫尾山の頂上近くにテントを張り一泊した。夕食の材料は洗うそばから凍り、ナイフもまないたに張りついた。寝袋に入る前にのぞいた温度計は氷点下六度だった。標高九〇〇メートルから見た空の星と木々の間にこぼれていた地の光でまだ目がキラキラしていたころ、薩摩東部森林組合の山のプロに野営したと話したら「好っじゃなあ」と笑われた。寒かったと続けると「仕事をしてれば感じない」の一言だった。

八人の紫尾山系のプロが二十三日から、大分県湯布院町で昨年の台風19号にやられた木の処理作業に従事している。薩摩東部森林組合でも被害は出て片付いていない。事故が起きたら補償はどうするかなど多くの問題を乗り越え、より被害の大きい山の復興を助けている。

倒れた木はどこを切ればどこがはねるか、プロでないと見極められない。日本の山を支える大事な仕事の後継者は少なく、八人の平均年齢も五十歳を超える。加えて「大分の中でも寒いところで、雪が来なきゃいいんですが」＝湯布院町森林組合＝。

出発前に、紫尾神社近くの旅館であった激励会で、再度笑われるのを覚悟で「寒いところらしいから気をつけて」と声をかけると、案の定「仕事じゃが」と笑いながら「そいにな、焼酎四十本抱えて行っで、心配しやんな」。一人は飲まず七人で二週間で四十本。プロの晩酌は豪快だから、足りなくなるかもしれない。野営のとき、バーボン三杯で手もなく酔ったアマは、せんべつに三本包んだ。

1992.3.20

光が今夜も泳いでいる

道路や橋をつくっている宮之城土木事務所の知り合いがこぼした。「八千万円の橋のロマンチックな写真を載せてくれるもんだから、十五億円の橋にどんな工夫を凝らせばいいのやら、楽しく悩むじゃないの」

八千万円は薩摩郡鶴田町柏原の夜星川にかかったほたる橋の建設費。十五億円は同じ町の川内川を今年中にまたぐ国道267号の新柏原橋の取り付け道路まで含めた事業費。農道の一部の橋に国道の橋が負けるわけにはいかないとの冗談らしい。

ほたる橋には発光体が埋められた。夜は薄い緑の光が点滅する。名前から発光体まで地元と建設主の川内耕地事務所が共同企画、光る橋を実現させた。

せっかく光らせたんだからそれなりにと考え、宣伝写真のカメラマンだった経歴を持つ知人を夕げの食卓から引っ張りだし、光が夜を泳いでいる写真を撮ってもらい、紙面化した。

発光体にかかった二百万円と少しの経費の割には反響が多くて、と地元が喜んでくれた。光ろうが光るまいが橋の機能には関係ないにせよ、どうせつくるなら渡りたくなる橋がいい。

関係者に聞くと、橋がかかる地域や景観のデザイン代を予算化できる時代になろうとしている。

建設で移転、立ち退く人たちへの補償を十分したうえの話なら橋はもっとしゃれていい。

映画では数多くの男と女が橋で出会い別れてきた。たんぼの中の一本橋ではあるけれど、夜星川のほたる橋なんて、名前だけでだれかに会えそうだし別れにも似合いそうじゃないの。

◉川内支社（薩摩川内総局）時代

戦い済んで三方一両得

2005.4.26

十九日、さつま町長選の旧宮之城町出身候補の出陣式、あいさつを聞いていたら、「合併新町の初代指導者は、人口が一番多い旧町から出すべきとの声があるのです」、なるほどねえ、理屈は理屈だけれども。

有権者数は、ざっと二万千六百人、旧鶴田、旧薩摩が五分の一ずつ、残りは宮之城が占める。あいさつで紹介された声が大きいとするなら、鶴田出身候補の勝利の道は見えてこない。

二十四日夜、開票所の宮之城の小学校体育館、鶴田の候補は宮之城の候補に背中を見せ続け、ほぼ二千票の差で勝った。中間発表のたびに、拍手といらだちを隠さない舌打ちが耳に入ってきた。不機嫌そうな顔のなかには人口比例論の支持者も入っていただろう。

合併は結婚と似ている。結ばれたからといって、個性や誇りは失わなくていいし、実家や財産をはじめとする背景の違いでいがみあう必要もない。比例論支持者も、できのいい連れ合いができたんだと考えて、新指導者を迎えればいい。

役場新本庁は宮之城にと仮定して、町名は薩摩、指導者は鶴田、と思いをめぐらせば、なんだ、三方が一両得じゃないか、と薩摩川内に住む身の目には映ってくる。損をしたと嘆くより得をしたとソロバンをはじいた方が、未来は明るい。

戦い済んで体育館を出たら、春の月夜だった。与謝野晶子の「清水へ祇園をよぎる桜月夜こよひ逢ふ人みなうつくしき」を思いだしながら、月の光に包まれたさつまの出発を祝福した。

2005.5.25

六月十五日は「里見定食」

男の物書きは、食事をオイシク女性をステキに書けたら、一人前らしい。例えば開高健。ヒラメの一種で大物は百キロ単位のオヒョウのスープの感想は「いける。すばらしい。あっぱれな天与。端麗なのにコクがあり、メリ、ハリ、照り、艶、いうことなし」となる。

父親が薩摩川内市の平佐町出身の作家里見弴も、料理や食事の形容は、手にハシを握りしめさせる。「フライ・パンのやゝ深めに、尻の丸くなつた鐵鍋に油を炒つて置いて、飯をたゝき込み、庖丁の先でちよいちよいとつッ突きこはしたり、掻きまぜたりした揚句、二三度調子をつけては、ひよーい、ひよーいと擲《はふ》りあげ」（満支一見）。チャーハンから盛大に立ちのぼるホカホカの湯気が見える。

昭和ひとけたの年代に志賀直哉と同行した中国見聞記の満支一見には、日本初紹介らしいジンギスカン料理も出てくる。「ジュウ〳〵いつて焼ける。滴《したゝ》つた脂が、ボロ〳〵ッと焔の舌をはいて燃えあがる。ほどよく焼けたところで、金網の上からいきなり口へ持って行く」。舌が熱くなる。

ひょうひょうとした坊さん頭の笑顔からしても食べ物だけでなく人生まるごとイキな達人だったろうと思わせる里見の九十四年を、六月十五日に川内文化ホールで、瀬戸内寂聴が話す。

「恋愛の究極は心中よ」と言い切る尼僧作家は、里見の航跡を、さえた包丁さばきで皿に盛ってくれるに違いない。講演は午後六時に開演、夕飯は「里見定食いっちょう」といこうか。

2005.6.23

戦後をつくった人たち

薩摩川内市の平佐町にある自動車学校が創立五十周年を迎えた。五月下旬にあった記念式典で上映された設立当初の映像が、出席者からホホウの声を呼んだ。

五十年前は一九五五（昭和三十）年になる。保守合同で自由民主党ができ、第一回原水爆禁止世界大会が開かれた。五六年、日本は国際連合に加盟している。

川内を南北に貫く国道3号は、舗装もなかった。土の道を行き交うトラックやバスは、全部、エンジンが運転席前方にあるボンネット型で、バネが硬そうな揺れ具合が懐かしい。川内だけではない。五〇年代は東京で暮らしていたが、道路は砂利道で遊び場だった。

カメラが、右手は川内駅の位置から大平橋までを見通した。アレッと思った。

そうか、信号がない。天下の国道がどうぞと譲り合い通行なんていい時代じゃないか。映像に続いた有馬駿一会長（七十八歳）のあいさつもおもしろかった。「学校の敷地は勘違いでしてねえ」当時、自動車学校は一万坪ないと許可されないとの情報を得て、大汗をかき手に入れた。「いざ、申請の段になったら、一万平方メートルでいいというじゃないですか。ガクッときました」

ほとんどは勘違いだった敷地は、今、住宅に囲まれ一等地と化した。幸せな勘違いも、戦争を体験した世代が六十年もの間、平和を続けてきてくれたからこその所産だろう。歴史と経験豊富な七十代以上のみなさん、日本はあなたたちの話を、もっと聞きたがっています、隠居は早いですぞ。

2005.7.22

横丁にあふれている光

国道3号沿いの表通りは閑散として、モウチョイ元気出せやとハッパをかけたくなる薩摩川内市だけれども、横丁に入ってみれば、若い光が、けっこうあふれていて、まぶしくなる。

食品スーパー・クッキーの代表取締役社長の堀昭一さんは四十二歳。ワインの買い付けにヨーロッパに飛んだりうまいウナギを探して四万十川をたどったり、地球を歩き回っている。栽培から手がけている野菜もある。「自然に、を心がけているせいでしょうか、カラスが、わざわざうちの畑を選んで、つつきにくる。防衛には悩みますが、自分の哲学は間違っていない、カラスが教えてくれます」

堀さんの店の近くで、水産加工販売・ヤマカの花田芳浩さんも奮闘している。四十歳で代表取締役の花田さんは、国際標準規格のＩＳＯを取得し、東京で開かれる水産業界の国際見本市にも出店を重ねている。一億円以上をかけた新工場が八月には稼働する。「スーパーなど販売側の納入業者選別は、ますます厳しくなるでしょう。要求にこたえられる体質が目標です」

樋脇町で四百人を雇用している九州岡野エレクトロニクス執行役員常務の田中博さんにいたっては、大阪出身の出向社員だったはずが、家まで川内に構えてしまった。「地元の人を雇っている以上、不景気なんて言ってられない。柱を何本も立てて食べていきます」

四十八歳の田中さんが故郷に選んだ薩摩川内市、横丁の光を見ていると、捨てたもんでもない街、かな。

2005.8.20

料理をしない手はない

薩摩川内市の中心部に住む年配の女性が「なに、あの態度は」と怒っている。

憤りの対象は、自宅近くの郵便局。郵政民営化法案が衆議院で可決されたころは、愛想いっぱいの応対だったのに、参議院で否決された途端、笑顔が消えたらしい。郵政をどうするとタンカを切った小泉さんの影響か、局のなにげないしぐさが、普段と同じでも、違って見えるのかもしれない。

焼酎の関係者は、去年が選挙だったらとこぼす。選挙となるとなぜか夜の街は寂しくなる。焼酎の売り上げも減る。人気で品薄だった昨年と違い今年は増産している。売れないと困る。焼酎は売れた方がいいけれど争点が明確な選挙には歓迎の旗を立てたくなる。

北薩や南薩の鹿児島3区には、民営化で意見が違う自民前職二人、小泉流民営化には反対の民主党の一人が立候補を予定している。自民か民主か、自民なら民営化かどうかで線を引けば選択の目安の一つになる。

自民前職の事務所開きでは、どちらも郵政問題を意識したあいさつがあった。

銀行の笑顔は広告の中、小売店のあいさつは応対基準書通りの世の中で、民営化しようとしまいと郵便局だけに誠意があふれるとは思えないし、郵政にかまけているほど日本は余裕があるのかと、中国や韓国とのギクシャク、年金制度への不安と指を折りたくなる。

それでも、絵の具が一本もないのに夢を描けと言われるよりは、貧弱でも、材料を出される方がましだろう。料理しない手はない。

2005.9.17

自民任せの議席の裏は

九月十一日夜、総選挙開票所の薩摩川内市総合体育館にいた。中間発表のたびに拍手や歓声がわく小さな選挙と違い、大きな選挙の開票は静かに進む。見守る警察官の一人とちょっと立ち話。「あしたは早起きしないでいいでしょね（選挙違反の摘発ありやなしや）」「ゆっくり寝ててかまいません（あれば、のんびり開票所にいるもんか）」

小選挙区の票は予想通りに開いていく。記者の一人がつぶやく。「比例の民主がけっこう伸びてるな」

全部の票が開いた。比例の民主票は、小選挙区の民主候補者の得票数より六千二百票近く多い一万七千三百五十一票。八月二十三日に薩摩川内へ来て会場を満員にした民主代表への期待の数だったかもしれない。

自民の比例の票を見てホホウと声が出た。二万三千六百七十二票。郵政民営化で立場を別にした前職二人の小選挙区の票は、合計四万七千九百十八票になる。連立相手の公明へのおつきあいもあるから、単純には割り切れないにせよ、自民候補や自民出身無所属候補を選択しながら、比例は自民と書かなかった人もかなりいた結果になっている。

自民圧勝に終わった選挙も、有権者がすべてを自民に白紙委任したわけではないだろう。開票所の帰りぎわに「市出身議員がいなくなって、今後が心配で」の声に出合って答えた。

「地元だけでなく、県全体、ひいては国や世界までを考える見識を持っているからこそ、国会議員と呼ばれるんじゃないんですか」

バアチャンも乗りたい

2005.10.16

創立二十周年を記念した陸上自衛隊川内駐屯地の一般公開は、かなりの人出となった。戦車が通るのを見ていたら「アイに乗ってみたくてナア」と年配の女性の声がした。振り返って確かめた顔からすると、七十代の後半くらいだろう。

戦争を体験しているはずの女性が、戦車に乗りたいと笑顔をはじけさせる。戦後六十年にわたり、ゴジラや宇宙生物を迎え撃ったのをのぞけば、戦車がのさばらなかった国の幸せをあらためてかみしめたくなる。

川内駐屯地の第八施設大隊が熊本駐在だった二十数年前、川内誘致に熱心だった国会議員から聞かれた。「整備や工事などの後方支援部隊だから大きな兵器は持っていない。心理的抵抗は少ないんじゃないかな」

水害の際は頼りになると歓迎された後方支援能力が買われてイラクに派遣される隊員たちは、迷彩服の背中と肩に日の丸の小さな記章をつけていた。戦死者やテロ犠牲者が増えるなか非戦闘地域での復興支援が持続可能なのか、戦闘で他国民を殺傷していない年月を今後とも積み重ねられるのか、赤い丸が、曲がり角日本の象徴に見えてくる。

議員の質問には「自衛隊自体を国際救助隊とでも名前を変えて、平和活動に徹する部隊にしたら」と答えた。議員は「海外派兵とも言われんだろうし案外いいかもしれんな」と笑った。戦車も砲弾がなければちょっと変わったブルドーザー、バアチャンが「ドラ、アタイも」と乗りたくなるくらいで、ちょうどいい。

2005.11.13

年齢無制限はんや勝負

頭の中を「はんや」がグルグル回っている。第二回はんや全国大会で、予選二十五組、本選十一組、計三十六回、見て聴いて、点数をつけた後遺症になる。

舞台は川内文化ホールのステージ。踊り五十、装飾二十、創意工夫三十の百点満点で採点する。小学生から日舞の踊り手連まで同じ土俵にのぼる。ごみ袋でつくったらしい小学生のピラピラ腰ミノと、女性たちの鮮やかに染め分けた着物を同列にしていいか、年齢で部門分けした方が平等になるのかもしれない、迷いながら審査の席についた。

気遣いは完全なおせっかいだった。子どもだろうと大人だろうと、力がある踊りは、熱をはなち見るものを巻きこんでいく。小さな体でも大きく見えてくる。

民謡や踊りの専門家もいた審査員は、小学生二、中学生一の三チームを、文句なく本選に進めた。川内南中は衣装も応援団風のハッピで決めていたけれども、隈之城小と水引小は、運動会が開けそうな体操服だった。舞台に登場して並んだ姿は朝礼でも、いざ踊りが始まると群舞で圧倒した。

園児と先生たちが一緒に踊った諏訪保育園（薩摩川内市樋脇町市比野）も予選を突破した。子どもたちの善戦に拍手しきりだった審査委員長の民謡歌手伊藤多喜雄さんは「大人の参加者が増えたり衣装の費用も考えると、理想的には年齢別の審査でしょうかねえ」。

大会は盛大になってほしい。小が大を投げる小気味よさが味わえなくなるのは惜しい気もするけどね。

三十一文字が映す今の自分

2005.12.13

短歌の三十一文字には時代が反映される。十一月下旬に薩摩川内市であった短歌大会の作品にも「自分が今いるところ」が、色濃く出ている。「施設など行きたくないと友の云ふことば聞きつつ黙りしこころ」。老いに迫られ施設を勧められる独り暮らし、友人の気持ちはわかっても解決策がない無力感、ため息の深さは調べの巧拙を超える。

なげいてばかりもと奮い立つ人もいる。「傘寿すぎ一人ぐらしに精出せどへま増えゆきて自分を叱る」。がんばってくださいよ。

景気回復のかけ声が吹き抜けていくだけの街も描かれる。「閉鎖して幾月なるか商店のシャッター鳴らす秋の夕風」。電子取引の間違いで数百億円が吹き飛ぶのは、どこの世界の話か。

戦争を肌身で知る人たちの言葉にもっと耳をかたむけたくなる歌もある。「戦死餓死自決薬殺爆殺ありき憲法変へて何なさむとや」

「浅茅生の小野のすすき野忍び逢ふ名月浮かべし藺牟田池」。「浅茅生の」は草がまばらな野原で小野にかかる枕ことば、ラムサール条約に登録された藺牟田池を祝うにふさわしい作で、月を抱いた周囲約四キロの丸い池が見えてくる。

池が保存される一方で、消えていく田んぼがある。「代々を受けつがれたる美田なり不本意の印押す手のふるへ」。いつくしんできた水田を手放す理由はわからないけれども、不本意の一言には残せなかった無念がこもっている。美しかった田が、また一枚、日本から退場しようとしている。

2006.1.11

理解求め「考動」しよう

元日午前零時半、年越しの酒の勢いを借りて、薩摩川内市の新田神社の三百三十二ある石段に挑む。冷たい雨の中でも人の列は途切れない。百段くらいで踊り場の広場にたどりつく。

一緒にのぼり始めた三人のうち二人が、降参する。「縁日でも冷やかしてるから」。御利益は望めませんぜと言い残して、残りの二百段を片づけにかかる。神殿前、おさい銭を出そうとして外した手袋の片方をなくす。ま、いいか、カミサマへのご祝儀と考えれば。

手を打っていろいろと祈る。そういや、と、コイズミさんを思いだす。「私のヤスクニ参拝への批判は、理解できない」。理解できないモロモロを理解しようとする努力も、必要じゃないんでしょうかねえ。

やっぱり、もったいなかったな、と手袋への未練を引きずりながら、八日、川内青年会議所の新年祝賀会に出席する。第三十五代になる斉藤治城理事長が掲げたスローガンに「考動しよう」の一文を見つける。

帰って古い辞書を引いても「考動」はない。たぶん「考えて動く」の造語なのだろう。考えるより、まず動け、で育てられた新聞記者にとっては、一番、苦手な行動かもしれない。

対象を理解しようと考えながら動く、いいね、今年の目標にするかと思っていたら、なくした手袋と同じ種類が店に並んでいた。初もうではしとくもんだ、酔いの果てのお参りでもカミサマはちゃんと見てくれている、と「考」えて、お礼参りに「動」きましょう。

2006.2.6

今でも現実「子鹿物語」

シカの目は大きくてぬれている。夜、車のライトを浴びると、見開いた目に光をいっぱいためて、立ちすくむ。猟期になると、あんなまなざしの持ち主をよく撃てるな、いつも思う。

肉になると、話は違ってくる。シャリシャリくらいに凍らせてショウガの細切りとしょうゆ、もいい。ニンニクを乗せてステーキもいける。食べながら、ぬれた視線がよみがえらないでもないけれど、人間は身勝手で、としばらく手を合わせてから、かたづける。

山を行ったり来たり、きょう薩摩川内市民、あしたどこそこ町民のシカは四千頭前後いるらしい。八千の魅惑の瞳と見るか、一頭数十キロの肉の集団と喜ぶか、いずれにしろ、野生が弾めるだけの山がまだある。

山の深さは自慢したいところでも、木をかじり牧草を失敬したり、シカと人との摩擦も聞こえてくる。

シカとの出合いと別れを通し人間の成長や自然との共存を考えた「子鹿物語」を、アメリカの作家ローリングスが書いたのは、一九三八（昭和十三）年。

柵をいくら高くしても飛び越え畑を荒らす。最後には撃つしかない。ローリングスが投げた問いに、人はまだ答えられない。目がかわいいからとシカのロウゼキを許せるだけの深い深い自然となると、北薩ももう持ち合わせていない。

撃つなら、解体から調理まで見て肉も食べる「北薩シカ定食」でもつくるか。肉食とはを問う哲学や第二のローリングスを育てる定食になるかもしれない。

橋は心にもかけられる

2006.4.3

三月中旬、ある家族が薩摩川内市から東京に引っ越した。転職を決断した父親は、妻、長男、長女の説得に、大汗をかいた。三人とも「暮らすならセンダイ」とガンとして譲らない。

下見に出かけた首都は、繁盛していた。不動産業者が「一戸建てにしろマンションにしろ、持ち家志向が強いんでしょうか。賃貸は空きだらけですよ」と言う通り、公団住宅がすぐに見つかった。「パートで働こうかしら」の妻の勤め先もよりどりみどりで、景気の良さを実感させられた。

パート口もろくにない、あっても時給は安いセンダイなのに、妻は「できるなら、そこそこ都会、あちこちイナカにいたいな」。

子供二人の「行きたくない」はとりわけ強かった。

どちらも東京の学校に通学した経験がある。声をそろえて「センダイの方が、先生がずっといい」。高校再編で評判を落とした県教委が聞いたら大喜びしそうな評価に、首をひねると、「授業が親身だって、すっかり気に入っているんですよ。教育にも地域性が出るのかなあ、やっぱり」。

たまたま、いい教師に出会ったのか、おしなべてなのか、判断はつかないけれど、二人を教えた先生たちを、薩摩川内の評判を高めたと表彰したくなった。

海で分かれた甑島に橋がかかる。カノコユリが似合う優美な橋になればいい。大都会で学校生活を始める二人は、センダイを懐かしがっているだろう。先生がつくった橋が見えてくる。橋は心にもかけられる。

2006.5.2

操縦席で笑っていた顔

四月三十日午後八時、歌誌「にしき江」編集長・鶴田義直さんの通夜の帰り道、蒲生町の林、ホタルが一匹、飛んでいた。ふうらりとこずえをのぼっていくことし初の小さな光を追いながら、いっぱい聞き残したまま、話の宝庫が、また一つ閉じた、と思った。

鹿児島の歌壇の歴史を本にした人だから、当然、生き字引だった。古老の死は図書館の消失と考えろとさとす警句が身にしみる。

生き字引が集まる薩摩川内郷土史研究会が、機関誌「千台」の最新号で戦争の体験談を特集した。二十人の話のなかで、米軍機操縦手の顔に触れた記述が、いくつかある。逃げまどう目標を超低空で機銃掃射しながら笑っていた操縦席の顔を目に焼き付けている。

作家開高健も勤労動員に駆り出された先で機銃掃射を受け、操縦席の笑顔を見て、人は笑いながら人を殺せる、と回想している。

日本の空を圧倒的に制した米軍機は、迎撃を気にせず、殺す側、殺される側、お互いの顔が判別できる距離から機銃弾を浴びせた。戦闘機にしろ機銃にしろ、武力は人を人として見る感覚を奪い去るのだろう。

今、空には、こいのぼりが五月の風に泳ぐ。ほんの少し前、戦闘機や爆撃機が飛び回る怖い日本の空もあった。おそろしい空を知っている人が、まだいてくれる。戦争をつめこんだ図書館が元気で歩いていてくれるうちに聞いておこう。

戦争がなにをしたのか、戦争がなにをするのか、こわさを、おそろしさを。

2006.5.31

伝統が彩る青瀬ヤンハ

日曜の二十八日、薩摩川内市の文化ホールは、ほぼ満員御礼となる千二百人の人で埋まった。第一回春の芸能祭。合併前の一市四町四村に伝わる郷土のだしものが勢ぞろいし、それぞれに大きな拍手を浴びた。

下甑地区の青瀬ヤンハへの拍手は、とりわけ盛大だった。踊り手は小学生の姉と弟の二人なのに、雄大な踊りに見えたとの声が多かった。平家の落人伝説に彩られる伝統の深さが、心を揺さぶるのかもしれない。

同じホールでは十一月に全国はんや大会もある。三回目の開催だから伝統への道はまだ遠い。積み重ねが何回になればコケがついてくれるのかはわからないけれど、青瀬ヤンハに負けない声援に包まれる日も来ると信じて続ければいい。

「はんやの夜流し、なんてどうでしょう」とおもしろい案も出てきている。川内の街を真っ暗にしてちょうちんほどの明かりのなか、はんやの踊りの連を流す。八尾の風の盆、山鹿灯ろう、先人たちのマネだと言われようが、始めなければなにも始まらない。

ついでに川内川に舟を浮かべる。電灯を消すと夜は暗い、夜を明るくするため人は電気を使う、電気は原子力でもつくる、地球温暖化防止には原子力が欠かせないと主張する人もいる、本当か、いろいろと考える「夜の電気教室」を開いたら川内らしさが加わる。

平家が滅亡したのは一一八五年。今から一世紀も過ぎて川内のはんやが伝統になったころ、電気はなんでつくられているだろうか。

2006.6.28

見る分聞く分はいいが

薩摩半島で、ショッピングセンターや場外ナントカ券売り場の話がうごめいている。地域振興、地元雇用の誘い文句に乗って敷地と化す田畑も出てくるかもしれない。のどかな農村風景は消えないでほしいけれども、田植えの経験もない一人の会社員の感傷だけで残ってくれるわけはない。

薩摩川内市入来町の棚田で、田植えを済ませた森山富治さん（八十歳）に「きれいな棚田ですね」と声をかけたら「見たり聞いたりする分にはいいけどね」と返ってきた。水がよくていい米はできる、ただしそれだけじゃ食えない、街に出るには車しかない、若者たちは外に出たら帰ってこない。

「若いのに、ここに住んで農業をしろというのが、無理。私も言いきらん」

入来の棚田は日本百選に選ばれ、地元に保存グループもできている。森山さんも自分の田は後回しでグループの企画に協力、街に住む小学生たちに田植えを教えていた。昔は炭も焼いていた。炭焼きも教えてほしいの声に「いつでもいいですよ」と笑っていた。

八十歳になっても一線の現役でいてくれるのは幸せと言っていい一方で、後継者がいない農業の現実とも思わなければならない。

今はまだ棚田を支える人たちがいる。百選だからといってどこからも金が出るわけでもないのに、石垣で区切られた棚田の米づくりを残していこうとしている人たちがいてくれる間に、行政にしろ民間にしろ風景を支えようとする手が何本も差しのべられたらいい。

2006.8.2

現実になった数倍の雨

さつま町の知り合いの家は、屋根近くまで来た水の跡を示す泥の線が、壁に残っていた。地上デジタル放送移行を見越して買い替えたテレビ、客好きで酒のつまみがいつも詰まった大型冷蔵庫、洗濯機、家電製品は、全部ごみになった。

衣類も全滅に近い。「友達の家を泊まり歩いて、おい、パンツをくれ、の毎日で」。冗談を飛ばす余裕と体力は、見ず知らずの助っ人が後片づけを手伝ってくれたから、残っている。

泥水につかった畳は、大人の男が五人かかってやっと、くらいに重い。ごみ置き場まで運び、ほうり投げる。三枚もこなせばヘトヘトになる。遠くの他人がほとんどの協力者たちは、疲れを見せず、骨身を惜しまず、泥畳を投げ続けた。

お礼なんかと住所も告げずに引き揚げたボランティアに頭を下げながら「初体験のものすごい雨で、なんにも持ち出せなくて」。

雨量ごとに線を引いていくと、等高線に似た「等雨量線図」ができる。七月十八日から二十三日にかけての川内川流域の図は、一一〇〇ミリから始まり最少でも三〇〇ミリになる。各地の雨量は、えびの市西ノ野一一六七ミリ、大口九九七ミリ、鶴田ダム近く八七七ミリ、さつま町の虎居付近七二四ミリ、薩摩川内市は三一八ミリ。

一九七二（昭和四十七）年七月に湯田の温泉街を襲った洪水の図では、最高の線でも六〇〇ミリ（三日間累計）。所によっては今回の雨は数倍に。十倍はないとは約束できない気候変動の兆しなのかもしれない。

鳴らなかったサイレン

2006.8.24

八月十五日の正午過ぎ、戦没者への黙とうを呼びかける薩摩川内市役所のサイレンが聞こえなかったな、はて、と首をひねっていると市民からも電話が来た。

「子どもたちと手を合わそうと待っていたのに。故障でしょうか」。故障だった。日時を組みこんだコンピューターが作動しなかったらしい。装置の記憶部には「簡単に忘れてはいけない日、なんだからね」と覚えこませた方がいい。

一九三一（昭和六）年の満州事変からの戦争の歴史も教えておいたら、人工知能でも思うかもしれない。「もっと早く終わらせといたら、原爆もソ連の駆け込み参戦もなかったんじゃないかな、なるほどね、八月十五日は戦争とはを考えさせる大事な日なんだな」

汗のにおいまで連想できる機械なら、なおいい。

戦争の終わりを告げるラジオが雑音だらけで意味がとれず、日がな佐多岬に掘ったタコツボの中、の兵隊もいた。銃はなく、爆薬を先に仕掛けた竹ざおを握りしめ、眼前の海に浮上した米潜水艦とにらめっこ。

「向こうは勝利を知ってたんでしょ、なにかノンビリと波に揺られ、こちらは太陽と緊張に焼かれ、穴の底に汗ダラダラで」と、薩摩川内市に住む八十歳が目前の元兵隊は回想する。

汗の感触まではとてもとてもの発展段階なら、コンピューターに頼る必要はない。戦争なんかなくなれと不戦の誓いまで心に刻める人の手でスイッチを入れた方が、鎮魂のサイレンにはふさわしい気がする。

いろんな年を積み重ね

2006.9.23

九月十五日午後九時、川内駅の新幹線ホーム。鹿児島中央行きを待ちながら男性二人連れが立ち話。「なんか、よく、わからんかったな、綱引きは」「始まったなと思ったら、終わってたもんな、欲求不満で」

川内大綱引の開始は、午後八時十分。十分かそこらで、一方に綱が持っていかれ、終了。いつもの長時間の押し合いへし合いを期待した向きは、不完全燃焼。地元でご飯を食べている新聞記者として、遠来のお客さんに「ごめんなさいね」の後、ちょっと、釈明。

引っ張られた側の最後のとりでは、国道上に立てた丸太。綱の端は輪で、丸太に輪を引っかけて、態勢立て直し。今年は、輪が丸太にかからず、引かれるままとなって、短時間決着。輪をかけられなかった理由。輪の近くに見物人がいて、危険と判断、一方的敗北を選択。とっさに勝負度外視のその決断や良し。

客の一人、若い女性の発言。「男たちがぶつかり合う迫力だけで十分。フェロモンいっぱいで、もう、大大満足」。多謝深謝。

むかし昔、狭い通りを会場にしていた時分。男たちのかたまりは大波荒波。通り両側の戸板、ガラス、シャッター、のきなみシッチャカメッチャカ。伝統は、温かい理解と協力に支えられ二十一世紀も持続中。

綱がちぎれた年、今年と同じく輪がかからなかった年、いろいろ積み重ねて、四百年以上。「こんな年もあらあな、気にすんな」とお許しいただいて、来年も多数のご来川、鶴首。

2006.10.22

出番がなくなった知恵

ずいぶん昔、川内川の漁師から、ヤマタロウガニは「生きたまま、水から、ゆであげる」と教わった。

ドロを十分にはかせてから、鍋に入れる。水を注いで火をつけ、木ブタでカニたちを押さえる。煮えるにつれ、ガサゴソとフタをはね飛ばしそうになるのを、すまないネ、うらむナヨ、祈りつつ力は抜かない。

もっと昔、吹上浜の漁師からは、ハマグリは「波にシリを向けて、足で探り当てる」と、実演つきで教えられた。古くはツイスト、今ならフラダンスの要領で腰を振っていると、ハマグリが、足の先に当たる。

掘り出したハマグリは、大人のこぶしくらい大きかった。近くの旅館で吸い物にしてもらうと、一つ食べただけでゲップが出た。

今、吹上浜で伝授された知恵は、出番がない。ハマグリはどこに行ったか、腰を振っても、足は砂にもぐるばかり。いないのが当たり前になって、何年になるか、寂しいったらない。

ヤマタロウガニはまだ、いてくれる。「残酷じゃないの」と言いたそうにマユをひそめられても、こうしないと味が出ないの、と注釈の一つも垂れられる。

川内市内水面漁協が開いた「川を食べる夕べ」ではごちそうが並んだ。カニはもちろんダッマ(テナガエビ)、ウナギ、アユに、シジミのみそ汁も出た。

島根は宍道湖のプックリしたのに比べてやせちゃいても、シジミはシジミ。小さなカラを手のひらに転がしながら、ハマグリに帰ってこいと言いたくなった。

今夜も酔っぱらい就寝

十五日の狩猟解禁以降、夢にイノシシとシカがよく出てくる。どちらもうらめしそうな目をしている。

悲しいまなざしのわけはワナにかかっているから。夢で訴えてくるのは、ワナをかける現場に立ち会ったから。五つのワナの一から十までを見届けたから、全部かかるとすれば、五頭のケモノにうらまれ寝汗をかく晩が続く計算になる。

おはらいは、解禁日の前日にちゃんとすませた。薩摩川内市東郷町の藤川天神近くの猟師の家。宮司が祭壇を持ちこみのりとをあげるそばで、玉ぐしをささげ、おさいせんに焼酎も一本包んだ。祈りが足りなかったか、山への敬意が深くなかったか、ケモノたちに見つめられながら山の神の機嫌をうかがっている。

神事の後は、酒盛りだった。サカナは昨年の獲物。焼いてもかたくならない二歳の子イノシシ、刺し身でいけるシカ、両方を特製のタレにまぶし七輪の火にかける。家畜以外の肉をフランスではジビエと総称するけれど、こちらもイノシカとでも名付ければ白い磁器の皿が似合う一品になる。

大規模販売店、大規模娯楽店。同じ表情が目立つ日本の街でもヒダに分け入れば、いつから始まっているのか本人たちも知らない伝統が途切れてはいない。

ワナの見回りにも同行するから、猟銃でとどめをさされるケモノの目と声につきあわなければならない。命を食べる宿命を教えてくれる伝統に感謝しながらもまた夢にと考えると、今夜も酔っぱらって、寝るか。

街の小さなお店やさん

2006.12.19

十一月の終わりから十二月のはじめにかけて、薩摩川内市の道路の一本が、二キロ近く渋滞した。事故でもなければ滞りとは縁がない街だから、ラジオの交通情報を耳にして、なんでととまどった人も多かった。

理由は、大きな小売店の集合体の開店。記念売り出しに客が押し寄せたための渋滞だった。市内には、あと一つ、いや二つはできると、小売店の集合体の建設話がささやかれている。

開店したら、また渋滞だろうな、それにしても、と思う。センダイには、城でも倉でも武家屋敷風でもなんでもいいが、大きな商業施設の建物は形と色に気を使わせて、人にも車にも配慮した道路整備まで義務づけていたら、魅力的な街並みになっていたのに。

夜、光の箱が連なる商業施設近くの小さな持ち帰りピザ店に寄った。おなかさえふくれりゃが外れ、おいしかった。通ううち、チェーン店に勤めて独立した四十代の男性が一人で営む店と知った。大きな施設に人が集まれば、小さな店にも波は来てくれるかもしれない、と粉を練っている。

人通りが少なくなった中心街で、靴の修理を続けている小さな店もある。

がんばっているささやかな店を、続けてもらおう。歩きやすい道、初心者でも高齢者でも止めやすい駐車場、ちょっとした心配りを積み重ねていけばいい。

おつかいでたばこを買いに行くとオバサンから「あんたが吸うんじゃないだろね」とにらまれた昔に戻れとまでは言わないけれど。

ウワサが飛ぶ季節です

2007.1.17

会合で話の種が尽きると「さて、県議選はどうなってますかな」と、声をひそめる季節になってきた。

定数三の薩摩川内市区には五人が立候補を予定している。「あの人は当確だそうじゃないですか」とカマをかけられる場面も多いけれど、新聞記者の当落見込みと経済学者の景気予想は当たらないのが相場と自覚しているから、横一線でしょうを返答にしている。

周辺の選挙区もいろんなウワサが飛んでいる。「二だ」「いや、三だ」「どうやら国政を視野に入れているらしい」「国政たってどっちだ」「わからんが」

ああだ、こうだに飽きると、県議の存在意義に話が飛ぶ。総勢五十四人、月額報酬八十二万円。人数は適正か、妥当な支払いか。

当落と違い、明確に答える。「県議にしろ市議にしろ、仕事さえする人なら、年収二、三千万円でもかまいませんわね。議員は少数を高額の給料でこき使う、昔から持論にしてます」

反論も受ける。アメリカの小さな自治体を見習い奉仕作業並みの金額におさえれば、より民主主義の本来の姿に近づく、という。

ですがねえ、お金持ちしか政治家になれないって社会になりゃしませんかね。生活は保証するから人、世のために力を尽くせとしった激励、の方が働きがいもあるんじゃないかなあ。

「そうすると、国会議員宿舎は安くてもいいと」。ですね、タダでもいいな。人数は半分にし、家賃も取らず高い給料で、おおいに働いてもらいましょうや。

2007.2.15

女性は「産む機会」です

イグゼンプションという英語は、シナトラの歌「マイ・ウェイ」で初めて耳にした。中程で「ウィズアウト・イグゼンプション」と出てくる。なにも免除されず、例外なく、とかの意味だよと教えてもらった。

ホワイトカラー・イグゼンプションは、どちらも学習ずみの単語なのに、聞いた当初は、ナンジャラホイと見当がつかなかった。

高収入の俸給生活者は勤務時間に左右されない、つまりは残業代ゼロの労働形態、と知恵が追いついてもなじめずにいたら、はやり言葉になれず退場、そのままお蔵入りの忘れてしまっていい一語かもしれない。

同じ厚労行政関連の「女性は産む機械」の方は、悪役ぶりが、すっかり板にも耳にもついてしまった。

やだネと考えてたら、薩摩川内市の産婦人科医・田島政人さんが「私なら」とスッキリ解消してくれた。

病気とかで妊娠に恵まれない方もいますけれど、の前置きの後に「女性は、産むチャンスを与えられた至高の存在、産む機会、と言うところですな」。お産なんてあんな痛くて苦しいものを、男ができるわけはない、神代の昔から女性だけに与えられた崇高な行為とつくづく思う、らしい。最近は、産みの苦しみを気持ちだけでも分かち合おうと分べん室に入る男性も多い。「無事に済んで泣くのも、だいたいは男性」

厚労相も産婦人科の現場を視察させてもらい、女性は産む機械ではなく機会でしたと修正したら、下がった男が上がるか、無理か。

2007.3.16

つきあい長い金属たち

小学校に上がる前、昭和の三十年代中盤、ガキ大将に連れられて、ヒモに結んだ磁石をガラゴロ引きずりながら、町内を歩いた。

三回りもすると、磁石にはクギや鉄クズがつく。仲買のオジサンに持っていくと、三円とか四円とかで買ってくれた。何枚かの一円玉を握りしめ、駄菓子屋さんの店先で、ずいぶん迷った。一円で二個のスズメノタマゴか、二円もするけど長持ちする三角アメか。

大阪の武器工場跡地でクズ鉄を生活のかてにする庶民が題材の「日本アパッチ族」（小松左京）、「日本三文オペラ」（開高健）の二冊を読んだのは、高校のころ。人間とのつきあいが長い金属は、無機物なのに思い出やドラマも分子構造に組まれている気がする。

薩摩川内市の新田神社の屋根は銅板ぶき。浄財で新品になった部分もある。近ごろは金属盗難が多いし心配ではと種子田敬宮司に水を向けたら、まさか神社に手はかけますまい、神も仏もまだまだ健在の時代と信じましょう、とさすがに神職は人間ができている。

川内川にかかる太平橋は一九〇〇（明治三十三）年に鉄の橋になる。官営八幡製鉄所が操業を始めるのは一九〇一年と日本が鉄の途上国だった時代、橋の材料は外国から調達された。

写真がある。鉄で組んだ三連アーチの橋は、武骨にも優美にも見える。昭和二十年代中盤まで現役を張った。役目はクズ鉄として終えたか。残していれば、客が呼べる貴重な明治遺産だったろうにね。

大連—感傷小旅行

〝三ない〟街

2007.8.15

身内が中国東北地方（旧満州）から引き揚げて来た、いつもひもじかった戦中の子どもだった、戦争なんて知らないわ。それぞれの歴史を背負う鹿児島のオジサンやオネエチャンたちが、この夏、大連を旅した。オジサン組の一人として、引き揚げ派のジイチャン、バアチャンが六十二年前に日本へ旅立ったふ頭に立とう。感傷小旅行の始まり、始まり。

大連市は人口六百七十万人、電線がない（地下に埋めている）、ゴミが見あたらない（年中掃除をしている）、お年寄りを見かけない（早朝に公園で体を動かした後は屋内で悠々）、若者が胸を張り大股で歩いていているきれいな大都会だった。

西を黄海、東を渤海《ぼっかい》に囲まれた北緯三八度近辺の港湾都市で、平壌、ソウル、新潟とほぼ同じ

しゃれた看板の前に立っても「似合うじゃないか」のすてきなオジョウサンも多い

位置になる。高層ビルの街は、五十階建てもざらなビル群をさらに建築中。一万二〇〇〇平方キロメートルと日本の面積の三十分の一近くある行政区域を空にも広げる勢いを見せている。

上の写真は、市中心部の旧南満州鉄道（満鉄）本社近く。携帯電話の看板の前で、涼しさ漂うワンピースのオジョウサンが、携帯をかけ始めた。看板の「迷你」は、ミニスカートを中国語に訳したときの造語で「ミーニー」と発音する。意味は、魅力にクラクラ、の感じ。

中国の携帯利用者は五億人を超えた。大連のホテルでも大きな声に振り向くと、たいていは携帯通話中。来年は北京オリンピックもあるし、東北部の街も人も元気が目立つ。エレベーターで乗り合わせた中国ビジネスマンが携帯を始める。地声の太さに反響も加わり、頭がクラクラしだした。

笑顔の裏

2007.8.16

飲食店の女性に笑顔も愛想もない。共産国家だし今夜の夕食も愛きょう抜きかと座る。違った。名産のチンタオビールをニコニコとついでくれる。「オニイサン、ビール、お好きですね」「オニイサン、違う、もうオジサン」「イエ、イエ」

達者な日本語とこぼれ続ける笑みに気持ちよく乗せられていると、小さな水晶玉を編んだ花瓶敷きくらいのスダレを持ち出してくる。「枕に置いて寝るでしょ、涼しくて気持ち良くて二百五十元（約四千円）」と来た。

博物館でも案内人が売り子さんに化けた。恐竜の化石の説明をしていた女性が、口調を早めて大展示室を切り上げ一室に誘導。玉や陶磁器で満杯の黒檀の飾り棚が並んだ部屋で、初めて浮かべたニッコリ笑顔とともに。

「中のも含め一式、輸送代こみの百二十万円。品質は保証。ワタシ、博物館の国家公務員、だから、ウソつかない。バラ売りもします。どうぞ」

笑顔は商売と割り切り負けずに渡り合い、オモチャ屋で百二十元を二十元に値切る。帰国後開けたら不良品。怒りより笑いに襲われて、やるな、おぬし、この次こそ。

饅頭の里

2007.8.17

ホテルの朝食バイキングで、保温器のふたを開けたら、カイコのしょう油煮が丸っこく並んでいた。口にほうりこむ。うまいじゃないか。屋台に並ぶヒトデは敬遠。焼いて食べる、という。星の形がスルメみたいに、クルクル縮こまるらしい。

おいしかった筆頭は、小麦粉をこねてふかした饅頭《まんとう》。北部中国は、餃子《ぎょうざ》も含め饅頭類の才能と歴史に富む。最後の王朝・清のころまでは、正月五日間は米を食べず水餃子で祝った。今も小さなのし棒で、饅頭から麺となんでもつくってしまう。

中になにも入っていないカマボコ形の饅頭に切れ目を入れ、豚バラ肉と野菜をはさんでいると、天国のバアチャンが出て来てブツブツつぶやく。

東北部帰りの祖母は腹がすいたとねだれば、小麦粉をセンベイの形に仕上げ黒砂糖のタレをかけた。「満州でつくると、もっとおいしいけどね」

満州国建国宣言は一九三二（昭和七）年。「人んちの庭に入りこんで建てた国が、続くわきゃないよな、バアチャン」。孫は思い出のなかで祖母を慰める。日中戦争発端の盧溝橋事件は三七年、今年は七十年、になる。

富の偏在

2007.8.18

大連市から車で一時間も南東に走ると、遼東半島の突端に近い旅順に着く。地元の人に教わる。「外国人は旅順では、二〇三高地、東鶏冠山、水師営の三地区しか行けません」。規則を破ると「この前、違反した日本人の罰金は二十万円でした」。飲食店で働く女性の月給は「三食付き住み込みで一万円（六百六十元）。だから、イナカの娘がほとんど」。地方から出てきて二年近く働きやっと罰金の額になる。

日ロが激戦を交わした二〇三高地は、車を降りて十五分以上歩く。やせて日焼けしたオニイチャン、オジサンたちが二人がかりで運ぶカゴの代金は、百元とチップ。外国人観光客以外に、金とぜい肉たっぷりの中国人客も乗せ、かつぎ手は細い腕の血管に力をこめる。

中国国旗・五星紅旗は共産党の星を、労働者、農民、小規模資本家、民族資本家の四つの星が囲む。「土地は国家所有。マンションなど持ち家は五十年間の賃貸契約。値段は中心部の新築で四千万円前後。買えるのは、情報関連の会社はじめお金持ちの人たちですね」

富を偏在させ共産中国は走る。

記者・本を買う

2002.6.23

どこかのおじさんが書いていた。「歌人で詩人で演出家の寺山修司は言った。『書を捨て街に出よ』。教えに従い雑踏に踏み込んだら本屋に入っていた」

五十前後のおじさんは、昼の人ごみでは浮く。パチンコは勝ったためしがない。ゲームセンターは気恥ずかしい。喫茶店は時間がもたない。そぞろ歩きも過ぎればかったるい。ちょいと引っかけようにもおてんとさんが高すぎるとなると、本屋に入るくらいしかない。

三冊も買えば娘の携帯電話の使用料と同じとそろばんをはじきながら、単行本は素通りする。だいたい、日本の女はいつから、道ばたで声高に電話したりするようになったのか。はにかみや慎みを足げにした携帯の罪は、重くて深くて暗い。

ぶつぶつをまきちらしながら、文庫、新書、選書のたなを回る。おっと、見つけた、カール・ハイアセン。

おろかしい開発に素手で立ち向かうまっとうな人たちの活躍をどたばた喜劇仕立てで楽しませてくれる作家で、地球を飲み散らかし食べ尽くそうとする資本主義の浅ましさを笑いのめし、守るべき自然、情、心意気を心に残してくれる。和訳も上質で読みざわりがいい。

新作「トード島の騒動」は、主人公の一人が携帯電話嫌いなのも気に入った。日本のおじさんだけではない。アメリカのおじさんだってボウジャクブジンにはまゆをひそめる。

漫画家新谷かおるの「刀神妖緋伝・3」が目にとまる。中東を舞台に戦争と人間を描いた名作「エリア88」の作家は、女子高生と刀の奇妙な取り合わせを、上質の物語に組み立てた。

かわぐちかいじの漫画「ジパング・7」もわきの下に抱える。海上自衛隊の新鋭艦が第二次大戦時の太平洋に迷い込む想定で、平和と戦争を問う。よくできた展開なのに、理屈っぽさが鼻に

2002年６月19日，鹿児島市内（写真部撮影）

つくようになった。号が進むごとに字が多くなった「沈黙の艦隊」のてつを踏まなきゃいいがと注文をつけとこう。

戦争にかまけたり平和にのんびりしたりの日本の道をたどってみるかと、「歴代天皇総覧」に手を伸ばす。明治以降の百年ちょいで日本の心にいかりをおろした天皇制の千年にわたる歴史を、百二十四代の天皇を通じて教えてくれる。

日本のついでに外国もと「とびきり陽気な

ヨーロッパ史」も加えた。「ベルギーって国も楽じゃない」の書き出しや「アイルランドのくえないヤツら」の小見出しを見ただけで、おもしろくなってくる。

本屋の後はかりんと買って、携帯持った娘やおばさんがいないどっかの芝生に転がりましょかね。

●買った本
「トード島の騒動」
カール・ハイアセン著（扶桑社ミステリー・上下各743円）
「刀神妖緋伝・3」
新谷かおる著（メディアファクトリー・514円）
「ジパング・7」
かわぐちかいじ著（講談社・505円）
「歴代天皇総覧」
笠原英彦著（中公新書・940円）
「とびきり陽気なヨーロッパ史」
テランス・ディックス著（ちくま文庫・840円）
計　3542円

第Ⅲ部　偲

追悼
十五代沈壽官
寺薗玲子
中俣知大
久本勝紘
光安善樹
中島裕二郎
岡田哲也

御礼のことば
柏井美紀

澁谷繁樹に捧げる

陶芸家　十五代 沈壽官

三十代のいつだったろう……。

鹿児島市内の河豚屋「たけした」のカウンターで一人酒を飲んでいた。

話し相手は店主。竹下さんだ。大分酒が回って来て、発言も過激になってくる。

「大将、昨日の南日本新聞の社説見た？　一昨日の社説と昨日の社説、今日の社説と書いてある事がバラバラなんだよ」

「あれじゃや、論説委員の投稿欄だな。社是が見えないんだよ！」

すると、カウンターの離れた所に座って、やはり一人酒を飲んでいた男が、「おい！　文句があるんなら、いつでも聞いてやるぞ！」とギョロ目で凄んできた。それが澁谷繁樹との最初の出会いだった。

店主の竹下さんが「沈壽官の息子だよ」そう言うと澁谷さんは「何だ、後輩か」と笑った。

「すいません。先輩なんですね。南日本の方ですか？」と尋ねると「そうですよ」とニヒルに応える。

「飲むか」と言われ隣の席へ。

その夜以来、澁谷繁樹は僕の兄貴になった。飲みたくなると必ず電話したが一度も断られた事はない。

登り窯の窯炊きに最後まで立ち会ってくれた事もある。岡田哲也氏を紹介してくれたのも澁谷さんだった。僕が「岡田さんって、どんな人ですか？」と尋ねると、例の調子で「森羅万象に通じた人ですよ」と。

川内支局長時代は二人で温泉巡り、日が暮れると怪しげな店を見つける事に長けていて、色々と連れて行ってくれた。カラオケも大好きで良い歌を沢山教わった。全て女性歌手のものだったが。勘定はいつも澁谷さんだった。

その兄貴が病魔に捕まった。

コロナの中で見舞いにも行けない。

頼みの綱は携帯電話だった。

以下、抜粋——。

「謹啓　ラインは見ないようですのでＳＮＳにします

末期肺がんを化学治療で叩いています

糖を上げないといけないと糖尿病にして次は下げる理屈に目が回っています

五分世間話をすると一日の熱量がきれます　もう少しバネが弾めばいいのですが

　恐惶　澁谷拝」
「電話不調　三十日から南風入院
コロナや風邪でうるさい世間よりしずかかも
どっかのリンパが腫れているそうです
末期がんですから　そんくらいどんと来いです　澁谷」
「謹賀
明けましておめでとうございます
極上一年お過ごしの程を
五日最初の点滴　結果は良好
まだくたばるつもりになるなってことですかね
　恐惶
　澁谷拝」
「お話しができません　息切れと仲良しです」
最後に僕の健康を尋ね、大丈夫ですと返すと「良かった、良かった」これが最期のメッセージだった。
　訃報に触れて、コロナ禍の中、家族葬でとの事だったので、せめて出棺だけ見送るつもりで、歩道に立っていると、葬儀社の方々が幾度も最期のお別れを、と言われたが頑なに「いや、ここで結構です」と固辞した。

やがて、一人の青年が出て来て「長男の哲一郎です。親父の最期の顔、見てやってくれませんか？」と言われた。

あぁ、この子が学生時代、子供ができたと澁谷さんに告げて、確か大学を辞めて働いた子か……（澁谷さんからのうろ覚えの話だが）。立派になったなあ、と。

促されるままに部屋に入ると、蠟人形のような兄貴がいた。一言も口をきかず、涙だけが止めどなく溢れて来た。何も思わない。ただ、涙が止まらなかった。

澁谷さんのお姉さんが「いつも、一輝が、一輝がって貴方の話をしてました」といわれ、うなずくだけだった。

自由気ままな男だった。タバコも幾度も忠告しても、笑い飛ばされた。ただ、本当に優しくて、深くて、寂しい男だった。

又、一人、薩摩から「人」が去って行った。

澁谷さん、ありがとう

ピアニスト　寺薗玲子

澁谷さん！　北京オリンピック二〇二二年も終わりましたよ。澁谷さんが旅立たれてからもう半年が経ったのですね。閉会式では、ベートーヴェンの第九交響曲の四楽章が流れ、途中から懐かしい「旅愁」の旋律に変わりました。

更け行く秋の夜　旅の空の
わびしき思いに　一人悩む

熊本人吉出身の詩人・犬童球渓の「旅愁」。アメリカのオードウェイの「家と母を夢見て」の曲に出会って翻訳したそうですね。中国でも李叔同の作詞で「送別」として広く歌われていました。

長亭外　古道辺　芳草碧連天
一瓢濁酒尽余歓　今宵別夢寒

別れの寂しさが伝わってきます。この唱歌が発表された当時日本留学生だった李叔同も、「旅愁」にきっと心打たれたのでしょう。

熊本人吉と言えば、岡田さんや久本さんたち愉快な仲間との旅、楽しい思い出です。ウナギも美味しかったですね。

澁谷さんと言えば、年越しそば。毎年大晦日には粋な格好で「蕎麦屋が参りました」と、「喜久そば」と元気を届けて下さいました。あの大雪の中も入来峠を越えて運んで下さったお蕎麦の味は忘れませんよ。「美味しいでしょ！」カッコいい澁谷さんの声がまだ耳に残っています。今春白寿を迎える私の母と、毎年感謝しながら次の年へ命をつなぎました。

二〇一九年の大晦日には夕暮れ時、素敵なお嬢さんが「澁谷です」とそれをお届け頂きびっくりしました。慌てて母と木戸口から車中の澁谷さんにお礼を申し上げたのが最後になってしまいました。

ところで澁谷さんは音楽がお好きでしたね。若い頃はブラームス、そしてマーラーの五番、それも四楽章がお気に入りでした。三大テノールのアリアも大好きでしたよね。カラオケもお上手でした。どんなジャンルでも、少し照れながら、名調子で歌ってしまわれて、音感の良さに感心したものです。

そして澁谷さんはいつも人の話にじっと耳を傾けて下さる方でした。自分の悲しみはちっとも見せずに、優しい気持ちで周りの人をあたたかく包んで下さいましたね。「旅愁」のこともお話ししたかったです。

いつまでも女性の憧れ、澁谷さんに、ジョン・フィールドのピアノ曲「ノクターン五番変ロ長調」をお届けしたいです。心を込めて演奏します。

澁谷さん！　ほんとうにありがとうございました。

澁谷繁樹さんのこと

薩摩川内市・建築家　中俣知大

作務衣姿に三度笠をかぶり、キャラバンブーツというでたちでスーッと集合場所に現れる「薩摩街道徒歩の旅」の武者……、それが澁谷さんでした。なかなかのおしゃれでありながら、世の中の出来事にはやたら詳しく、必ず意見をもっている論客でもありました。

南日本新聞社・薩摩川内総局長の立場で颯爽と赴任し、そのころ（平成十八年頃）始まった薩摩街道踏破の企画にすぐさま飛び込み、本来の薩摩街道（鹿児島〜小倉）はもとより、瀬戸内海から上陸して東海道起点の京都三条大橋〜（途中略）〜お江戸日本橋の全行程を共に楽しみました（平成三十年完）。

薩摩街道保存会の総会では数回講話をしてもらいましたが、語り口が物静かで私見のさびも効かせた澁谷節は見事でした。癌のことを「この野郎が!!……」と言い放ち、病を治して街道歩きで関ケ原に行くのだと張り切っていました（次の企画が関ケ原でしたが、コロナ禍で実現していません）。

鎌倉時代からの「渋谷一族」のつながりで、入来の重鎮・入来院重朝さんの山の手入れを引き受け、関連して十四代・十五代沈壽官さんとも親交があり、素敵な人脈を持っていました。藤川天神の梅を愛し、町のなじみのスナックで酔うと静かに呟くように歌うのが常でした。

最近では『僕らの時代』フォーク＆ミュージックと題した昭和の音楽100選をまとめ、この世の置土産に(?)いろんな方々に配布していました。

澁谷さん！　古希を超えられぬ無念の旅立ちだったでしょうが、あなたは同世代を生きた者たちに何と清々しい足跡を残して去ったことでしょうか。

お江戸日本橋へ（平成30年４月14〜15日）。日本橋到着。後列右端に澁谷氏，その隣が中俣氏。

格好よく心憎い振る舞い

元南日本新聞社報道局長　久本勝紘

澁谷繁樹君と南日本新聞社編集局の同じセクションで働いたのは、一九九四（平成六）年からの一年間だけである。文学、美術、音楽、学術、教育などを担当する文化部だ。入社以来二十四年間、本社取材部門といえば切った張ったの三面記事御用達の社会部しか知らない当方にとって、まるで養子に出されたような居心地の悪さだった。

片や牢名主の如く奥まった一角に陣取り、渋い存在感を放っていた。文学担当者として机にうずたかく並べた書籍の陰で、悠然と煙草を燻らせている。その銘柄はパーラメントという外国産高級品で、周りのハイライト、セブンスター族を悔しがらせていた。しかも吸い方が贅を極めており二、三口吹かすとポイ。いつも灰皿はてんこ盛りだった。

取材に出かける姿は稀である。それというのも、むしろ出向いてくる情報の方が多いからだ。来客の大半は着飾った年輩の女性陣である。押し寄せる海千山千のおばさま文化人を両手に受け止め、巧みな話術を交えながらパーラメントの煙に巻いていた。

猫背ぎみの長身はニヒルなムードを漂わせており、「ズボンの尻ポケットに英字新聞を忍ばせたら似合いそう」と評した人もいる。とにかく身辺に漂うダンディズムは、どんなに足掻いてもダサい我々とは一線を画していた。

呑んでカラオケとくれば北原ミレイ、ちあきなおみ、竹内まりあという都会派で、小椋佳『めまい』、井上陽水『リバーサイドホテル』『とまどうペリカン』止まりだ。どう転んでも天童よしみ、こまどり姉妹、春日八郎、村田英雄の出る幕はなかった。

ワイルドで熱い一面も持つ。宮之城（現・さつま）支局長時代、本格的四輪駆動車・ランドクルーザーを買い込んで意欲的に管内を駆け回っていた。ある時は氷雪の紫尾山頂を攻めて、見事な樹氷写真を紙面に飾ったのである。支局内に九〇センチ水槽を据えて、川内川で捕まえた淡水魚各種を泳がせていた。

口も肥えていた。冬のフグ、夏はウナギだハモよ、と余念がない。極上の蕎麦を求めて東へ西へと足を延ばしていた。この十年ほどは、川薩方面で気に入りの店を見つけたようだ。必ず大晦日には打ち立ての麺と汁、薬味まで添えて届けてくれたものである。

ところが令和二年十二月二十九日、わが高齢者仕様のスマホに着信があった。「おそばは体調で閉店　今日も点滴　明けたら五日から点滴　なんとか生きてます　澁谷繁……」。慌てて「今は娑婆にいても点滴状態、せいぜい巣籠り独り酒。まずは気長に養生してください。何か読みたい本などないですか」と返す。すかさず「四生くらいは過ごす分あり」ときた。

最期まで格好よく心憎い大人の振る舞いだった。

彫金仕事に「竜見る」感性

日常壊すものと戦う

前南日本新聞社編集局長　光安善樹

南日本新聞記者だった澁谷繁樹さんの文章には独特の味がある。自在に軽やかに展開し、それでいて深い。一つの物事を常識にとらわれることなく自分の目でじっくり観察し、自分の頭で考え、本質を穿《うが》とうとしたからだろう。権威におもねらず、低い目線で人の心に響く記事を書き続けた。

澁谷さんは社を代表する書き手で一面コラム「南風録」などを手掛けた。その着眼点はユニークで「片隅の出来事に目が行きやすい」と自ら記す。大相撲の若島津が知事を表敬訪問した際は、知事の談話は書かず、たばこを吸う知事の近くに灰皿を動かしたことを記事にしたといい「オエライサンの話は忘れた。（若島津の）手は印象に残った」と述懐している（「地方記者の目」）。反骨精神と「神は細部に宿る」という言葉を思わせて面白い。

彫金作家の帖佐美行氏を取材したときはこう書いた。彫金の仕事を間近で見守るうち「一瞬、竜が見えた」というのだ。作家にその意味を問われ「（たがねを打ちつける）素材の銅は飛び上がる竜、彫金作家は、はねまわる金属と組んずほぐれつの騎士でしょうか。そう見えました」と返した（「風向計」）。しなやかな感性と豊かな表現力が読み手を引き込むのである。

人柄がにじむ文章も小気味よい。北薩の畑を荒らすシカを巡り「あんなまなざしの持ち主をよく撃てるな」と思いつつ「肉になると話は違ってくる」。山に生きる猟師に後継者がいないと聞けば、捕獲や解体の技が途切れるより、山をおそれおののく心が絶えることを心配した。郷土の老歌人の短歌からは月日を重ねた夫婦の日常が見えてきたとし「(宇野重吉ら芸達者な役者を起用したら)小味のきいた映画になりそうな気がする」とつづった。

詩歌の造詣が深く好奇心旺盛な人だった。フェルメールの名画や曜変天目茶碗を追いかけ、歌人や作家の懐に飛び込み、気に入った歌集や漫画を読みあさった。しかし、こうした知識の蓄えを一切ひけらかすことはなかった。実際に酒の席でも自慢話を聞かされた記憶はない。「新聞記者ならこれくらいは」という矜持を持った韜晦《とうかい》の人でもあった。

澁谷さんが筆圧を強めるのが反戦平和への思いだ。戦後五十年を控えた長崎を訪ねた際、こう記した。「戦争がなにをしたか、今もなにをしているか。忘れているばかりでいいわけはない。演説はいらない。高説も必要ない。朝、家族が昨日と同じ顔で起きてくる日常を壊されたくない、壊したくもない」。別のコラムでは知人が南方戦線で家族を失った過酷な体験を記録していることを紹介し「目をそむけずに聞き続けなければならない地獄がある」と訴えた。

日々の安寧を破壊しに来るものと徹底して戦う。硬骨の新聞人である澁谷さんがそうだった。ロシアのウクライナ侵攻で罪なき人々が戦火に追われている。澁谷さんならどう書くか入魂のコラムを読んでみたかった。

旅は続く

南日本新聞大隅支局長　中島裕二郎

スマートフォンの中に、消し去ることのできないメールが残っている。

「謹啓
元気ならよろしい
肺がんで点滴続き
まだくたばるつもり
なし
恐惶　澁谷拝」

日時は、二〇二〇年十二月三十日（水）午前十一時四十二分。暮れの慌ただしい時である。メールを送信して二十九分後に返信がくるとは思ってもみなかった。それだけに、その内容に触れた際の緊張感と、いかにもその人らしい文面だな、と受け止めたことを覚えている。

「まだくたばるつもりなし」は、病魔と闘って生還を期す自らへの励まし、決意とも思えるし、近づいてくる生の終わりを予感した苦悩の様子とも読める。

あれはいつだったか。そのだいぶん前に飲み仲間だった、ある会社のOBの方から、久しぶりに電話があった。半年ほど前に澁谷さんと二人きりで飲んだのだが、それ以来連絡が取れない、何かあったのだろうか、との問い合わせだった。「私もご無沙汰していて分かりません」と答えるのがやっと。そこで意を決して師走の三十日にメールしたという次第である。

人と人との付き合いは濃淡いろいろだろうが、私自身は公私ともに大変世話になった。仕事での一例を挙げれば、南日本新聞の一面にあるコラム「南風録」の担当を会社からおおせつかった時、何を、どう書くべきか苦しい日々が続いた。そんな中、論説委員会に提出する前、目を通してもらえないか頼んだことはしばしば。さっと一読した後「うーん、もう少し考えてみたら」とやんわり突き返されたことが再三あった。直してやるのは簡単だけど、記者ってそんなもんじゃないよ、と言いたかったのだろう。

仕事が引けると、よく夜の街へ繰り出した。天文館の行きつけの店をはしごしては、飲んだり歌ったり、桂銀淑や高橋真梨子の歌がうまかった。紫煙をくゆらせながら話す独特のポーズ。こちらの話に「俺は違うと思う」ときっぱり持論を語る姿勢。かつて個性派ぞろいだった会社の中でも、異彩を放っていた。世の中はネット時代。新聞の立ち位置が厳しくなる中で、我々は古き良き時代に生きていたのでしょう。

生前、「俺は永遠のアウトサイダー」とよく言っていた。いずれ、私もそちらに行ったら、また付き合ってもらいたいものです。大いに飲み、歌い、語らい、笑いたいもの。うららかな春の日は永遠に続かなくても、我々の旅はこれからも続きます。

藍ひとしお　文体の人

岡田哲也

澁谷さんとはじめて会ったのは、いつだったか。易居町の元南日本新聞社の本社屋に、煙草と焼酎と印刷インクの匂いが、そこかしこに漂ってる時代だった。原稿を届けた時に、部長やデスクから紹介された。背の高いヨカニセさんだ。だが上司を顎で使わんばかりの物腰を見て、私は苦笑した。おたがい生意気ざかりの頃だった。

以後私たちは十五代沈壽官氏を交えたりして、呑み明かしたり語り明かしたり、やがて月に一回『心太』という居酒屋で呑むようになった。このお店が昨年開店三十周年を迎えたから、私たちの付き合いもそんなところだ。

澁谷さんと最後に会ったのは、三年前のことだったか。洗いざらしの藍の作務衣を着て来た。それは珍しいことではないが、坊主頭が突然出家を思い立った生臭僧を思わせた。旅に出ますと言った。旅ってあの世ですかと私は混ぜかえしたかったが、余程きついんだろうなと思って黙っていた。別れしな、頑張ってねというほかなかった。

「今生の別れは喉で丸のみす　手打ちの蕎麦も冬の豆腐も」

私はこんな歌を呟きながら、帰りの新幹線に乗った気がする。大いなる驚きや悲しみの時、人はそれを丸のみするより仕方がないのだ。

澁谷さんの訃報に接した時も、十五代とたまたま打ち合わせをしていた。お通夜にと、どちらからともなく言い出したが、家族葬との報が入り、行かなかった。私には遠慮してほしいと言われた葬祭と女の人の所へは、素直に行かないという意固地なところがある。

澁谷さんには、母性への遙かな思慕のようなものがあった。生木を引き裂くような生き別れがあったからだろう。ただそれを心のトラウマとするか、心のバネとするかは、また人それぞれのことだ。だからというわけじゃないが、時折、彼は私に言うことがあった。

「哲也さん、女の人を泣かせちゃいけません」

しかし、私は言い返したものだ。それはとても大事なことだけど、あなたから言われる筋合いのものじゃないと。そして私は内心呟いた。こんな人ばかりじゃ、新聞社は持たないだろうけど、こんな人もいなくちゃ、新聞社は駄目なんだと――。

物書きもヤクザな稼業だが、新聞記者だって、昔は羽織ゴロ、羽織を着たゴロツキだった。ゴロツキは、ドスがものを言う。記者は何が物を言うのか。文体だ。身体でも、主義でもない。活字が香る文体だ。文章が立っている。それがその人の持ち味であり、木鐸となって響くのだ。

澁谷さんには文体があった。今は流行らないことかもしれないけど。

――澁谷さん、さよなら。

御礼のことば

柏井美紀

私にはふたりの弟がいました。「澁谷繁樹」は下の方の弟です。上の弟は、私が十歳、繁樹が五歳の時に亡くなりました。五つ違いの弟を私は「繁ちゃん」と呼んでいました。

百歳の時代と言われる昨今、弟はまだピンピンしていなければならないはずです。

「タバコ、止めなさい」と言えば、「こんなもんで死にやせんよ」と、いつも笑い飛ばし、紫煙を美味しそうに燻らせていました。

好きな食べ物は蕎麦で、次は亡くなった婆ちゃんのお萩とお稲荷さんでした。五歳違いの姉弟というのは気が合うのか、私たちは一度も言い争いや喧嘩をしたことがありませんでした。音楽の趣味も似たりよったり、お互いのＣＤが行ったり来たりしていました。

東京は日本橋生まれの私の五十年来の親友が、初めて弟と対面した時のことです。彼女は私に言いました。

「ふーん、随分と気取った気障な男だねえ。こんな男が鹿児島にもいるんだねえ」

褒めてるのか貶してるのかわからないような言葉でしたが、それもそのはず、その時の弟の出で立ちが、なんと藍の着物の着流しに下駄姿、それで車を運転していたのです。亡くなる前（令和三年の春）、梅の頃、神社へお参りに行きましたが、最後の梅見となりましたが、お参りが済んだ弟に私は尋ねました。

「繁ちゃん、なんてお祈りしたの」

てっきり私は弟が、病気回復を祈願したと思ったのです。すると弟は、しれっとして答えました。

「うーん、世界の平和をね」

へえ、そうなんだ。繁ちゃんは、やっぱり新聞記者なんだね、と私は思いました。あるいは、世界のことより、一輪の梅、一杯のかけ蕎麦が大事さ、そんな言葉を期待していた私は、逆に弟がよほどきついのだろうと思うしかありませんでした。

この遺稿集を出すにあたっては、南日本新聞社の方々、そして詩人の岡田哲也様、本当にありがとうございました。また弟を愛して下さった皆様、本当に感謝の気持でいっぱいです。

弟の置土産のような、また私たちへの忘れ形見のような一冊が出来ました。今後ともどうかよろしくお願い致します。

二〇二二年四月

■澁谷繁樹略歴

1952（昭和27）年 4 月11日生まれ

59年 4 月　東京都杉並区立和田小学校入学

65年 3 月　鹿児島市立山下小学校卒業

68年 3 月　鹿児島市立長田中学校卒業

71年 3 月　鹿児島県立中央高校卒業

77年 3 月　早稲田大学政経学部政治学科卒業

79年 4 月　南日本新聞社入社，編集局校閲部配属

80年 4 月　編集局社会部

83年 4 月　川内支社

85年 4 月　編集局整理部

89（平成元）年 4 月　宮之城支局長

92年 4 月　編集局文化部

95年 4 月　編集局整理部

96年 4 月　編集局整理部副部長兼論説委員会委員

97年 4 月　編集局社会部副部長

98年 4 月　編集局文化部副部長兼論説委員会委員

2000年 6 月　編集局編集部長兼論説委員会委員

02年 4 月　編集局編集部長，論説委員会委員兼務を解く

03年 4 月　編集局編集委員

05年 4 月　川内支社長兼論説委員会委員

06年 4 月　薩摩川内総局長兼論説委員会委員

07年 4 月　編集局文化部長兼論説委員会委員

09年 3 月　編集局読者室長

13年 3 月　南日本新聞社退社

21年 8 月20日　死去

※編集局校閲部，整理部は機構改革で編集部に統合。社会部，文化部は同様に報道部，文化生活部に再編。川内支社は県内の支社支局再編に伴い薩摩川内総局に改称。編集局読者室は読者局読者センターに移管（いずれも2022年 3 月現在）

藍《あい》のおもかげ
澁谷《しぶや》繁樹《しげき》遺稿集《いこうしゅう》

❖

2022年8月20日　発行

❖

著　者　澁谷繁樹
編　者　岡田哲也
発行者　柏井美紀
制作・発売　合同会社花乱社
〒810-0001 福岡市中央区天神5-5-8-5D
電話 092(781)7550 FAX 092(781)7555
http://karansha.com
印　刷　モリモト印刷株式会社
製　本　有限会社カナメブックス
［定価はカバーに表示］
ISBN978-4-910038-60-5